教育部人文社会科学研究规划基金项目（19YJA630103）
中国科学院战略性先导科技专项（A类）课题（XDA19040403）
湖北省区域创新能力监测与分析软科学研究基地开放基金项目（HBQY2021z05）

长江经济带研究丛书·高质量发展系列

长江经济带制造业绿色创新效率研究

易 明 彭甲超 刘志高 等著

中国社会科学出版社

图书在版编目（CIP）数据

长江经济带制造业绿色创新效率研究/易明等著.
—北京：中国社会科学出版社，2021.11
ISBN 978 – 7 – 5203 – 8583 – 1

Ⅰ.①长… Ⅱ.①易… Ⅲ.①长江经济带—制造工业—企业创新—研究 Ⅳ.①F426.4

中国版本图书馆 CIP 数据核字（2021）第 110059 号

出 版 人	赵剑英
责任编辑	车文娇
责任校对	周晓东
责任印制	王 超

出　　版	中国社会科学出版社
社　　址	北京鼓楼西大街甲 158 号
邮　　编	100720
网　　址	http：//www.csspw.cn
发 行 部	010 – 84083685
门 市 部	010 – 84029450
经　　销	新华书店及其他书店
印　　刷	北京明恒达印务有限公司
装　　订	廊坊市广阳区广增装订厂
版　　次	2021 年 11 月第 1 版
印　　次	2021 年 11 月第 1 次印刷
开　　本	710×1000　1/16
印　　张	13.5
插　　页	2
字　　数	201 千字
定　　价	75.00 元

凡购买中国社会科学出版社图书，如有质量问题请与本社营销中心联系调换
电话：010 – 84083683
版权所有　侵权必究

总　序

　　世界文明往往始于大河，中华文明亦是如此。长江流域为中华民族的繁衍崛起提供了丰富的物质基础和优越的自然条件，成为中国重要的战略区域。长江经济带不仅是我国的经济重心，更是集文化、生态、区位资源优势于一体的核心枢纽地带。长江流域和长江经济带的地位和作用不言而喻。改革开放四十多年来，长江流域社会经济发展取得举世瞩目的成就。但同时，也面临严峻的生态环境形势。处理好生态环境与经济发展之间关系是长江经济带沿线各省市的共同目标和夙愿。实施长江经济带战略，依托黄金水道、实现长江流域绿色高质量发展是我们当前的重要任务。

　　党的十八大以来，中央高度重视长江流域和长江经济带的发展。2016年9月，《长江经济带发展规划纲要》出台，确定了长江经济带"一轴、两翼、三极、多点"的发展新格局。2018年4月26日，中共中央总书记、国家主席、中央军委主席习近平同志在武汉主持召开深入推动长江经济带发展座谈会并发表了重要讲话。习近平同志强调，必须从中华民族长远利益考虑，把修复长江生态环境摆在压倒性位置，共抓大保护、不搞大开发，努力把长江经济带建设成为生态更优美、交通更顺畅、经济更协调、市场更统一、机制更科学的黄金经济带，探索出一条生态优先、绿色发展新路子。习近平同志指出，推动长江经济带发展是党中央作出的重大决策，是关系国家发展全局的重大战略。新形势下推动长江经济带发展，关键是要正确把握整体推进和重点突破、生态环境保护和经济发展、总体谋划和久久为功、破除旧动能和培育新动能、自我发展和协同发展的五大关系。坚持共抓大保护、不搞大开发，加强改革创新、战略统筹、规划引导，以长江经济带发展推动经济高质量发展。目前，我国经济已由高速增长阶段转向高质量发展阶段，长江经济带的发展面临着更复杂的环境和更多元的目标，不仅要实现转型发展，更要实现高质量发展。习近平总书记指出，实施长江经济带发展战略要加大力度。习近平总书记的讲话精神不仅为长江经济带高质量发展指明了方向，也为长江流域及长江经济带高质量发展研究提供了重要指南。

二十世纪八十年代中期以来，团队核心成员即开始关注长江流域资源环境发展问题，偶有所获。二十世纪九十年代中后期，在国家自然科学基金项目"2千年来湖北人口、资源环境与发展空间变迁规律研究"和国家社会科学基金项目"长江流域经济发展与上、中、下游比较研究"的支持下，围绕人口、资源环境发展系统协调机理及长江流域经济发展区域差异规律进行了研究，提出并围绕长江经济带问题进行了初步探讨。进入二十一世纪以来，我们的关注点相对聚焦在区域发展质量、区域生态安全、新型城镇化、创新发展、投资环境与产业发展等方面。特别是在2013年度国家社会科学基金项目"长江中游城市发展质量测度及提升路径研究"、2014年度国家社会科学基金项目"长江经济带新型城镇化质量测度与模式研究"、2016年度国家社会科学基金项目"长江经济带节点城市的要素集聚功能研究"和"地学长江计划"核心项目群项目"资源环境约束下长江经济带绿色发展质量与产业布局优化研究"等项目支持下，我们围绕长江经济带高质量发展、生态文明与绿色发展、城市发展与新型城镇化等问题进行了较深入的研究，取得了一些成果。为更好地总结这些研究工作，服务长江经济带战略，我们有计划地归纳提炼这些成果以长江经济带研究丛书的形式结集出版。根据研究内容分别形成高质量发展系列、创新发展系列、生态文明建设与绿色发展系列、产业发展系列、城市与区域空间结构与效应系列以及发展报告与皮书系列。

绿色发展与创新驱动的有机结合是提高长江经济带经济发展质量和效益的关键所在。《长江经济带制造业绿色创新效率研究》一书是易明博士所带领的研究团队依托教育部人文社科研究规划基金项目、中国科学院战略性先导科技专项（A 类）等课题开展的研究成果，旨在为建立健全长江经济带绿色制造体系和制造业创新体系，提高长江经济带制造业核心竞争力提供理论支持和决策参考。

邓宏兵
2020 年 12 月

前　言

长期以来，创新都被认为是提高经济绩效和社会福利的基础，是经济增长的第一动力和重要引擎。理论界、产业界和政策制定者都认识到创新对改善企业环境实践和生态绩效的重要作用。近几十年来，全球经济不断增长，但同时也伴随着气候变化、能源安全、自然资源大量消耗以及生态环境破坏等问题，基于绿色导向的可持续制造或绿色制造开始受到关注，越来越多的制造业企业开始积极履行企业社会责任，实施环境友好型的研发和生产过程，希望在能够利用更少的资源能源、产生更少的污染和浪费的同时，带来更多的创新产出、生产更多的产品。然而，渐进的改进不足以应对日益严重的生态环境破坏所带来的不利影响，制造业的生产和经营管理理念、流程需要重构，并亟须研发和应用一批突破性及适用性的绿色新技术以提高绿色增长水平（OECD，2009）。正如德国联邦环境部发布的《绿色技术德国制造2018：德国环境技术图集》所指出的，"全球范围内，人们越来越关注采取有效的措施减少气候变化带来的不利影响以及保护环境。生态目标的实现需要环境技术或资源效率的助力，这些则依赖于绿色产品、生产和服务保持增长"。

制造业绿色创新是"制造业领域的绿色技术、产品和工艺创新，以及与之相配套的组织、管理和制度创新过程"，是以制造业绿色发展为目标的创新行为和过程，是系统的、开放的创新。在新一轮科技和产业革命背景下，创新、协调、绿色、开放、共享五大发展理念、《国家创新驱动发展战略纲要》《中国制造2025》《工业绿色发展"十三五"规划》等国家战略为我国制造业转型升级提供了新的机遇和挑战。长江经济带是我国创新驱动的重要策源地，制造业优势突出，电子信息、装备制造、纺织服装等产业规模占全国比重均超过

50%。但长江经济带产业结构重型化特征显著、绿色制造技术装备和自主创新能力较弱、产业布局不合理导致资源环境负荷较重、生态安全压力较大等问题颇为明显。《长江经济带发展规划纲要》提出，要把长江经济带建设成为我国生态文明建设先行示范带、创新驱动引领带，大力构建绿色生态走廊和现代产业走廊。长江经济带既要坚持生态优先、绿色发展的战略地位，又要实现创新驱动产业转型升级，绿色创新理应成为重要的"催化剂"，它不仅能够在一定程度上减少或避免生态环境破坏（Albort – Morant et al.，2016），还能促进创新资源综合集成，有利于完善长江经济带绿色制造业体系和制造业创新体系，提高制造业核心竞争力，而绿色创新要素的投入产出效率则是影响"催化效应"的关键。

本书首先建立制造业绿色创新效率理论分析框架和测算指标体系；其次，运用该指标体系，分别运用数据包络分析和随机前沿分析方法对长江经济带制造业绿色创新效率进行测算，分析其总体基本特征、时间变化规律、空间分布差异以及收敛性；再次，构建计量回归模型，分析制度驱动、市场拉动和技术推动等相关关键因素对长江经济带制造业绿色创新效率的影响；最后，依据测算分析结果和影响因素作用机理，提出相关政策措施建议。

本书共分为八章，由易明负责统筹安排，相关执笔人员分工如下：第一章，易明、刘志高、徐烁然执笔；第二章，易明、程晓曼、汪再奇、许耀东执笔；第三章，王怡倩、易明、光峰涛、刘志高执笔；第四章，光峰涛、易明执笔；第五章，彭甲超、许耀东、易明、刘志高执笔；第六章，易明、王怡倩、闫莫丹、付丽娜、张尧执笔；第七章，王怡倩、光峰涛、彭甲超执笔；第八章，易明、徐烁然执笔。此外，书后附上了相关参考文献，如有遗漏，敬请谅解。当然，最终文责由各章执笔人负责。

本书可以为区域经济学、产业经济学、创新经济学、环境经济学相关领域的研究人员提供理论参考，为有关政府部门完善产业或区域政策提供决策依据。同时，本书也可以作为高等院校本科生通识选修课或研究生区域经济学、产业经济学前沿类课程的参考教材。

目 录

第一章 导论 ·· 1
　第一节 研究背景及意义 ··· 1
　第二节 研究思路及研究内容 ·· 3
　第三节 研究方法、创新点及不足之处 ···························· 7

第二章 制造业绿色创新效率的理论解释框架及测算指标体系 ····· 9
　第一节 制造业绿色创新的微观决策机制 ························ 9
　第二节 制造业绿色创新的多重动力机制 ······················· 30
　第三节 制造业绿色创新的投入产出分析 ······················· 34
　第四节 制造业绿色创新效率测算指标体系 ··················· 37
　第五节 本章小结 ·· 41

第三章 长江经济带制造业绿色创新的基本特征事实 ············· 43
　第一节 长江经济带制造业绿色创新投入的基本特征事实 ··· 43
　第二节 长江经济带制造业绿色创新产出的基本特征事实 ··· 49
　第三节 长江经济带制造业绿色创新影响因素的基本
　　　　 特征事实 ··· 55
　第四节 本章小结 ·· 69

第四章 长江经济带制造业绿色创新效率的时空分异特征：
　　　 DEA 方法 ·· 71
　第一节 研究模型、数据来源及处理 ······························ 71

第二节　实证结果分析 …………………………………………… 77
　　第三节　收敛性分析 ……………………………………………… 86
　　第四节　本章小结 ………………………………………………… 90

第五章　长江经济带制造业绿色创新效率的时空分异特征：
　　　　　SFA方法 ………………………………………………… 92
　　第一节　研究模型、数据来源及处理 …………………………… 92
　　第二节　实证结果分析 …………………………………………… 99
　　第三节　收敛性分析 …………………………………………… 115
　　第四节　本章小结 ……………………………………………… 117

第六章　研发补贴、环境规制与长江经济带制造业绿色创新
　　　　　效率 ……………………………………………………… 119
　　第一节　研发补贴和环境规制影响MGIE的研究假设 ……… 121
　　第二节　研究模型设计 ………………………………………… 124
　　第三节　实证结果分析 ………………………………………… 128
　　第四节　本章小结 ……………………………………………… 134

第七章　技术推动、市场拉动与长江经济带制造业绿色创新
　　　　　效率 ……………………………………………………… 137
　　第一节　技术推动和市场拉动影响MGIE的研究假设 ……… 137
　　第二节　研究模型设计 ………………………………………… 139
　　第三节　实证结果分析 ………………………………………… 141
　　第四节　本章小结 ……………………………………………… 147

第八章　提升长江经济带制造业绿色创新效率的实现路径及
　　　　　建议 ……………………………………………………… 148
　　第一节　优化制造业绿色创新投入结构 ……………………… 148
　　第二节　提高制造业绿色创新产出质量 ……………………… 153
　　第三节　增强制造业企业绿色创新意愿和能力 ……………… 157

第四节　本章小结 …………………………………………… 162
附　表 ……………………………………………………………… 163
　　附表1　2008—2017年长江经济带制造业绿色创新综合效率
　　　　　　（EBM-DEA方法）………………………………… 163
　　附表2　2008—2017年长江经济带制造业绿色创新效率
　　　　　　（SFA方法）……………………………………… 164
参考文献 …………………………………………………………… 168

第一章 导论

第一节 研究背景及意义

一 研究背景

绿色创新一般与生态创新、环境创新等概念等同,被认为是能够通过减少环境影响和自然资源消耗以实现可持续发展目标的创新活动,包括过程、系统和服务创新等(EIO,2012)。也就是说,绿色创新不仅仅指绿色技术创新,还包括一切形式的创新:新产品、新流程、新服务、新商业模式等(Kemp and Arundel,1998;Rennings,2000;Kemp and Pearson,2007)。据此,可以将制造业绿色创新界定为"制造业领域的绿色技术、产品和工艺创新,以及与之相配套的组织、管理和制度创新过程",是以制造业绿色发展为目标的创新行为和过程。从投入产出的角度出发,效率是指"人类行为的投入与产出之间的比率",结合制造业绿色创新的定义,可以将制造业绿色创新效率简单定义为:"一定时间内,制造业绿色创新投入与产出之间的比率",是获得一定的绿色创新产出与所消耗的人、财、物、技术、信息等的比例关系。

长江经济带涵盖中国东、中、西部11个省份,沿线聚集了中国44%的工业总量、50%以上的新兴产业总产值以及全国1/3的高校/科研机构,在电子信息、高端装备、汽车、家电、纺织服装等领域拥有一批具有国际竞争力的制造业集群,是中国综合实力最强、最具战略支撑作用的制造业经济带。但长江经济带工业废水排放总量和能源消耗总量也均超过了全国的40%，特别是废水中的化学需氧量、氨氮、总氮、总磷排放量更是接近全国总量的50%。重型化的制造业结构在推动长江经济带经济增长的同时滋生了一系列资源和环境问题。面对严峻的资源环境约束和相对有限的创新资源，长江经济带制造业如何在一定的绿色创新投入下实现更多更高质量的绿色创新产出，也即如何提高制造业绿色创新效率（Manufacturing Green Innovation Efficiency，MGIE），这是中国制造业可持续发展亟待研究解决的现实问题。长江经济带各区域及区域内各省市的经济发展、资源禀赋存在明显的差异，这会对制造业绿色创新效率的空间格局产生怎样的影响？此外，在长江经济带制造业协同发展进程中，其绿色创新效率是否也表现出趋同？有哪些因素影响了长江经济带制造业绿色创新效率的提升？这些都是有待探索的关键科学问题。

二 研究意义

作为国民经济的主体，制造业是长江经济带产业体系的核心（吴传清等，2017）。2016年印发的《长江经济带发展规划纲要》提出，长江经济带要在电子信息、高端装备、汽车、家电、纺织服装等领域培育具有国际先进水平的世界级制造业集群。但就目前而言，长江经济带制造业的重化工化结构特征显著（吴传清和黄磊，2017）、产业链协同化程度较低（薛漫天，2016）、部分沿江地区的产业布局同质化严重（石清华，2016）、体制定位不明确（蒋媛媛等，2018），整体上造成对资源的依赖性较大、利用率低，且排放了大量的污染物，超出了资源环境的承受能力，这对其进一步发展带来了严重限制。在"中国制造2025"战略深入实施和国家生态文明建设加快推进的大背景下，走"创新+绿色"融合发展的道路是长江经济带制造业破解当前困境的重要突破口，也是解放和发展生产力的必然选择。适时研判制造业的绿色创新发展水平对把控、指导和推进长江经济带制造业的绿色创新转型具有重要的实践意义。

总而言之，一方面，研究长江经济带制造业绿色创新效率及其演变规律，实质是探讨长江经济带制造业转型升级过程的提质增效、绿色发展和创新驱动问题，这是区域经济学、产业经济学、资源环境经济学中的重要学术问题，具有独特的学术价值；另一方面，研究有利于全面客观判断长江经济带制造业绿色创新效率及其影响因素，进而提出更有效的政策安排，供政府部门决策参考。

第二节 研究思路及研究内容

本书首先建立制造业绿色创新效率理论分析框架和测算指标体系；其次，运用该指标体系，分别运用数据包络分析和随机前沿分析方法对长江经济带制造业绿色创新效率进行测算，分析其总体基本特征、时间变化规律、空间分布差异以及收敛性；再次，构建计量回归模型分析制度驱动、市场拉动和技术推动等相关关键因素对长江经济带制造业绿色创新效率的影响；最后，依据测算分析结果和影响因素作用机理提出相关政策措施建议。研究技术路线如图1-1所示。

本书的主要内容包括八个部分，具体如下。

第一章导论，主要介绍本书的背景及意义，同时概括性介绍本书的基本思路、研究内容、研究方法及创新点。

第二章是制造业绿色创新效率的理论解释框架及其测算指标体系。本章主要对制造业绿色创新的基本内涵特征进行界定分析，在此基础上，一方面从微观角度构建制造业企业的绿色创新决策模型，另一方面阐释制造业绿色创新的技术推动机制、市场拉动机制和制度推动机制，最后构建涵盖期望产出和非期望产出的制造业绿色创新效率的测算指标体系和影响因素测算指标体系。

第三章是长江经济带制造业绿色创新的基本特征事实。本章重点分析了长江经济带制造业绿色创新投入、产出和影响因素指标的发展变化状况、规律性特征，并比较了长江经济带和非长江经济带制造业绿色创新相关指标发展状况。

第四章采用DEA方法测算长江经济带制造业绿色创新效率并分析其时空分异特征。本章运用SBM-DEA模型和面板Tobit模型，实证检验了政府研发补贴和环境规制对长江经济带制造业绿色创新效率

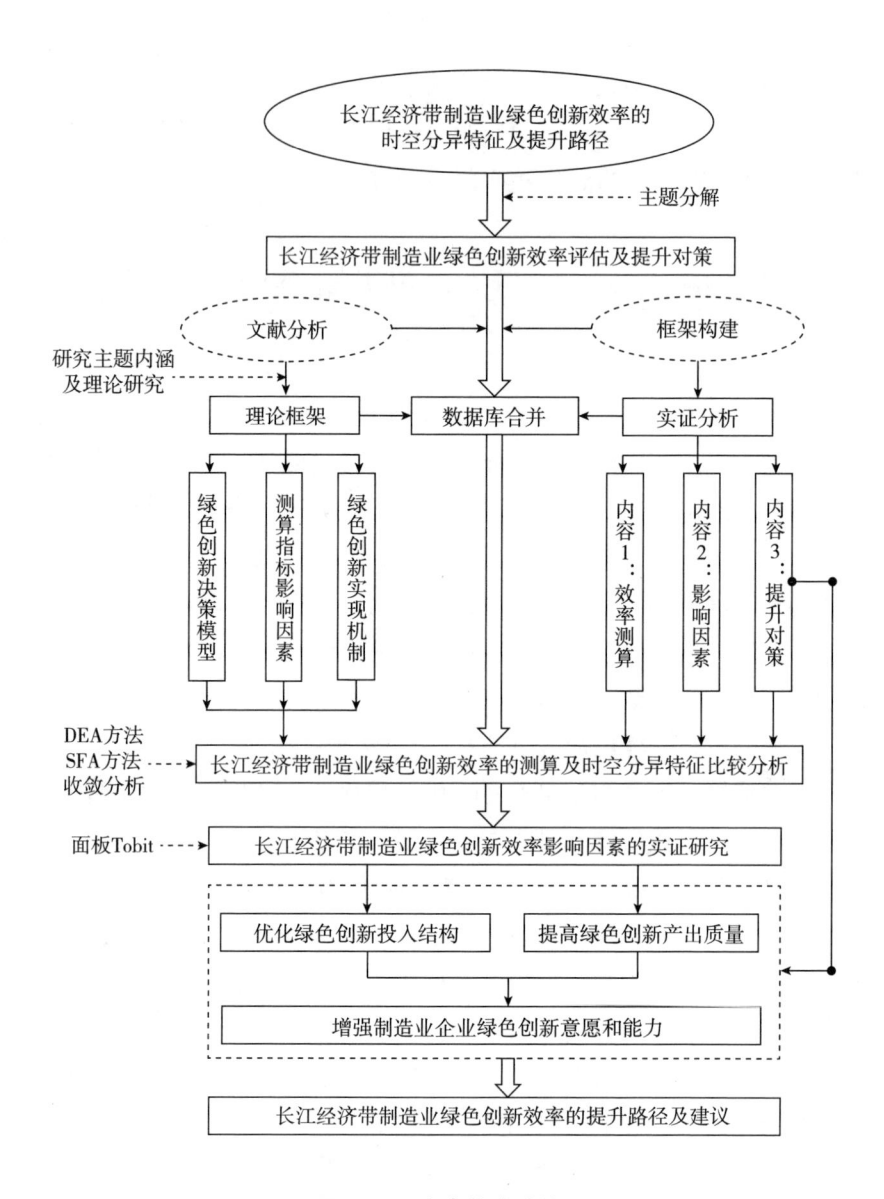

图1-1 本书技术路线

的影响效应。研究结果表明：第一，研究期内长江经济带制造业绿色创新效率呈不规则的倒"V"形走势，规模效率的 DEA 无效是限制其投入产出实现最优的原因。长江经济带制造业绿色创新效率的区域分布格局与各地区制造业的产业布局存在一定的映射关联，下游地区的制造业绿色创新效率最高，中上游地区较差。除上海、江苏和浙江以外，其余省市的制造业绿色创新效率均未达到 DEA 有效。第二，长江经济带各省市的制造业绿色创新效率空间差异明显，这与经济发展水平的空间分布格局表现出协调一致性。长江经济带各省市制造业绿色创新效率在空间上表现出正自相关性，存在集聚特征，但只有浙江和上海的高—高集聚类型通过了显著性检验。第三，长江经济带制造业绿色创新效率存在 α 收敛，中游地区的收敛较为稳定，而上游地区和下游地区的收敛只是阶段性的。长江经济带区域整体和分区域的制造业绿色创新效率均具有 β 绝对收敛特征，上游地区的收敛速度最快，中游地区次之，下游地区最慢。

第五章采用 SFA 方法测算长江经济带制造业绿色创新效率并分析其时空分异特征。本章通过异质性随机前沿分析模型评估长江经济带 2008—2017 年制造业绿色创新效率，详细区分引起长江经济带制造业绿色创新效率的结构性因素和时滞性因素，同时运用 σ 收敛和 GMM 模型比较探讨长江经济带制造业绿色创新效率的收敛性变化。研究结果表明：（1）在生产函数估计中，不管是在第一阶段还是在第二阶段，工业企业研发经费支出是影响长江经济带制造业绿色创新效率的最主要正向促进因素，能源消耗则成为制造业绿色创新效率的最主要负向阻碍因素，而研发人员和环境质量在两阶段的促进作用各不相同。（2）长江经济带第一阶段制造业绿色创新整体效率仅为 0.8605，效率提升程度为 16.2115%，其中制造业绿色创新剩余效率为 0.9954，持续效率为 0.8644；第二阶段制造业绿色创新整体效率仅为 0.8584，效率提升程度为 16.4985%，其中制造业绿色创新剩余效率为 0.8584，持续效率为 1。（3）第一阶段到第二阶段的制造业绿色创新效率水平有所下降，但制造业绿色创新整体效率和持续效率分布趋于分散，同时，样本期内制造业绿色创新效率各年度间差异较大，且不同阶段的差异存在扩大趋势。长江经济带制造业绿色创新效率的地区集聚更为明显，且逐渐与地理分区重合，这在第二阶段表现得极为明显。（4）长江经济带制造业绿色创新整体效率和剩余效率存在 σ 收敛，在第一阶段，结构性因素是影响制造业绿色创新整体效率的主因，在第二阶段，时间效应以及市场等剩余因素则影响新产品转化。

第六章分析研发补贴、环境规制与长江经济带制造业绿色创新效率。本章运用 SBM – DEA 模型和面板 Tobit 模型，实证检验政府研发补贴和环境规制对长江经济带制造业绿色创新效率的影响效应。研究结果表明：（1）研发补贴有利于提高长江经济带 MGIE，研发补贴及其释放的经济信号能够带来其他的外部融资机会，能够提高制造业企业绿色技术创新活动的积极性，降低绿色技术研发活动的成本和风险；（2）环境规制与制造业绿色创新效率之间呈现出正"U"形关系，当前环境规制已经跨过拐点，处于"U"形曲线的右侧，即环境规制的"创新补偿"效应超过了"遵循成本"效应，环境规制对提高长江经济带制造业绿色创新效率存在正向促进作用；（3）研发补贴、环境规制的交互项系数未能通过显著性检验，即研发补贴对环境规制与制造业绿色创新效率的正向调节作用并不显著，研发补贴未能有效地刺激环境规制的创新补偿效应的发挥；（4）长江经济带沿线大量垄断企业的空间布局特征和重型化的产业结构不利于提高制造业绿色创新效率，而企业集聚对提高长江经济带制造业绿色创新效率具有显著的正向促进作用，经济开放程度则未能通过显著性检验。

第七章分析技术推动、市场拉动与长江经济带制造业绿色创新效率。本章构建技术推动、市场拉动影响制造业绿色创新效率的理论分析框架，从整体和分区域角度，运用面板 Tobit 模型实证检验技术推动、市场拉动因素对长江经济带制造业绿色创新效率的影响效应。研究结果表明：（1）从长江经济带整体来看，企业自身研发能力、来自跨国企业的技术压力、国内市场拉动因素均对提高长江经济带制造业绿色创新效率存在正向促进作用；国际市场拉动因素对提高长江经济带制造业绿色创新效率没有产生正向促进作用。（2）从分区域角度看，各个区域的企业自身研发能力、来自跨国企业的技术压力、国内市场拉动因素、国际市场拉动因素对制造业绿色创新效率的影响效应均存在明显的区域异质性。

第八章提出提升长江经济带制造业绿色创新效率的实现路径及建议。本章主要从优化制造业绿色创新投入结构、提高制造业绿色创新产出质量、增强制造业企业绿色创新意愿和能力三个维度提出长江经济带制造业绿色创新效率的提升路径。

第三节 研究方法、创新点及不足之处

一 研究方法

除文献研究、专家访谈、头脑风暴等常规研究方法以外，本书所采用的具体研究方法主要包括：

（一）超效率 EBM 模型、SBM－DEA 模型和异质性随机前沿分析方法

测算制造业绿色创新效率的方法主要有参数方法和非参数方法。本书分别采用超效率 EBM 模型、SBM－DEA 模型和异质性随机前沿分析方法，以长江经济带为研究区域，选取 2008—2017 年面板数据测算长江经济带制造业绿色创新效率。

（二）探索性空间数据分析

采用探索性空间数据分析方法检验 2008—2017 年长江经济带制造业绿色创新效率的空间集聚和空间自相关性。

（三）收敛性分析模型

通过 σ 收敛、β 收敛等方法验证长江经济带制造业绿色创新效率及分解效率的演化趋势。

（四）面板 Tobit 模型

在测算长江经济带制造业绿色创新效率的基础上，运用面板 Tobit 模型实证检验技术推动、市场拉动、研发补贴、环境规制影响长江经济带制造业绿色创新效率的总体效应。

二 创新之处

本书可能的创新之处包括：第一，优化了制造业绿色创新效率测算指标体系。在制造业绿色创新投入方面既考虑传统要素投入，也考虑创新要素投入，在制造业绿色创新投入产出方面既考虑经济效益，也考虑环境生态效益。第二，应用超效率 EBM 模型测算长江经济带

制造业绿色创新效率,既综合吸收了传统径向 DEA 和非径向 DEA 的优点,又能有效区分有效 DMU 单元距离生产前沿面的实际数值。第三,对工业企业绿色创新进行分阶段分析。传统文献更多地将绿色创新视为单一过程,本书将专利视为第一阶段和第二阶段的链接,分别考虑两阶段的制造业绿色创新效率,在此基础上深度分解长江经济带制造业绿色创新效率水平及其收敛变化。第四,综合考虑研发补贴和环境规制的交互影响对长江经济带制造业绿色创新效率的实际影响效应。本书不仅把研发补贴和环境规制、环境规制的二次项同时纳入模型之中,而且考虑研发补贴和环境规制交互作用的影响,评价两种政策组合下政府干预究竟如何影响 MGIE。此外,考虑到政府补贴、环境规制与 MGIE 之间的双向互动关系,还运用工具变量法进一步纠正内生性问题。

三　不足之处

本书存在的主要不足在于一方面虽然用 DEA、SFA 等方法对长江经济带制造业绿色创新效率进行了评价,但并没有深入比较不同评价方法的结果差异性;另一方面,本书在"打开黑箱"进行评价方面还做得不够,另外,囿于数据来源限制,部分数据没有使用制造业企业微观数据,可能导致评价结果与真实情况有所偏离。

第二章 制造业绿色创新效率的理论解释框架及测算指标体系

当前，绿色创新或环境创新被认为是解决环境问题的出发点，是实现环境保护与经济发展"双赢"的动力所在，但理论界关于绿色创新这一基本概念的解释仍不够深入。与此同时，关于制造业绿色创新的微观和中观层面的研究成果已经较为丰富，但制造业绿色创新效率的理论分析框架尚未建立。本章将进一步解析制造业绿色创新的基本内涵，探讨制造业绿色创新的投入、产出要素以及投入产出转换过程，最后构建制造业绿色创新效率的测算指标体系。

第一节 制造业绿色创新的微观决策机制

一 制造业绿色创新的基本内涵释义

（一）绿色创新基本内涵及概念辨析

1. 绿色技术及其分类

现代技术既可能是环境友好型的，也可能会造成环境污染和破坏。技术悲观主义认为现代技术无法真正解决生态环境问题，但是又不能忽视技术的重要作用（胡春立和赵建军，2017）。现代技术的绿色化是实现经济发展和环境保护共赢的重要途径，绿色技术由此兴起。绿色技术（Green Technology）是指减少环境污染，减少原材料、自然资源和能源使用的"无公害化"或"少公害化"的技术、产品或工艺过程（Braun and Wield，1994；吴晓波和杨发明，1996；衡孝庆和邹成效，2011；齐绍洲等，2018）。

绿色技术的内容是复杂多样的，它并不仅仅涉及某一个单一的产业分支或部门，而是包括多种内容或表达形式，如清洁技术、环境友好型技术、可持续解决方案等，截至目前，并没有形成统一的绿色技术国际标准和分类。德国联邦环境部发布的《绿色技术德国制造2018：德国环境技术图集》重点关注六个领域的绿色技术和效率变革：能源效率、可持续水管理、环境友好型能源生产、存储及分配、原材料利用效率、可持续交通和循环经济。但是，这种划分方式主要基于德国绿色技术的市场份额，不能作为划分绿色技术的学理依据。一般来说，理论界将绿色技术划分为末端治理技术和清洁生产技术。其中，末端治理技术（End-of-Pipe Treatment Technology）是指对生产过程末端产生的污染物进行有效治理的相关技术。清洁生产技术（Cleaner Production Technology）是指在生产全过程和产品整个生命周期全过程能够促进废弃物减量化、资源化和无害化的相关技术。比较而言，末端治理技术通常具有较高的治理成果且效率较低（见表2-1）。因此，制造业领域越来越多地采用清洁生产技术以减少生产过程中的能源和资源消耗，许多制造业企业开始考虑全生命周期产品生产带来的环境影响，并在经营管理系统中实施环境友好策略，一些领先企业则致力于建立闭环系统以减少最终污染排放，提高资源能源回收和再利用效率。

表2-1　　两种不同类型绿色技术的经济参数比较

技术经济参数	末端控制技术	清洁生产技术
总生产率	生产率降低	潜在的生产率提高
生产成本	增加	潜在的成本节约
投资需求	较低	较高
沉没成本	一般没有	潜在的沉没成本
信息和进入成本	较低	较高
调试成本	较低	较高
与当前生产方法的匹配度	较高	较低
经济风险	较低	较高
经济的国际竞争力	趋势：负向影响	潜在的未来竞争优势

资料来源：Coenen等（1995）、Ursula和Johann（2008）、戴鸿轶和柳卸林（2009）。

为了推广绿色技术，世界知识产权组织（World Intellectual Property Organization，WIPO）于2010年推出了一个关于无害环境技术的专利信息检索工具——"IPC绿色清单"。2013年，WIPO组建了可持续技术交易所（WIPO GREEN），该平台由在线数据库和绿色技术创新价值链上的相关机构所形成的网络两个部分构成。其中，数据库主要包括绿色发明、技术、技术诀窍与服务以及一份已明确提出的需求目录，相关机构主要包括拥有绿色新技术并希望实现商业化或获得使用许可的个人、企业等（见图2-1）。WIOP GREEN的组建旨在通过建立技术供给方和需求方的链接通道促进绿色技术的创新与扩散，减少气候变化对发展中国家的不利影响。WIOP GREEN重点关注建筑、化学与新材料、能源、农业、绿色产品、污染、交通、水资源使用领域的绿色技术创新与扩散①。根据WIOP GREEN发布的报告 *WIOP GREEN Strategic Plan* 2019-2023，2019—2023年绿色技术的市场需求有望实现年均6.9%的增长，到2025年达到5.9万亿欧元的市场规模。

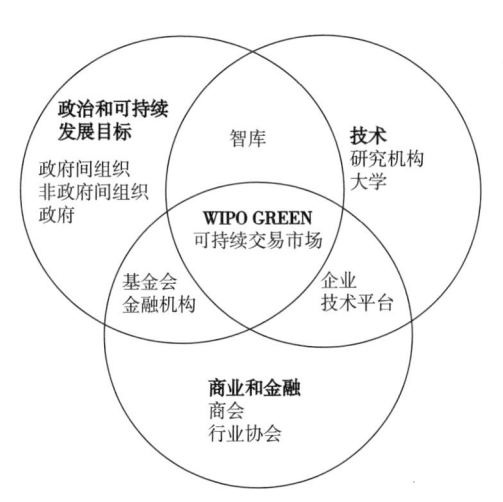

图2-1　WIPO GREEN的合作伙伴

资料来源：WIOP GREEN，*WIOP GREEN Strategic Plan* 2019-2023，https://www.wipo.int/edocs/pubdocs/en/wipo_pub_greenstrpl1923.pdf.

---

① 具体参见 https://www3.wipo.int/wipogreen/en/。

2. 绿色创新概念辨析

通过文献检索可以发现，与绿色创新密切相关的几个概念主要包括环境创新、生态创新、绿色创新等。

（1）环境创新。

环境创新是"以减少环境破坏为目的的新工艺、新技术、新系统或新产品"（Kemp，2000）。这一定义包含能够实现可持续目标的产品组合和生产过程的各种变化，例如污染管理、生态效率、减排、循环经济、生态设计以及能够敦促企业减少环境足迹的行动等（Marchi，2012）。与一般的创新相比，环境创新具有知识外部性和环境外部性的"双重"外部性特征，也即环境创新不仅能够带来技术和知识外溢，还能够给社会带来正向的环境收益。影响环境创新的因素则不仅包括需求和技术因素，还包括政府部门实施的环境规制（见表2-2）。

表2-2　　　　　　环境创新与其他创新的主要区别

	环境创新	其他创新
外部性	知识外部性和环境外部性	知识外部性
影响因素	需求拉动、技术推动、规制的拉动或推动	需求拉动和技术推动

资料来源：Marchi, D. V., "Environmental Innovation and R&D Cooperation: Empirical Evidence from Spanish Manufacturing Firms", *Research Policy*, 2012, 41: 614-623.

环境创新是一种系统创新，需要创新网络关联方之间高度合作并开展协调一致的行动（Foxon and Andersen，2009），包括原材料和产品组成部分的改变、企业外部合作伙伴的技术整合以及产品的再设计等，其中与供应商的合作至关重要——它能够确保生产投入部分是环境友好的（Marchi，2012）。环境创新的决定因素主要包括供给侧的技术能力、市场特征，需求侧的市场需求、社会对清洁产品的需求以及制度和政治影响（如环境政策、制度结构）等（Horbach，2008），如表2-3所示。

表 2-3　　　　　　　　　　环境创新的决定因素

供给方面	技术能力 资金问题与市场特点
需求方面	（预期）市场需求（需求拉动假说） 社会对清洁生产需求的认识 环保意识以及对环保产品的偏好
制度和政治影响	环境政策（以奖励为基础的工具或规管方法） 制度结构：面向环境团体的政治机会、信息流的组织、创新网络的存在等

资料来源：Horbach Jens, "Determinants of Environmental Innovation: New Evidence from German Panel Data Sources", *Research Policy*, 2008, 37: 163-173.

（2）生态创新。

生态创新是指"在整个生命周期内，能够有效降低环境风险、污染及资源使用过程中其他负面影响的新的产品、生产过程、服务、管理或者商业方法"（Kemp and Pearson, 2007; 李凯杰, 2018）。欧盟将生态创新作为提高竞争力和促进经济增长的重要支撑，并通过欧盟环境技术行动计划（European Union's Environmental Technology Action Plan, ETAP）加快环境技术创新和生态产业发展，在该计划中，生态创新被定义为："以预防或实质性减少环境风险、污染和资源利用负面影响为目的的产品、生产、服务、管理或商业模式领域的各种创新应用。"日本产业科技政策委员会则将生态创新定义为"以环境和居民为中心的新的技术—社会创新"，生态创新的领域包括技术、商业模式和社会系统，在制造业领域，生态创新的技术目标是建立可持续的制造业体系，在商业模式方面推行绿色采购和绿色服务化，同时建立环境标识系统和绿色标签等制度倒逼制造业实施绿色创新（见表2-4）。与一般的创新相比，生态创新具有两个明显的差异：一是生态创新以减少环境影响为目的；二是生态创新的边界可能会超出传统的创新组织边界，涉及更为广泛的社会安排，并引发现有社会文化规范和制度结构的改变（OECD, 2009）。

表2-4　　　　　　　　日本生态创新理念的范围

目标＼领域	行业		社会基础设施		个人生活方式
	制造业	服务	能源	城市交通	
技术	·可持续制造业 ·创新研发（节能等） ·稀有金属回收 ·绿色信息通信技术	创新研发（建立能源管理系统）	·创新研发（可再生能源、电池） ·超导输电	·创新研发（智能交通系统） ·绿色汽车 ·磁悬浮	·热泵
商业模式	·绿色采购 ·绿色服务化 ·生命周期评估	·能源服务 ·环境评级/绿色金融	·绿色认证	·模式转变	·绿色采购 ·清凉商务 ·绿色金融
社会系统（机构）	·环境标识系统 ·绿色标签 ·绿色投资		·日本领跑者计划（一套针对能源密集型产品的能效标准） ·RPS政策（可再生能源配额制）	·汽车环保税 ·新一代汽车和燃料倡议（METI：日本经济产业省）	·远程办公 ·工作与生活的平衡

资料来源：METI，2007；OECD，2009.

生态创新的目标涉及产品和服务、生产方法和过程、市场方法（如产品价格）、组织（如管理结构、企业社会责任）和制度（包括一系列制度安排、社会标准和文化价值）等，生态创新的机制则包括修正机制、再设计机制、选择机制和创造机制等（见图2-2），生态创新的影响主要体现在其能够带来较高的潜在环境效益（OECD，2009）。

（3）绿色创新。

从环境创新和生态创新的概念和实施目标看，两者的内涵基本是一致的，而绿色创新的概念与上述两个概念异曲同工，彼此之间的联系大于区别，可以相互替代使用。同时，这些概念均突出强调以绿色

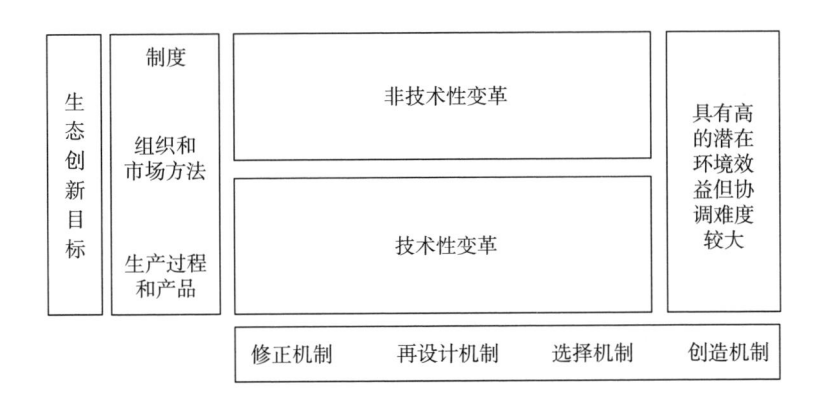

第二章　制造业绿色创新效率的理论解释框架及测算指标体系 | 15

```
┌──┬──────┬──────────────────┬──────┐
│生 │ 制度  │                  │具有高 │
│态 │      │   非技术性变革    │的潜在 │
│创 │组织和 │                  │环境效 │
│新 │市场方法│                  │益但协 │
│目 │      │                  │调难度 │
│标 │生产过程│   技术性变革     │较大   │
│  │和产品 │                  │       │
│  │      │                  │       │
└──┴──────┴──────────────────┴──────┘
        │修正机制│再设计机制│选择机制│创造机制│
```

图 2-2　生态创新的基本要素

资料来源：OECD（2009）.

市场为导向的环境友好型技术、工艺和产品的研究开发与应用（戴鸿轶和柳卸林，2009），并强调绿色技术创新仅仅是绿色创新的核心组成部分，非技术创新如组织、管理、模式和制度创新也同样重要，也就是说，绿色创新是一种系统创新。据此，可以给出狭义的和广义的绿色创新定义，其中，狭义的绿色创新是指"绿色技术、产品和工艺的研究、开发与应用，包括绿色技术从源头研发到成果转移转化和最终市场化的全过程"，广义的绿色创新则不仅包括绿色技术创新，还包括组织、管理和制度创新，以及绿色生态教育体系的创新、社会公众参与生态环境保护的机制创新等。比较而言，狭义的绿色创新主要强调绿色技术本身的作用及其对环境的影响，而广义的绿色创新则主要强调以绿色为目标导向的创新行为和过程。

关于绿色创新的定义，需要厘清一个问题，企业无意识创新产生的环境收益是否应当被视作绿色创新的范畴？创新的动机是复杂的，很难将企业对环境收益的诉求或动机与一般的创新动机相区分，如果把所有能够减少环境污染和破坏的企业行为都看作创新行为，就有可能导致绿色创新的泛化，不利于理解企业主动的、有意的、以绿色环保为根本诉求和目标的创新行为（杨燕等，2013）。关于这一问题的回答尚未达成一致，也因此延伸出两种不同的绿色创新定义：一是将能够带来环境效益的创新都视为绿色创新，这既可能是有意的也可能是无意的；二是将绿色创新定义为能够减少环境污染和破坏的创新，主要是指企业有意的创新行为。我们认为，从中观或宏观视角应重点研究前者，从微观视角则应更加关注后者——更加有利于引导企业树立环保责任意识，引导企业主动实施绿色创新行为。当前，就绿色创新与企业绩效的关系还存在争议（Zhang and Walton，2016）。从创新角度，一些学者认为绿色创新有利于提高企业绩效（Pujari，2006），环境友好型的生产经营模式、生产更多的环境友好型产品以及履行企业社会责任能够提高企业运行效率（Smith and Ball，2012）；相反，从经济角度，一些学者则认为绿色创新实践与企业绩效之间存在负相关关系，原因在于绿色创新会增加企业成本和技术复杂性（Ambec and Lanoie，2008；Marin，2012）。

就绿色创新的分类来说，根据绿色技术所发挥作用的不同，绿色创新可以划分为技术性创新和非技术性创新，前者主要是指绿色科学技术领域的"创造性破坏"活动（彭甲超等，2019），后者则主要是指企业组织、管理、制度和商业模式等领域的变革。例如，在制造业领域，可以通过设立单独的环境管理部门，建立利益相关者网络等非技术创新方式进一步促进绿色创新。根据绿色创新的层次不同，可以将其划分为微观、中观和宏观三个层次的绿色创新。微观层次主要是指企业绿色创新，也即企业通过树立绿色发展理念，加大绿色技术研发力度，搭建绿色供应链，实施绿色管理等减少日常生产和经营管理对环境造成的破坏，同时提高资源能源利用效率。中观层次的绿色创新则是指产业绿色创新，也即通过调整产业结构和优化产业布局等方式实现绿色发展和创新驱动目标。宏观层次的绿色创新则主要是指通过财税、货币、土地、价格等政策引导绿色创新，实现经济高质量可持续发展。此外，还可以按照一般创新的划分方式，将绿色创新划分为绿色产品创新、绿色工艺创新、绿色管理创新、绿色服务创新；或划分为渐进式绿色创新和颠覆式（突破式）绿色创新等，前者是指利用现有资源不断地、渐进地、连续地进行绿色技术改造和升级，最终实现绿色创新目标，而后者则是"破坏式创新"的延伸，基于绿色创新目标和理念，从根本上突破现有的技术、工艺或平台，研发新的产品或提供新的服务，甚至带来新产业、新生态和新模式。

总体上，绿色创新与环境创新或生态创新可以等同；同时，绿色创新是一种系统创新，不能狭隘地将其理解为绿色技术创新。

(二) 制造业绿色创新内涵特征分析

企业是绿色创新的实施者，绿色创新最终需要落脚于企业和产业层面。根据绿色创新的定义，可以将制造业绿色创新界定为"制造业领域的绿色技术、产品和工艺创新，以及与之相配套的组织、管理和制度创新过程"，是以制造业绿色发展为目标的创新行为和过程，是系统的、开放的创新。

一方面，制造业绿色创新是一项系统创新，正如我们对其的定义，它不仅包括制造业绿色技术创新，也包括绿色导向的制造业企业组织架构的改变、生产经营管理方式的变革、商业模式的创新、制造业产业链横向合作和纵向合作关系的创新，还包括与制造业持续成长和绿色创新密切相关的社会中介机构、政府的共同创新，也即制造业绿色创新是一个由多种要素构成的多元多维体系，这些要素之间具有一定的直接或间接的关联性，以绿色创新为目标，具备特定的功能。具体而言，在制造业绿色创新系统中，制造业企业是绿色创新的主体，高校院所，上游的原材料生产商和供应商，下游的生产商、分销商、零售商、消费者、中介机构，以及政府部门等，与制造业企业形成一定的联系网络，共同实现制造业绿色创新的经济效益、创新效益和环境效益。结合制造业绿色创新的特征，按照汪秀婷和杜海波（2012）的思路，可以将制造业绿色创新系统划分为四个子系统（见图2-3）：战略子系统、核心网络子系统、知识技术系统和环境子系统。战略子系统的功能是确定制造业绿色创新的中远期目标和战略实施路径，整合系统内外的绿色创新资源；核心网络子系统作为重要的辅助系统，其主要功能是以协同方式形成促进绿色技术研发和产业化的合力；知识技术系统的功能主要是构建支撑制造业绿色创新的基础知识和核心技术池；环境子系统的主要功能是为制造业绿色技术的研发、转化与应用提供必要的正式和非正式制度安排，通过形成"洼地效应"和"倒逼效应"，在为人才、技术、资金等各类创新要素的集聚提供良好条件的同时，促进制造业企业主动增强绿色创新的能力。各子系统相互联系、相互影响，共同决定制造业绿色创新系统的发展。需要说明的是，制造业绿色创新系统与一般的产业创新系统不同的是，一是其目标将不仅仅是经济效益和创新效益，还需要同时将环境效益作为核心目标设定；二是系统的知识和技术积累，除了与制造业发展匹配的核心和关联生产技术以外，还需要增加绿色技术存量；三是与政府对绿色技术研发的支持相比，政府环境规制对引导和激励制造业企业绿色创新的作用效果可能更大。

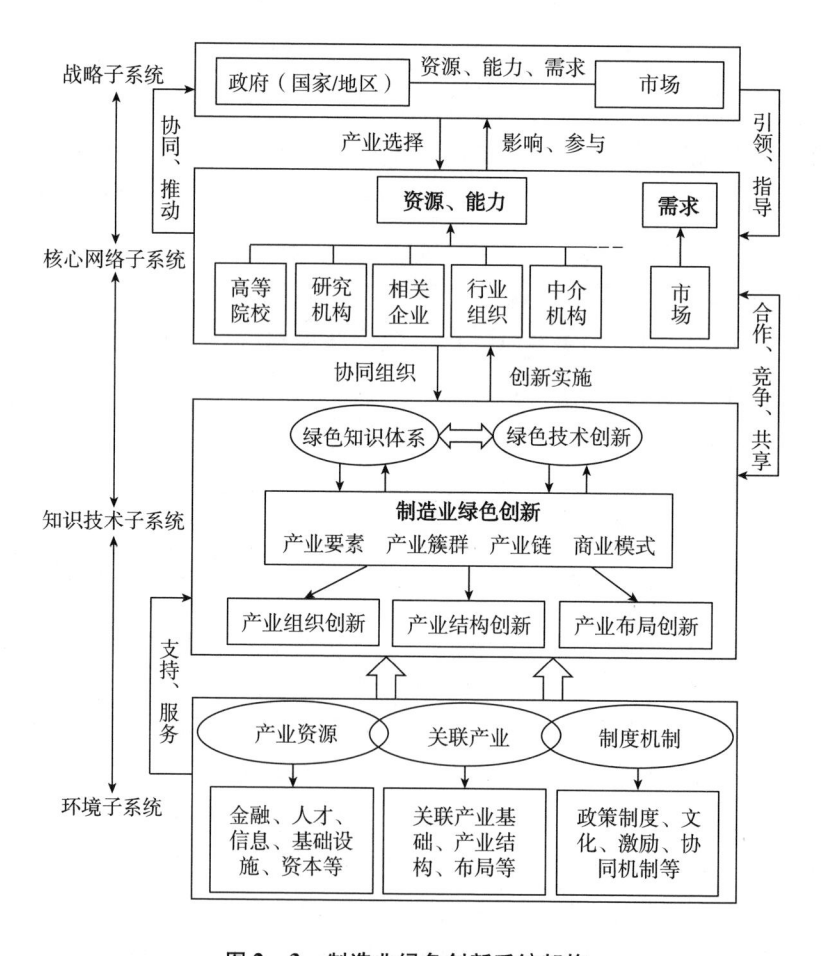

图 2-3 制造业绿色创新系统架构

资料来源：根据汪秀婷和杜海波（2012）修改绘制。

另一方面，制造业绿色创新的开放性主要体现在其不是一个简单的封闭系统。虽然制造业绿色创新系统的要素之间具有紧密的联系并形成一定的结构，但这并不是说，制造业绿色创新系统就是孤立的，或者说就不需要建立与外界之间的交流。事实上，与一般的产业创新系统一样，制造业绿色创新体系同样需要与外界发生物质、信息、能量等资源的交换，只有均衡协调系统内部与外部的各种资源，并在此基础上进行资源整合和集成创新，才能够应对当前快速发展的技术变革和市场需求，降低制造业绿色创新成本，提高制造业产业竞争力。同时，也正是基于这种开放性特征，制造业绿色创新系统形成了特殊的自组织机制（见图2-4）：从制造业创新系统向制造业绿色创新系统演化，从原技术范式和自组织结构向新技术范式和自组织结构演化。需要强调的是，制造业绿色创新系统的开放性也决定了制造业绿色产品创新或工艺创新会受到外界不确定因素的影响，包括需求的不确定性、供给的不确定性以及技术的不确定性，并且，技术不确定性会强化需求和供给不确定性对制造业绿色创新的影响（Zhao et al.，2018）。

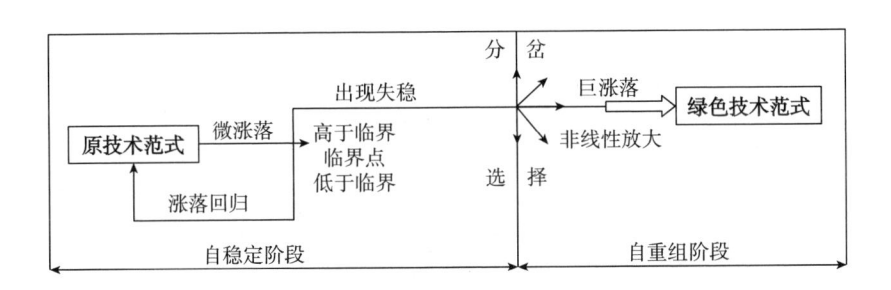

图2-4 制造业绿色创新系统自组织演化过程

资料来源：根据李锐和鞠晓峰（2009）修改绘制。

此外，与制造业绿色创新密切相关的概念是绿色制造或可持续制造（见图2-5）。绿色制造的过程涉及污染控制、清洁生产、生态效率、全生命周期、闭环生产以及产业生态构建等多个环节和阶段，在上述过程中，污染控制主要依靠修正机制实现，而到了产业生态构建阶段则需要创造性的变革。此外，污染控制、清洁生产、生态效率主要依靠技术性绿色创新（绿色技术创新），全生命周期、闭环生产以及产业生态构建主要依靠非技术性绿色创新（组织、制度和模式变革等）。

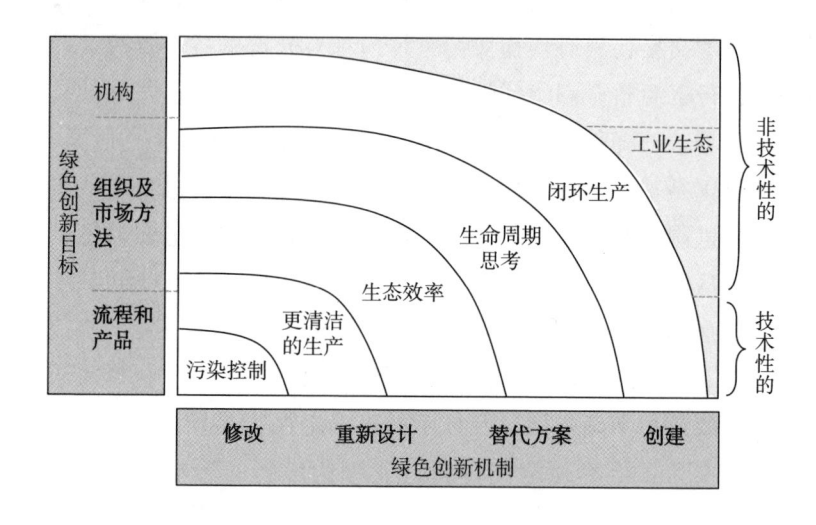

图 2-5　绿色制造与绿色创新之间的关系

资料来源：OECD（2009）.

二　制造业企业的绿色创新策略选择

制造业供应链管理在碳减排进程中扮演着重要的角色。供应链上下游企业协同构建绿色物流，在采购、生产、仓储、运输等流程实现低碳化，同时构建逆向物流回收网络。提升产品的绿色度，既可以满足消费者日益提升的环保意识的需求，并规避出口产品的"绿色壁垒"，还可以提升市场竞争力。因此，研究碳价格政策对供应链绿色创新的影响具有较强的现实意义。本部分探讨在碳税、碳限额与碳交易、碳补贴这三种碳价格政策情境下，绿色供应链企业的最优产品定价、绿色创新策略以及合作条件。①

---

① 本部分内容发表于易明、程晓曼《碳价格政策视角下企业绿色创新决策研究》，《软科学》2018年第7期。

（一）模型构建

考虑包含制造商和零售商的两阶段模型，制造商和零售商的碳减排决策是在销售利润、政策损益和减排成本三者之间的权衡。变量和参数说明如表 2-5 所示。

表 2-5　　　　　　　　　　变量和参数说明

变量类型	变量	说明
外生变量	D	市场的潜在需求
	ε	产品价格对需求量变化的敏感程度
	β	消费者的低碳偏好系数
	γ_m, γ_r	制造商、零售商的碳减排技术难度系数
	c_m, c_r	制造商单位产品的生产成本、零售商单位产品的销售成本
	e_{i0}	企业初始碳排放
	t	企业单位碳排放缴税价格
	e_{gi}	政府设置的企业初始碳排放额
	P_e	碳交易市场上单位碳排放权的价格
	$\delta, G^{\max}$	政府设定的单位碳减排补贴价格、补贴的上限
内生变量	p	消费者购买的产品价格
	$C_M(\Delta e_m), C_R(\Delta e_r)$	制造商、零售商的碳减排成本
	$G_{tax}, G_{trade}, G_{subsidy}$	企业分别在碳税、碳限额与碳交易、碳补贴情形下的碳政策损益
	π_M, π_R, π_T	制造商的利润，零售商的利润，供应链的总利润
	Δe_T	供应链的总碳减排量
决策变量	Q	产品的生产销售数量
	ω	制造商销售给零售商的产品价格
	Δe_m	制造商的总碳减排量
	Δe_r	零售商的总碳减排量

为了便于模型的建立，做出如下假设：

（1）制造商和零售商都是理性个体，追求自身效用最大化。为了论述清晰，假定制造商和零售商的产品产量都与市场需求得到了很好的匹配。

（2）制造商和零售商拥有完全信息，即彼此的碳限额、绿色创新技术系数、单位生产或销售成本、碳排放量等信息都公开透明。

（3）在 Ferguson 和 Toktay（2006）提出的市场线性逆需求函数的基础上，引入消费者的低碳偏好，构建产品的价格函数如下：

$$p = D - \varepsilon Q + \beta\left(\frac{\Delta e_m + \Delta e_r}{Q}\right) \qquad (2-1)$$

其中，Δe_m 表示制造商的总减排量，Δe_r 表示零售商的总减排量，Q 表示市场的需求量，D 表示市场的潜在需求，ε 表示产品价格对需求量变化的敏感程度，β 表示消费者的低碳偏好系数，值越大表明消费者购买低碳偏好产品的意愿越强。

（4）碳减排需要企业资金和设备的投入，绿色创新的减排成本是减排量的增函数，其边际成本随着减排量的增加而增加。根据以往的研究，本部分假设绿色创新成本是碳减排量的二次函数：

$$C_M(\Delta e_m) = \frac{1}{2}\gamma_m(\Delta e_m)^2, \quad C_R(\Delta e_r) = \frac{1}{2}\gamma_r(\Delta e_r)^2 \qquad (2-2)$$

其中，γ_m 和 γ_r 表示绿色创新技术系数，值越大表示企业绿色创新难度越大。企业绿色创新的技术系数会因自身实力和工程技术有所差异。

（5）政府可能采取碳税、碳限额与碳交易、碳补贴这三种中的一个或多个碳价格政策，从而内部化碳排放的外部成本。在碳税、碳限额与碳交易、碳补贴三种情形下，企业的碳政策损益函数如下。

碳税模型。在碳税政策下，政府根据企业的具体碳排放量征收碳税，企业需缴纳的碳税函数如下：

$$G_{tax} = -t(e_{i0} - \Delta e_i) \qquad (2-3)$$

其中，t 表示企业单位碳排放缴税价格，e_{i0} 表示企业初始碳排放，$e_{i0} - \Delta e_i$ 表示企业实施碳减排之后的实际排放量，显然，$G_{tax} < 0$。

碳限额与碳交易模型。政府根据企业历史碳排放量设置企业初始碳排放额，同时允许企业通过碳交易购买或销售碳排放权。企业的损益函数如下：

$$G_{trade} = [e_{gi} - (e_{i0} - \Delta e_i)]P_e \qquad (2-4)$$

其中，e_{gi}为政府设置的企业初始碳排放额，P_e为碳交易市场上单位碳排放权的价格。当$e_{gi} - (e_{i0} - \Delta e_i) > 0$时，企业存在碳排放权剩余，将通过市场出售碳排放权；当$e_{gi} - (e_{i0} - \Delta e_i) < 0$时，企业碳排放量超过政府限额，必须通过市场购买碳排放权。

碳补贴模型。政府可以根据减排量给予企业一定的补贴，刺激企业加大碳减排的投资。企业获得的补贴函数：

$$G_{subsidy} = \delta \Delta e_i, \ 0 \leq \delta \Delta e_i \leq G^{max} \qquad (2-5)$$

其中，δ是政府设定的单位碳减排补贴价格，G^{max}是补贴的上限。

综上，当t、e_{gi}、e_{i0}、P_e、δ等外生变量给定时，企业在碳价格政策下的政策损益与Δe_i呈线性关系。三种碳政策下企业损益模型可综合如下：

$$G = a + b\Delta e_i, \ b > 0 \qquad (2-6)$$

其中，a与b在不同的碳价格情景中有不同的取值：（1）碳税情形：$a = -te_{i0}$，$b = t$；（2）碳限额与碳交易情形：$a = (e_{gi} - e_{i0})P_e$，$b = P_e$；（3）碳补贴情形：$a = 0$，$b = \delta$。

基于上述假设，建立制造商、零售商的利润模型和供应链总利润模型。制造商的利润函数为：

$$\pi_M = (\omega - c_m)Q - C_M(\Delta e_m) + G_M = (\omega - c_m)Q - \frac{1}{2}\gamma_m(\Delta e_m)^2 + a + b\Delta e_m \qquad (2-7)$$

零售商的利润函数为：

$$\pi_R = (P - \omega - c_r)Q - C_R(\Delta e_r) + G_R = [D - \varepsilon Q + \beta(\frac{\Delta e_m + \Delta e_r}{Q}) - \omega - c_r]Q - \frac{1}{2}\gamma_r(\Delta e_r)^2 + a + b\Delta e_r \qquad (2-8)$$

在供应链整体决策时，中间产品的批发价格被内部化，供应链整体利润函数为：

$$\pi_T = [D - \varepsilon Q + \beta(\frac{\Delta e_m + \Delta e_r}{Q}) - c_m - c_r]Q - \frac{1}{2}\gamma_m(\Delta e_m)^2 -$$

$$\frac{1}{2}\gamma_r(\Delta e_r)^2 + 2a + b(\Delta e_m + \Delta e_r) \qquad (2-9)$$

（二）集中化供应链的决策模型

考虑供应链为一个集中化决策系统，制造商和零售商以供应链整体利润最大化为目标。π_T 的海塞矩阵 $H(\pi_T)$ 是负定矩阵，则 π_T 在 $\left\{\frac{\partial \pi_T}{\partial \Delta e_m}=0, \frac{\partial \pi_T}{\partial \Delta e_r}=0, \frac{\partial \pi_T}{\partial Q}=0\right\}$ 处取得最大值。

结论 2-1 在制造商和零售商合作开展绿色创新的情形下，制造商和零售商的最优碳减排量和产量分别为：

$$\left\{\Delta e_m^{C*} = \frac{\beta+b}{\gamma_m}, \ \Delta e_r^{C*} = \frac{\beta+b}{\gamma_r}, \ Q^{C*} = \frac{D-c_m-c_r}{2\varepsilon}\right\}$$

根据结论 2-1，当制造商和零售商进行集中决策时，产品的销售价格 P^C、供应链总的碳减排量 Δe_T^{C*} 和供应链整体最大利润 π_T^{C*} 分别为：

$$\begin{cases} P^C = \dfrac{D+c_m+c_r}{2} + \dfrac{2\varepsilon\beta(\beta+b)(\gamma_m+\gamma_r)}{\gamma_m\gamma_r(D-c_m-c_r)} \\ \Delta e_T^{C*} = \dfrac{(\gamma_m+\gamma_r)(\beta+b)}{\gamma_m\gamma_r} \\ \pi_T^{C*} = \dfrac{(D-c_m-c_r)^2}{4\varepsilon} + \dfrac{(\gamma_m+\gamma_r)(\beta+b)^2}{2\gamma_m\gamma_r} + 2a \end{cases} \qquad (2-10)$$

引理 2-1 供应链企业实施碳减排后，产品价格将会升高，制造商将维持碳减排前的原有产量生产，供应链整体决策下的利润分配由双方碳减排量对价格提升的贡献程度决定。

证明：企业实施碳减排将增大低碳投资成本，成本最终转嫁给消费者，导致产品价格上升。设未实施碳减排策略时的产品价格为 P_0，可知：

$$P^C - P_0 = \frac{2\varepsilon\beta(\beta+b)(\gamma_m+\gamma_r)}{\gamma_m\gamma_r(D-c_m-c_r)} \qquad (2-11)$$

同时，设未实施碳减排策略时的产品需求及产量为 Q_0，根据供应链碳减排前的利润函数，最优生产产量为：

$$Q_0^* = Q^{C*} = \frac{D-c_m-c_r}{2\varepsilon} \qquad (2-12)$$

制造商与零售商的利润分配通过 ω 体现，ω 越大，制造商利润越大，零售商利润越小，反之亦然。根据夏普里值利润分配原则，在整体决策情形下，制造商与零售商根据自身碳减排量对价格提升的贡献程度决定 ω 的大小。设供应链实施碳减排之前制造商销售给零售商的产品定价为 ω_0。产品价格的提升得益于双方碳减排的贡献：

$$P^C = \frac{2\varepsilon\beta(\beta+b)(\gamma_m+\gamma_r)}{\gamma_m\gamma_r(D-c_m-c_r)} + P_0 \qquad (2-13)$$

根据碳减排的贡献程度有：

$$\omega^C = \frac{2\varepsilon\beta(\beta+b)}{\gamma_m(D-c_m-c_r)} + \omega_0 \qquad (2-14)$$

引理 2-2 其他条件相同时，对于需求价格弹性越大的产品，供应链整体利润越高，但供应链碳减排量不受需求价格弹性影响。

由 $\frac{\partial \pi_T^{C*}}{\partial \varepsilon} < 0$ 知，供应链整体利润随着产品价格对需求量变化的敏感程度 ε 的增大而降低，即随着产品的需求价格弹性的增大而增大。

引理 2-3 其他条件相同时，消费者的低碳偏好既能够促进供应链碳减排，也能提高供应链的整体利润。

由 $\frac{\partial \Delta e_T^{C*}}{\partial \beta} > 0$，$\frac{\partial \pi_T^{C*}}{\partial \beta} > 0$ 知，消费者的低碳偏好系数越大，供应链整体的碳减排量越大，供应链的整体利润也将越大。

引理 2-4 其他条件相同时，制造商、零售商的碳减排技术难度系数越小，供应链碳减排量越高，供应链的整体利润也越高。

由 $\frac{\partial \Delta e_T^{C*}}{\partial \gamma_m} = -\frac{\beta+b}{\gamma_m^2} < 0$，$\frac{\partial \Delta e_T^{C*}}{\partial \gamma_r} = -\frac{\beta+b}{\gamma_r^2} < 0$，$\frac{\partial \pi_T^{C*}}{\partial \gamma_r} < 0$，$\frac{\partial \pi_T^{C*}}{\partial \gamma_m} < 0$

可知，供应链碳减排量和供应链整体利润受制造商和零售商碳减排技术难度系数的负向影响。

（三）分散化供应链的决策模型

当制造商和零售商是两个独立的决策主体时，双方以各自的利润最大化为目标，供应链是一个分布式决策系统。通过构建 Stackelberg 模型求解该问题，制造商为领导者，零售商为跟随者。制造商和零售商的两阶段非合作博弈结果通过逆向归纳法求解。

零售商的目标是在制造商给定的批发价格和碳减排量决策下,确定最优订货量和碳减排量使其利润函数最大,即 Max π_R。π_R 关于 Q 和 Δe_r 的海塞矩阵 $H(\pi_R)$ 为负定矩阵,在 $\left\{\dfrac{\partial \pi_R}{\partial Q}=0, \dfrac{\partial \pi_R}{\partial \Delta e_r}=0\right\}$ 处取得极大值。所以,零售商的最优订货量和最优碳减排量为:

$$Q^N = \frac{D-\omega-c_r}{\varepsilon}, \quad \Delta e_r^N = \frac{b+\beta}{\gamma_r} \qquad (2-15)$$

将式(2-15)代入式(2-7),制造商的最优批发价格和碳减排量分别为:

$$\omega^N = \frac{D-c_r+c_m}{2}, \quad \Delta e_m^N = \frac{b}{\gamma_m} \qquad (2-16)$$

结论 2-2　在制造商和零售商分散决策情形下,制造商和零售商的最优决策为:$\omega^{N*} = \dfrac{D-c_r+c_m}{2}$,$\Delta e_m^{N*} = \dfrac{b}{\gamma_m}$,$Q^{N*} = \dfrac{D-c_r-c_m}{4\varepsilon}$,$\Delta e_r^{N*} = \dfrac{b+\beta}{\gamma_r}$。

根据结论 2-2 可求得,分散决策下零售商和制造商的最优利润以及供应链整体碳减排量分别为:

$$\begin{cases} \pi_R^{N*} = \dfrac{[16a\varepsilon+(D-c_r-c_m)^2]\gamma_r + 8\varepsilon(b+\beta)^2\gamma_m + 16b\beta\varepsilon\gamma_r}{16\varepsilon\gamma_m\gamma_r} \\[2mm] \pi_M^{N*} = \dfrac{[8a\varepsilon+(D-c_r-c_m)^2]\gamma_m + 4\varepsilon b^2}{8\varepsilon\gamma_m} \\[2mm] \Delta e_T^{N*} = \dfrac{b\gamma_r+(b+\beta)\gamma_m}{\gamma_m\gamma_r} \end{cases}$$

$$(2-17)$$

结论 2-3　制造商和零售商有动力进行合作开展绿色产品创新,合作达成的条件为:$\{\pi_R^C \geq \pi_R^{N*}, \pi_M^C \geq \pi_M^{N*}\}$。

证明:根据 $\pi_R^{N*} + \pi_M^{N*} - \pi_T^{C*} = -\dfrac{(D-c_r-c_m)^2\gamma_m + 8\beta^2\varepsilon}{16\varepsilon\gamma_m}$,有 $\pi_T^{C*} > \pi_R^{N*} + \pi_M^{N*}$,分散决策下供应链系统利润小于集中决策情形,即双重边

际化现象。因此,制造商和零售商有动力通过合作提高系统利润。根据激励相容原则,在双方合作条件下的利润应分别大于分散决策情形时各自的利润。

引理 2-5 相对于集中决策情形,在分散决策情形下,供应链绿色产品产量下降,价格升高,供应链碳减排量降低。

证明:根据 $Q^{C*} < Q^{N*}$、$P^{C*} > P^{N*}$、$\Delta e_T^{N*} < \Delta e_T^{C*}$,可知引理 2-5 成立。

引理 2-5 表明,无论从供应链的利润角度还是从低碳环保角度,分散决策情形都不如通过合作进行集中决策。

引理 2-6 无论制造商和零售商合作决策与否,影响供应链碳减排决策的是碳价格,与碳政策的形式无关。

证明:$\frac{\partial \Delta e_T^{C*}}{\partial b} > 0$,$\frac{\partial \Delta e_T^{N*}}{\partial b} > 0$,$\Delta e_T^{C*}$ 和 Δe_T^{N*} 随着 b 的增大而增大,与 a 无关。

引理 2-6 说明,碳税、碳限额与碳交易、碳补贴虽然政策形式不同,但具有相同的价格特性,当碳价格相同时,三种碳价格政策对供应链碳减排的影响效果相同。

(四)算例分析

为了能够说明上述问题及其结论并且使计算过程简便,综合前人的研究,设置如下企业运营数据和减排政策参数,考虑三种政策碳价格相等的情形,进行数值模拟(见表 2-6)。

表 2-6   变量和减排政策参数

D	ε	β	c_m	c_r	t, P_e, δ	γ_m	γ_r	e_{gm}	e_{gr}	e_{m0}	e_{r0}
700	0.6	8	70	90	20	0.05	0.07	600	700	1000	1100

1. 考虑集中决策情形

碳减排优化决策结果如表 2-7 所示。

表2-7　　　　　　集中决策下定价和碳减排决策结果

Q^{C*}	P^C	Δe_m^{C*}	Δe_r^{C*}	Δe_T^{C*}	π_T^C		
					碳税	碳交易	碳补贴
450	446.5	560	400	960	60106	112106	144106

集中决策下制造商、零售商的碳减排量和供应链碳减排总量与消费者低碳偏好系数的关系如图2-6所示，消费者的低碳偏好有效促进供应链企业进行绿色创新。制造商、零售商的碳减排量和供应链碳减排总量与制造商的碳减排难度系数关系如图2-7所示，随着碳减排难度系数的增大，供应链绿色创新的程度显著下降。

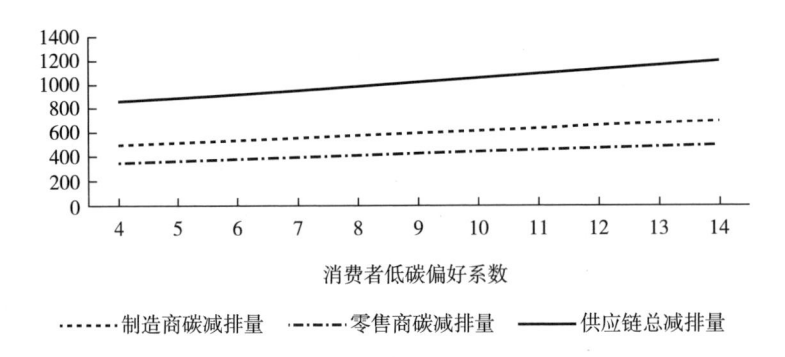

图2-6　碳减排与消费者低碳偏好系数的关系

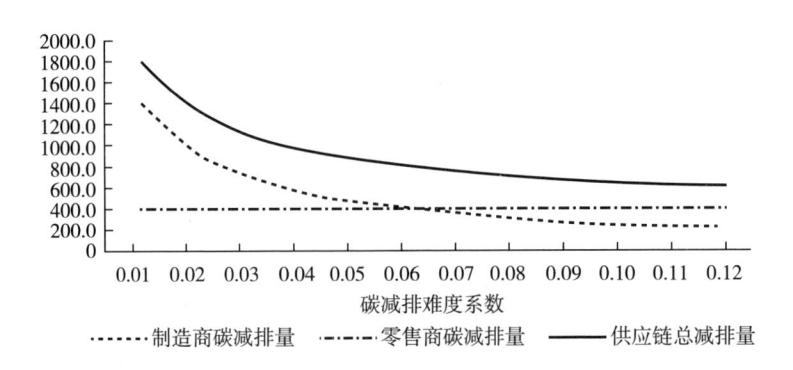

图2-7　碳减排与制造商碳减排难度系数的关系

2. 考虑分散决策情形

供应链的定价和碳减排决策结果如表 2-8 所示。

表 2-8 分散决策下定价和碳减排决策结果

Q^{N*}	P^N	ω^{N*}	Δe_m^{N*}	Δe_r^{N*}	Δe_T^{N*}	π_T^N 碳税	π_T^N 碳交易	π_T^N 碳补贴
225	593.4	340	400	400	800	19925	71925	103925

分散决策下供应链的碳减排量与制造商和零售商的碳减排难度系数的关系如图 2-8 所示。图 2-8 显示，供应链的碳减排量随着制造商和零售商的碳减排难度系数的增大而下降，且其边际减排量呈递减趋势，意味着较高的碳减排难度系数将抑制企业绿色创新的动力。因此，企业实施绿色创新的技术水平是决定其碳减排量的关键性因素，企业应重视技术的引进与研发，从而降低绿色创新的成本。

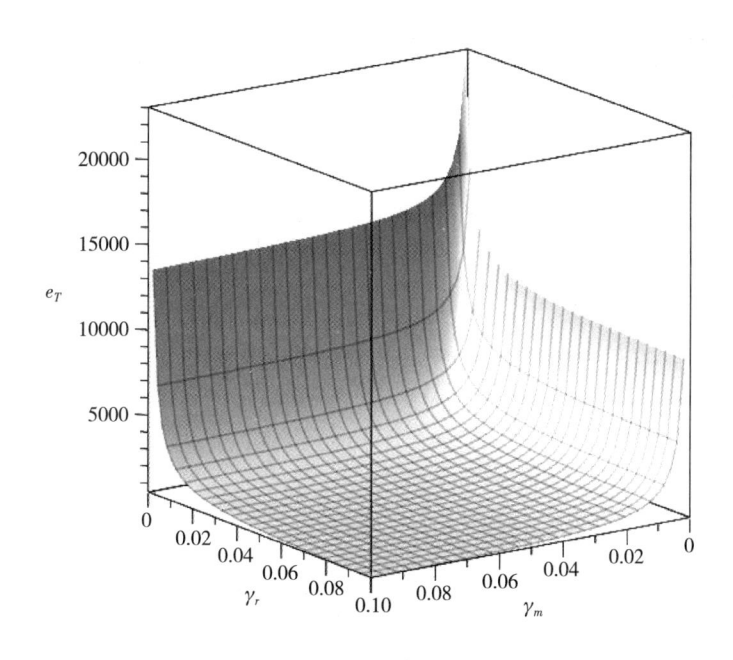

图 2-8 制造商和零售商的碳减排难度系数对供应链碳减排量的影响

企业在碳价格规制政策下，将综合考虑其减排成本和减排收益来最优化其碳减排量。本部分考虑消费者的低碳环保偏好，研究了供应链层面企业在碳税、碳限额与碳交易、碳补贴三种碳价格政策下的产品定价和绿色创新决策。通过构建包含制造商、零售商的两阶段供应链模型，分集中决策情形和分散决策情形讨论并做对比分析。研究表明，供应链实施绿色创新策略的同时，将会导致产品价格升高。碳减排技术难度系数对供应链绿色创新有负向影响，而消费者的低碳偏好促进供应链绿色创新。碳税、碳限额与碳交易、碳补贴三种碳价格政策形式不同，导致政府的政策损益和供应链利润不同，但三者的共同特性碳价格才是决定供应链绿色创新程度的本质因素。由于分散决策存在双重边际化的现象，在分散决策下供应链各方利润小于整体决策水平，供应链企业有通过合作减排来使自身利润最大化的动力。

本部分假设制造商、零售商、消费者之间的信息完全公开透明，但现实中很难做到所有信息同步。因此，信息不对称情形下供应链的绿色创新决策还有待研究。尽管如此，本部分仍然为企业在碳价格政策下企业的绿色创新决策提供了建议。我们发现消费者的低碳偏好系数能够正向促进供应链绿色创新，因此应该加大低碳环保宣传，提高公众低碳消费意识，从而达到环境和经济的均衡。同时，供应链上下游企业可以通过合作来规避双重边际化问题，采取一定的契约形式如利润共享契约、成本分担契约等实现绿色供应链协调。

第二节　制造业绿色创新的多重动力机制

一　制度驱动机制

绿色技术具有一定的公共产品性质，政府在绿色技术创新过程中的作用强于一般的技术创新。企业的绿色创新决策是在一定的制度条件下进行的，制度内容和形式以及由此产生的制度压力会对制造业绿色创新产生直接影响。不同类型的制度如激励性制度和约束性制度对制造业绿色创新的影响机制和效果又有所差异[①]。

（一）激励性制度的驱动机制

政府部门实施的促进制造业绿色创新的激励性政策工具主要包括研发补贴、税收减免、政府采购、知识产权保护、行业准入、绿色价格、绿色信贷、进出口配额及关税优惠政策等。上述激励性制度安排能够在一定程度上降低绿色创新面临的信息不对称问题，减少制造业企业实施绿色创新的成本并提高获得额外利润的机会，对绿色专利的有效保护能够提高企业进行绿色技术研发的意愿，导向性的资金支持则能够促进绿色科技成果转化并在一定程度上分散产业化风险。但与此同时，也应注意到部分激励性政策工具对制造业企业绿色创新可能产生的"挤出效应"，如政府部门提供的研发补贴可能会挤出企业的自主研发投入等，税收减免和政府采购可能在企业成长初期提高企业竞争力，但在后期却可能阻碍企业创新能力的提升，等等。

（二）约束性制度的驱动机制

约束性制度主要是指政府部门实施的环境规制。新古典经济学认为环境规制政策会增加企业生产经营成本，不利于技术创新。但是Poter（1991）则认为适当的环境规制能够激励企业实施必要的变革，抵消环境规制带来的成本增加并提高企业竞争力，这就是所谓的"波特假说"。Poter和Linde（1995）进一步指出，环境规制可以帮助企业打开新市场，减少市场对新技术需求的不确定性，并带来比没有规制条件下更高的研发投入水平。后续学者对波特假说进行了经验验证，基本得出三种不同的结论：第一，环境规制确实有利于提高企业创新能力（Poop，2002；Rehfeld et al.，2007；Kammerer，2009），企业可以通过"干中学"减少环境规制带来的成本增加，并提高减排技术研发能力（Mohr，2002）。但也有学者认为，环境规制与企业创新能力提升实现双赢主要在环境友好型市场的特定条件下才能实现（André et al.，2009）。第二，环境规制会阻碍技术创新，波特假说并

[①] 本部分内容发表于汪再奇、许耀东、易明《制造业绿色创新的多重动力机制》，《中国社会科学报》2019年7月14日。

不成立（Popp，2005；Jaffe et al.，2002）。第三，环境规制与企业创新能力之间并不是简单的线性关系，而是"倒 U"形或具有不确定性。原因在于，环境规制压力下，企业采用绿色技术可能因提高能源和资源利用率而改变企业的生产过程，环境创新可能只会减少企业带来的环境的压力，而不会有高资源效率带来的额外利益（Rexhäuser and Rammer，2014）。

二　技术推动机制

（一）企业绿色技术创新意愿的推动机制

企业绿色技术创新意愿是影响制造业绿色创新的重要决定因素，强意愿将对制造业绿色创新起到正向促进作用，弱意愿则不利于制造业绿色创新。影响企业绿色技术创新意愿的因素又主要包括技术独占性、市场特征和管理者道德认知等。

一方面，能否获得技术独占性优势是企业研发或采纳绿色技术的重要考量因素。一般来说，企业绿色技术创新能够为企业带来新的绿色专利，而绿色专利具有一定的资源稀缺性特征，有利于增加企业的技术独占性优势，这种独占性优势有可能进一步演变成为企业的核心优势或比较竞争优势。

另一方面，在不同的市场结构下制造业企业具有不同的绿色技术创新意愿。企业研发或采纳绿色技术既可能会给企业研发及生产经营管理带来额外成本，降低企业经营利润和短期财务绩效，弱化企业市场竞争力，但也可能会为企业带来新的市场竞争资源和能力，提高企业长期财务绩效，强化企业市场竞争力。这种最终效应的不确定性将会直接影响企业绿色技术创新意愿，当然，这种影响在不同的市场结构具有一定的差异性。如果将市场结构划分为完全竞争市场、垄断竞争市场、寡头垄断市场和完全垄断市场，制造业企业在不同的市场结构面临不同的成本曲线、利润曲线和决策环境，会呈现不同的绿色技术创新行为。制造业一般不涉及完全垄断市场，而在完全竞争市场，按照理性经济人、产品同质和完全信息的基本假设，企业为确保既定的市场份额，可能不会采纳或应用绿色技术——企业缺少足够的资源和能力；在垄断竞争市场，企业拥有众多的竞争对手，企业处于两难处境，研发或应用绿色技术可能会增加成本但也可能会带来新的市场空间并获得良好的社会声誉，特别是如果竞争对手通过绿色技术创新获得新的竞争优势，将会削弱本企业竞争力，因此，在这种市场结构下企业绿色技术创新意愿较强；在寡头垄断市场，企业具有既定的市场领导者地位，其研发和生产经营管理体系相对成熟，研发或采纳绿色技术给企业带来的成本或风险会超过其可能带来的声誉增加或市场份额增加，企业绿色技术创新的意愿相对较低（王霞和徐晓东，2016）。

最后，管理者良好的道德认知和行为意向有助于提高制造业企业绿色技术创新意愿。企业管理者的环保意识越强，越倾向于将绿色发展视为一种企业可持续成长的机遇，企业环境伦理文化越完善，越愿意主动搜寻、挖掘和利用绿色技术，企业履行环境社会责任的主动性和能力就越强，进而越有可能促进制造业企业研发或采纳绿色技术或减少企业生产经营管理对环境造成的负面影响。特别是，当管理者将绿色创新视为企业发展战略而不仅仅是一种环保行为或创新行为时，制造业企业将不仅仅关注绿色技术的研发和应用，还会实施基于绿色创新目标的组织优化、流程再造、商业和服务模式创新，有利于企业建立完善的环境管理体系，塑造正面的绿色形象，帮助企业形成基于绿色发展的良好社会声誉，使企业获得更多的消费者和政府政策支持，进而获得差异化的企业竞争优势。

(二) 企业绿色技术创新能力的推动机制

企业绿色技术创新能力是企业对内外部创新资源进行开发、整合和利用，进而实现绿色技术创新目标的能力。根据资源基础观，组织所具有的资源和能力具有稀缺性和价值性。企业之所以进行绿色技术创新，一是它可以提高企业的政治合法性、商业合法性和社会舆论合法性（彭雪蓉和魏江，2014），为企业带来不可替代的稀缺资源和专有性能力，包括政府部门提供的各类资源、绿色消费市场资源、社会声誉资源等，这些资源具有复杂性和难以替代性，有利于企业比较竞争优势和组织绩效；二是企业本身具备该种资源和能力，能够实施绿色技术创新（彭雪蓉和黄学，2013）。一般而言，企业绿色技术创新能力越强，就越有可能对制造业绿色创新起到正向促进作用；相反，当企业不具备实施绿色技术创新所需要的基础能力时，即便企业具有较高的绿色技术创新意愿，也无法有效地实施绿色创新。

三　市场拉动机制

市场导向与技术创新之间的关系长期以来受到理论界的普遍关注，Schmookler（1962）提出了技术创新的市场拉动说，指出发明活动同样受市场需求的引导和制约，此后，Myers 和 Marquis（1969）、谢洪明等（2006）、李雪灵等（2010）进一步验证了该观点。特别是在 Kohli 和 Jaworkski（1990）、Narver 和 Slater（1990）等对市场导向理论的突破性研究后，以市场为导向的技术创新日趋成为理论界关注的焦点。市场导向对绿色创新同样重要，因为市场能够形成对创新进行自组织的机制（柳卸林等，2015）：市场机制可以减少技术创新的不确定性（Buchanan and Vanberg，1991），能够有效激励新能源企业创新（齐绍洲等，2017）；市场价格对绿色创新具有显著的正向作用，并通过竞争压力来引致创新（Huang et al.，2009）；企业的绿色利用应是在市场导向基础上的创新活动（Yalabik et al.，2011；Leal - Rodríguez et al.，2018）。

此外，从消费者需求角度看，消费者对商品的需求具有异质性，当消费者对绿色环保产品产生偏好，将引致绿色消费需求，而这种绿色消费需求会通过市场传导至企业，推动企业改变原有的生产技术、产品设计思路甚至是经营管理理念，从而对企业绿色创新行为产生一定的调节效应（赵爱武等，2018）。需要说明的是，绿色消费是否会对制造业绿色创新产生显著的正向促进作用，还会受到企业对绿色创新成本和风险的评估以及环境政策等多种因素的共同影响。

第三节　制造业绿色创新的投入产出分析

为了更好地理解制造业绿色创新，需要从投入和产出两个方面对其进行衡量。OECD（2009）认为以下指标和数据能够用于衡量绿色

(生态)创新：投入主要包括研发支出、研发人员以及其他创新支出；中间产出包括专利数量、科技出版物的数量和类型；直接产出包括创新数量、企业创新的描述以及新产品数量；间接产出包括生态效率和资源产出率等。上述指标部分可以通过公开资料直接获取，部分指标则需要在广泛调查的基础上获得。结合中国制造业发展的基本特征事实以及数据获取的可行性，本节将从狭义的绿色技术创新层面，探讨制造业绿色创新的投入产出要素及其转换过程。

一 制造业绿色创新的投入产出要素构成

（一）投入要素

制造业绿色创新需要投入基本的创新资源要素，具体可以划分为三个维度：人、财、物，主要涉及生产部门、技术创新部门、绿色节能环保治理过程。其中，人的要素主要包括研发部门的研发人员、生产部门的一般操作和具体执行人员、管理人员以及企业家管理才能等；财的要素主要是指企业的研发资金投入，也包括企业从政府或其他主体获得研发资金；物的要素包括研发设备、生产设备、厂房车间等资产性投入要素，还包括制造业企业生产所需要的原材料和能源投入要素等。

（二）产出要素

绿色创新具有知识外部性和环境外部性的"双重外部性"，因此，可以将制造业绿色创新产出划分为期望产出和非期望产出。其中，期望产出包括经济效益和创新效益，前者如制造业产值或增加值、制造业生产效率、制造业主营业务收入、专利（包括发明专利、实用新型专利、外观设计专利等）、新产品产值等，也包括环境效益如制造业资源利用效率或生态效率等。非期望产出主要是指制造业绿色创新直接或间接带来的环境污染或破坏，主要包括工业废水、废气、固体废弃物等，具体又包括 CO_2、SO_2、COD、O_3、工业烟（粉）尘等。此外，根据制造业绿色创新的不同阶段，可以将其产出划分为中间产出和最终产出，中间产出是绿色技术研发阶段的产出，主要是指各种绿色技术专利、科技文献出版物（如学术论文、著作等）以及软件著作权等无形资产，这些要素并不是制造业企业研发生产的最终产品，而是后一阶段产品研发和生产的重要投入要素,因此将其列为中间产出。最终产出则主要是科技成果转化及市场化阶段的各类产出,包括产品数量、产值、出口贸易额以及其他除专利和科技文献出版物以外的各类产出。

二 制造业绿色创新的投入产出转换过程

创新是一个组织学习的动态过程,可以将其简单地划分为两个阶段:一是信息和机会洞察阶段,这一阶段企业根据内外部环境变化寻求或创造机会;二是知识生产、应用与扩散的阶段,这一阶段企业通过产品服务创新、过程创新、组织创新或市场创新进行价值创造(杨燕等,2013)。就这一阶段的组织学习而言,参照传统的技术创新的线性过程,技术创新主要包括研究、开发、示范和扩散四个环节(见图2-9)。

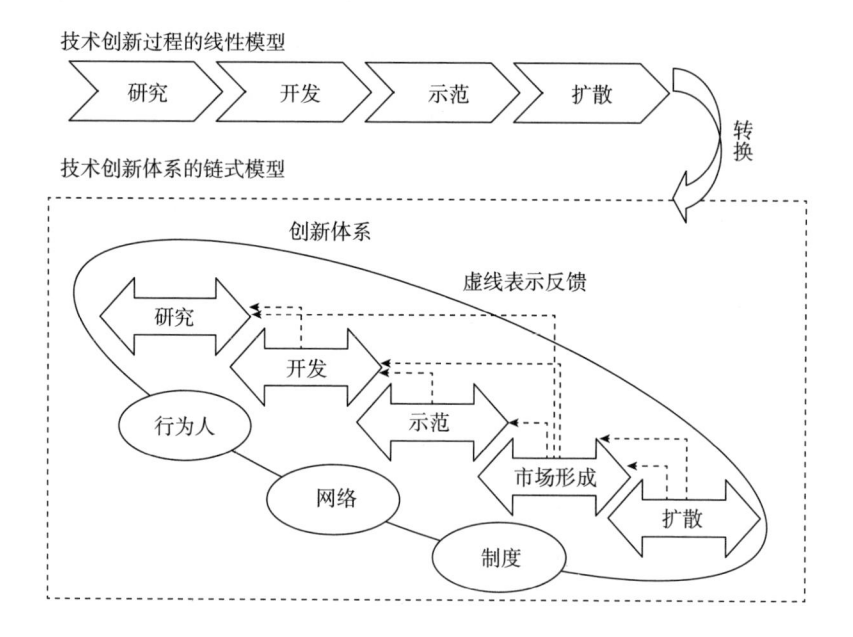

图2-9 "TIS"范式下的技术创新链式模型

资料来源:根据Gallagher等(2012)修改绘制。

按照技术创新网络理论,技术创新并非一个简单的线性过程,其构成要素主要包括行为人、网络和制度。研究、开发、示范、市场形成与扩散等各个环节相互影响，通过相互反馈机制不断推进技术创新过程。制造业绿色创新同样包括设计、研发、生产、市场化推广等多个环节，形成一个链式结构。但为了便于分析，我们将制造业绿色创新过程简单划分为绿色技术研发和绿色成果转化两个阶段（肖仁桥等，2019）（见图2-10）。在第一个阶段，制造业企业利用研发人员、研发资金、研发设备和资源能源年投入等获得绿色专利等中间产出；在第二个阶段，制造业企业将中间产出作为中间投入，将绿色专利转化为新产品并推向市场，实现绿色技术的扩散，在获得经济效益的同时实现一定的环境效益和创新效益。经过这两个阶段，实现绿色创新投入到产出的转换。

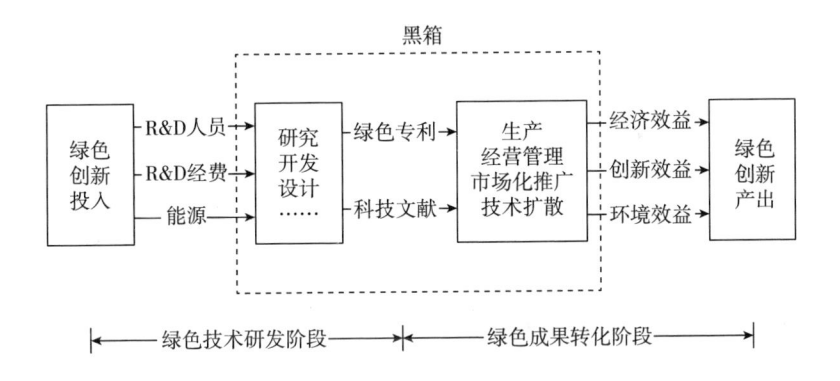

图 2-10 绿色创新两阶段流程

资料来源：根据肖仁桥等（2019）修改绘制。

第四节 制造业绿色创新效率测算指标体系

一 制造业绿色创新效率测算指标体系的构建原则

根据环境学词典，从投入产出的角度出发，效率是指"人类行为的投入与产出之间的比率"，结合制造业绿色创新的定义，可以将制造业绿色创新效率简单定义为"一定时间内制造业绿色创新投入与产出之间的比率",是获得一定的绿色创新产出与所消耗的人、财、物等的相对关系。与单一的经济效率、创新效率或环境效率相比,绿色创新效率强调三者之间的协调统一。

构建制造业绿色创新效率的测算指标体系应遵循以下基本原则。

一是代表性原则。制造业绿色创新的投入和产出要素众多,每个子要素又可以细分为若干具体指标,如果将所有指标都包含进去,既无法避免指标之间的相互重叠交叉,也不能真实地反映核心投入产出要素的转换过程和作用。因此,需要选择最核心、最重要、最有代表性的指标。

二是合理性原则。不论是投入指标还是产出指标,都要综合考虑不同的维度和投入产出逻辑关系,合理选择若干指标表征不同维度对效率的贡献。如投入指标要考虑人、财、物三个维度,产出指标要考虑期望产出和非期望产出或者中间产出与最终产出。

三是可比性原则。一方面所选择的指标要做到纵向上可比,也就是指标是连贯的时间序列数据,从而可以观测效率在时间维度的变化,并进行效率演变规律的比较分析;另一方面所选择的指标要做到横向上可比,主要是不同区域的指标都可获取,从而可以观测效率在区域维度的差异,并进行效率的区域间比较分析。

四是可操作原则。一方面要求尽量选择定量指标,并且要确保指标数据的可获取性或可计算性;另一方面要求指标的数量和质量能够满足效率测算方法或模型的基本需要。

二 制造业绿色创新效率测算指标体系的基本构成

如表2-9所示,现有的关于绿色创新效率的测算指标主要从投入和产出两个维度选择:投入指标基本上从人、财、物三个维度选择,通常选用R&D人员全时当量代表绿色创新人力投入,R&D经费代表绿色创新资金投入,能源消费量代表物力投入;在产出指标方面,则主要选择专利申请数或授权数用于衡量创新产出,用新产品销售收入衡量经济产出,用拟合后的环境污染指数衡量非期望产出。目前指标选取存在的主要争议体现在:一是R&D经费指标质量较好,但忽略了产品开发经费等资金投入;二是专利申请数应该作为中间产出还是最终产出,以及专利申请数能否有效衡量真实的创新水平尚未达成一致意见;三是非期望产出中是否应当考虑CO_2的排放问题。此外,绿色创新效率的影响因素较多,不同学者各有侧重地选择了部分代表性因素,但总体上缺乏对影响因素类型或层次的系统划分,更多的时候可能只是为了提高实证分析模型的解释力,并且,理论层面上各因素对绿色创新效率的影响机理分析不够深入。

表2-9 绿色创新效率测算指标比较

代表性作者和方法	投入指标	产出指标	影响因素	主要问题
侯建等(2019),SBM-DDF模型+动态面板门槛模型	1. R&D经费 2. R&D人员全时当量 3. 能源消费总量	1. 专利申请数 2. 制造业新产品销售收入 3. 制造业环境污染指数	1. 环境规制 2. 产业集聚 3. 外商直接投资 4. 要素禀赋结构 5. 知识积累(专利申请数)	1. 专利申请数不能反映专利有效性,且与影响因素中的知识积累变量重复 2. 影响因素未考虑政府支持等
钱丽等(2018),两阶段DEA模型+动态面板模型	1. R&D经费内部支出+引进技术经费支出+消化吸收经费支出+购买国内技术经费支出+技术改造经费支出+新产品开发经费 2. R&D人员全时当量	1. 中间产出:专利申请数、有效发明专利数和新产品开发项目数 2. 绿色创新产出:新产品销售收入和主营业务收入;单位工业GDP工业碳排放量和"三废"污染物排放量	1. 企业内部驱动因素:企业规模、创新氛围、产学研合作 2. 外部环境驱动因素:政府支持、知识产权保护、环保投入强度、外商投资	1. 投入没有考虑能源指标 2. 产出指标中专利申请数和有效发明专利数以及新产品销售收入和主营业务收入具有较强的相关性

续表

代表性作者和方法	投入指标	产出指标	影响因素	主要问题
吴传清和申雨琦（2019），Super-SBM模型	1. 工业企业R&D经费内部支出 2. 工业企业R&D人员数量 3. 新产品开发经费支出 4. 能源消费总量	1. 期望产出：专利申请受理数、新产品销售收入、装备制造业总产值 2. 非期望产出：工业废水排放量、工业二氧化硫、工业烟（粉尘）、一般工业固体废弃物产生量	1. 产业集聚度 2. 经济增长 3. 人力资本 4. 城镇化水平 5. 贸易开放度 6. 环境规制 7. 研发投入强度 8. 能源消耗	1. 专利申请数不能反映专利有效性 2. 控制变量过多，且部分指标与效率测算指标交叉重叠
韩晶（2012），DEA-BCC模型	1. R&D经费 2. R&D人员全时当量 3. 环境污染排放	专利授权数	1. 外商直接投资 2. 环境规制 3. 技术市场发展状况 4. 产业结构	1. 将环境污染排放作为投入要素，颠倒了投入和产出之间的关系 2. 产出指标单一
冯志军（2013），DEA-SBM模型	1. 科技活动人员投入 2. 科技活动经费内部支出 3. 微电子控制设备原价	1. 发明专利申请数 2. 新产品销售收入 3. 工业废水排放总量 4. 工业二氧化硫排放量 5. 工业固体废弃物排放量 6. 工业企业综合能耗产出率	未分析	1. 人员和经费两个投入指标数据指标不高 2. 物力投入指标局限性较大，不能反映全部的物力资本投入

资料来源：根据相关资料整理。

在现有研究基础上，结合制造业绿色创新的特征事实，根据制造业绿色创新效率测算指标体系构建的基本原则，本节构建的测算指标体系如下（见表2-10）。同时，根据制造业绿色创新多重动力机制的分析结果，将影响制造业绿色创新效率的因素分为三类：制度驱动类、技术推动类和市场拉动类。其中，制度驱动类主要考虑正向引导制度和逆向倒逼因素的双重影响；技术推动类因素主要考虑企业自身研发能力和跨国企业技术压力的影响；市场拉动类主要考虑国内和国际两个市场需求变化的影响。

表2-10　　制造业绿色创新效率的基本测算指标体系

变量性质	变量	具体含义
投入	人力	规模以上工业企业R&D人员全时当量
	财力	规模以上工业企业R&D经费
	物力（能源）	单位工业增加值能耗
产出	期望产出	规模以上工业企业有效发明专利数
		规模以上工业企业新产品销售收入
	非期望产出	工业环境污染指数：工业"三废"排放拟合指数
影响因素	政府正向引导因素	财政科技投入（地方财政科学技术支出占财政总支出比重）
		知识产权保护（技术市场交易额占GDP比重）
	政府逆向倒逼因素	环境规制强度（工业污染治理完成投资占工业增加值比重）
	技术推动因素	企业自身研发能力：规模以上工业企业新产品项目数
		跨国企业技术压力：外商投资企业进出口总额
	市场拉动因素	国内市场：规模以上工业企业工业销售产值
		国际市场：规模以上工业企业出口交货值

第五节　本章小结

制造业绿色创新是"制造业领域的绿色技术、产品和工艺创新，以及与之相配套的组织、管理和制度创新过程",是以制造业绿色发展为目标的创新行为和过程,是系统的、开放的创新。制造业绿色创新受企业绿色技术创新意愿和能力、市场需求以及政府的激励性和约束性制度等多种因素的共同影响,表现为技术推动、市场拉动和制度驱动的多重机制联合作用。其投入要素主要包括人、财和物三个维度,产出则包括创新效益和经济效益等期望产出以及环境污染等非期望产出。可以将制造业绿色创新过程简单划分为绿色技术研发和绿色成果转化两个阶段,经过这两个阶段实现由绿色创新投入到产出的转换。构建制造业绿色创新效率的测算指标体系应结合制造业的特点、投入产出过程以及数据可获得性,坚持代表性、合理性、可比性和可操作原则。

第三章　长江经济带制造业绿色
创新的基本特征事实

就当前长江经济带制造业发展的整体状况而言，无论是从单个企业的竞争力维度看还是从产业整体的协同创新维度看，其均与发达国家（地区）都存在较大差距，突出表现在关键核心技术供给不足、创新产出质量偏低、产业层级不高（成长春和陈晓峰，2019）。这些问题的存在将直接或间接地影响长江经济带制造业绿色创新的开展。为此，在测度长江经济带制造业绿色创新效率、验证其影响因素之前，对长江经济带制造业绿色创新投入、产出和影响因素的基本情况进行全面梳理和细致分析是十分必要的。

第一节　长江经济带制造业绿色创新投入的基本特征事实

人力投入、财力投入和物力（能源）投入是长江经济带制造业绿色创新的基本保障，以下将从这三个维度分析研判长江经济带制造业绿色创新投入状况。

一　长江经济带制造业绿色创新的人力投入

首先，整体来看，2017年长江经济带规模以上工业企业R&D人员全时当量达到1383793人年，比2008年增长了159.28%，年均增长15.93%，呈现出不断增长的态势。其次，分地区来看，2017年长江经济带上、中、下游规模以上工业企业R&D人员全时当量分别为168563人年、233551人年、981679人年，占比结构为12.18∶16.88∶70.94，在数量上呈现出上游—中游—下游依次递增的特征。其中，长江经济带下游地区规模以上工业企业 R&D 人员全时当量占比最高，上、中、下游之间呈现出较大的差异性。再次，分省市来看，2017 年长江经济带 11 个省市规模以上工业企业 R&D 人员全时当量排名第一位的是江苏，达到了 455468 人年，排名最后一位的是贵州，仅为 18786 人年，江苏是贵州的 24.25 倍。可以看到，长江经济带各省市之间规模以上工业企业 R&D 人员全时当量呈现出较为明显的非均衡特征。最后，就长江经济带区域与非长江经济带区域的比较来看，2008 年长江经济带区域规模以上工业企业 R&D 人员全时当量为 533706 人年，占全国的比重为 43%，非长江经济带区域是长江经济带区域的 1.30 倍；2017 年长江经济带区域规模以上工业企业 R&D 人员全时当量占全国的比重上升到 51%，是非长江经济带区域的 1.02 倍。可以看到，随着时间的推移，就规模以上工业企业 R&D 人员全时当量而言，长江经济带区域的总量实现了对非长江经济带区域的反超。具体见图 3-1 和表 3-1。

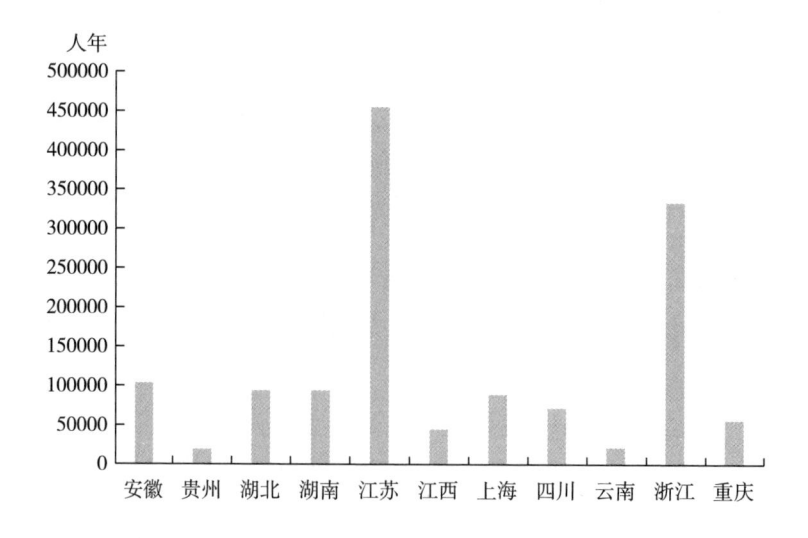

图 3-1　2017 年长江经济带各省市规模以上工业企业 R&D 人员全时当量

资料来源：《中国科技统计年鉴》。

表 3-1　2008—2017 年长江经济带各省市、非长江经济带和全国的规模以上工业企业 R&D 人员全时当量　　单位：人年

年份	2008	2009	2010	2011	2012	2013	2014	2015	2016	2017
安徽	32904	37608	46941	56275	73356	86000	95287	96791	99451	103598
贵州	6134	7232	8398	9564	12135	16049	15659	14916	15774	18786
湖北	42282	50383	60832	71281	77087	85826	91456	86813	96340	94241
湖南	32465	37995	47736	57478	69784	73558	77428	83821	86440	94228
江苏	155781	222360	254904	287447	342262	393942	422865	441304	451885	455468
江西	17537	19942	21956	23969	23877	29519	28803	31321	34924	45082
上海	43815	67397	73272	79147	82355	92136	93868	94981	98671	88967
四川	45137	44337	40588	36839	50533	58148	62145	56841	60146	71968
云南	8203	6784	8559	10335	12321	11811	12980	16381	17166	21393
浙江	126273	150613	177259	203904	228618	263507	290339	316672	321845	333646
重庆	23174	23254	25453	27652	31577	36605	43797	45129	47392	56416
长江经济带	533706	667904	765898	863890	1003905	1147100	1234627	1284970	1330034	1383793
非长江经济带	696293	777666	926209	1075185	1242274	1346858	1406951	1353320	1372455	1352451
全国	1229999	1445570	1692107	1939075	2246179	2493958	2641578	2638290	2702489	2736244

资料来源：《中国科技统计年鉴》。

二　长江经济带制造业绿色创新的财力投入

首先，整体来看，2017 年长江经济带规模以上工业企业 R&D 内部经费支出达到 57270361 万元，比 2008 年增长了 364.60%，年均增长 36.46%，呈现出不断增长的态势。其次，分地区来看，2017 年长江经济带上、中、下游规模以上工业企业 R&D 内部经费支出分别为 7344996 万元、11523958 万元、38401407 万元，占比结构为 12.83∶20.12∶67.05，在数量上同样表现出上游—中游—下游依次递增的特征。其中，长江经济带下游地区规模以上工业企业 R&D 内部经费支出占比最高，上、中、下游之间呈现出较大的差异性。再次，分省市来看，2017 年长江经济带 11 个省市规模以上工业企业 R&D 内

部经费支出排名第一位的是江苏，达到了 18338832 万元，排名最后一位的是贵州，仅为 648576 万元，江苏是贵州的 28.28 倍。可以看到，长江经济带各省市之间规模以上工业企业 R&D 内部经费支出呈现出较为明显的非均衡特征。最后，就长江经济带与非长江经济带地区的比较来看，2008 年长江经济带规模以上工业企业 R&D 内部经费支出为 12326848 万元，占全国的比重为 40%，非长江经济带区域是长江经济带区域的 1.49 倍；2017 年长江经济带规模以上工业企业 R&D 内部经费支出占全国的比重为 48%，非长江经济带区域是长江经济带区域的 1.10 倍。可以看到，随着时间的推移，就规模以上工业企业 R&D 内部经费支出总量而言，长江经济带区域与非长江经济带区域之间的差距呈现出缩小的特征。具体见图 3-2 和表 3-2。

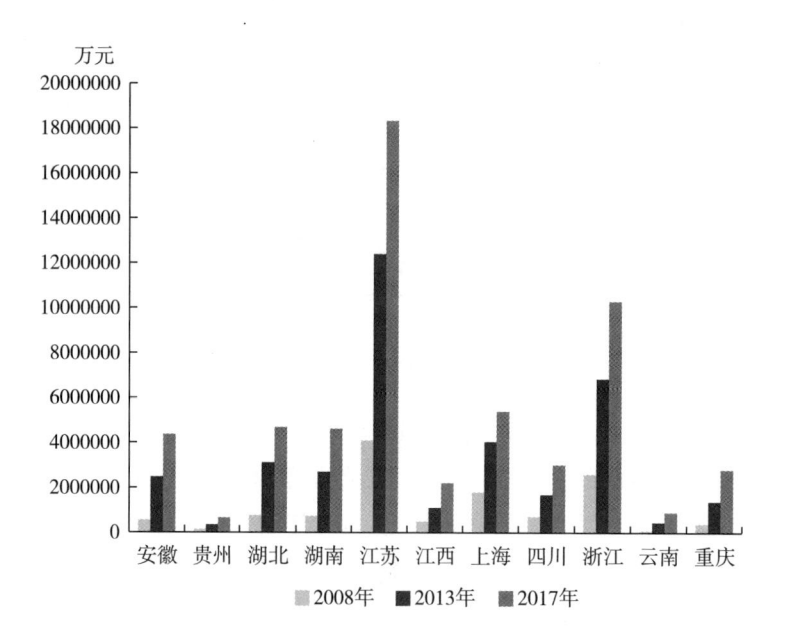

图 3-2　2008 年、2013 年和 2017 年长江经济带各省市规模以上工业企业 R&D 经费内部支出

资料来源：《中国科技统计年鉴》。

表3-2 2008—2017年长江经济带各省市、非长江经济带和全国的规模以上工业企业R&D经费内部支出   单位:万元

年份	2008	2009	2010	2011	2012	2013	2014	2015	2016	2017
安徽	547165	907544	1300000	1628304	2089814	2477246	2847303	3221422	3709224	4361175
贵州	143934	187695	231456	275217	315079	342541	410132	457303	556853	648576
湖北	754823	1205733	1700000	2107553	2633099	3117987	3629506	4072726	4459622	4689377
湖南	735329	1096144	1500000	1817773	2290877	2703987	3100446	3525450	3929647	4617716
江苏	4100000	5707105	7400000	8998944	10803107	12395745	13765378	15065065	16575418	18338832
江西	489056	582649	676241	769834	925985	1106443	1284642	1474968	1797561	2216865
上海	1800000	2365150	2900000	3437627	3715075	4047800	4492192	4742443	4900778	5399953
四川	704163	817664	931165	1044666	1422310	1688902	1960112	2238051	2572607	3010846
浙江	2600000	3301031	4100000	4799069	5886071	6843562	7681473	8535689	9357877	10301447
云南	77081	151147	225213	299279	384430	454278	516572	619588	741847	885588
重庆	375297	564856	754416	943975	1171045	1388199	1664720	1996609	2374859	2799986
长江经济带	12326848	16886717	21718491	26122240	31636892	36566691	41352476	45949315	50976291	57270361
非长江经济带	18404152	20870396	27374101	33815815	40369559	46617314	51190711	54190015	58470293	62859228
全国	30731000	37757113	49092592	59938055	72006450	83184005	92542587	100139330	109446586	120129589

资料来源:《中国科技统计年鉴》。

三 长江经济带制造业绿色创新的物力投入

首先,整体来看,2017年长江经济带规模以上工业企业单位工业总产值的能源消耗量达到0.318,较2008年下降了46.28%,年均下降4.63%,长江经济带规模以上工业企业单位工业总产值的能源消耗量呈现下降趋势。其次,分地区来看,长江经济带规模以上工业企业单位工业总产值的能源消耗量上、中、下游分别为0.630、0.330、0.248。可以看到,长江经济带上游地区规模以上工业企业单位工业总产值的能源消耗量最高,上、中、下游之间呈现出较大的差异性。再次,分省市来看,2017年长江经济带11个省市规模以上工业企业单位工业总产值的能源消耗量最低的是江苏,为0.19,而最高的是云南,达到1.57,云南是江苏的8.26倍。可以看到,长江经济带各省市之间规模以上工业企业单位工业总产值的能源消耗量呈现出较为明

显的非均衡特征。最后，就长江经济带区域与非长江经济带区域的比较来看，2008年长江经济带区域规模以上工业企业单位工业总产值的能源消耗量为0.592，非长江经济带区域是长江经济带区域的1.21倍；2017年非长江经济带区域是长江经济带区域的1.30倍。可以看到，就规模以上工业企业单位工业总产值的能源消耗量而言，长江经济带区域低于非长江经济带区域，且随着时间的推移，长江经济带区域与非长江经济带区域之间的差距呈现出扩大的特征。具体见图3-3和表3-3。

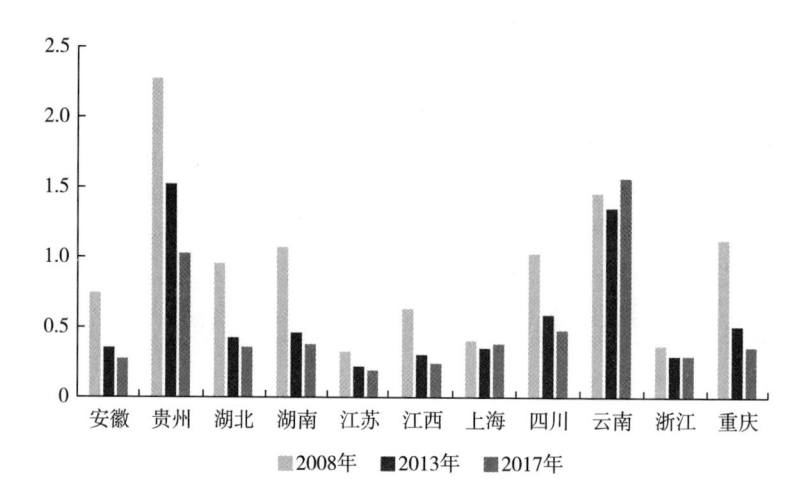

图3-3 2008年、2013年和2017年长江经济带各省市单位工业总产值的能源消耗及比较

资料来源：《中国统计年鉴》。

表3-3 2008—2017年长江经济带各省市、非长江经济带和全国的单位工业总产值的能源消耗

年份	2008	2009	2010	2011	2012	2013	2014	2015	2016	2017
安徽	0.745862	0.668232	0.518183	0.408498	0.400118	0.354971	0.322192	0.309775	0.292244	0.277290
贵州	2.276980	2.208060	1.943580	1.642740	2.043710	1.523170	1.390640	1.242280	1.122970	1.027010
湖北	0.954647	0.880567	0.700065	0.590574	0.570491	0.426615	0.411017	0.389008	0.375399	0.360276
湖南	1.069420	0.986926	0.782798	0.612465	0.581393	0.462844	0.437738	0.413072	0.395450	0.380669
江苏	0.327915	0.323897	0.279977	0.256211	0.244546	0.222046	0.212741	0.205249	0.200300	0.193098

续表

年份	2008	2009	2010	2011	2012	2013	2014	2015	2016	2017
江西	0.633321	0.594089	0.457744	0.385984	0.346518	0.306873	0.277182	0.272291	0.258275	0.244843
上海	0.406329	0.430338	0.371952	0.347370	0.356215	0.353580	0.343858	0.363539	0.376156	0.383173
四川	1.025960	0.903167	0.772953	0.646093	0.716209	0.591598	0.400439	0.524901	0.501307	0.481560
云南	1.459950	1.545390	1.341790	1.226130	1.554890	1.353090	1.550260	1.396520	1.469950	1.566040
浙江	0.369976	0.379354	0.328156	0.316028	0.307902	0.297748	0.282310	0.295190	0.295793	0.297606
重庆	1.124470	1.037930	0.859132	0.742122	0.708539	0.509901	0.457504	0.417476	0.384999	0.361373
长江经济带	0.592037	0.581967	0.491818	0.439492	0.435228	0.375483	0.346185	0.346670	0.332160	0.318018
非长江经济带	0.716698	0.699663	0.604257	0.543374	0.529765	0.470226	0.439841	0.452005	0.432225	0.413852
全国	0.665777	0.651584	0.557614	0.500249	0.490918	0.430644	0.400416	0.406946	0.389911	0.373650

资料来源：《中国统计年鉴》。

第二节 长江经济带制造业绿色创新产出的基本特征事实

长江经济带制造业绿色创新产出可以分为期望产出和非期望产出，其中，期望产出包含规模以上工业企业有效发明专利数和规模以上工业企业新产品销售收入，非期望产出包括工业废水、工业废气、工业SO_2、工业粉尘，工业烟尘，工业固体废弃物。本节通过熵权法将非期望产出降维处理得到单一的工业环境污染指数，以综合表征长江经济带制造业绿色创新的非期望产出。

一 长江经济带制造业绿色创新的期望产出

（一）规模以上工业企业有效发明专利数

首先，整体来看，2017年长江经济带规模以上工业企业有效发明专利数达到404186件，比2008年增长了859.32%，年均增长85.93%，呈现出不断增长的态势。其次，分地区来看，2017年长江经济带上、中、下游规模以上工业企业有效发明专利数分别为58385

件、63071 件、282730 件，占比结构为 14.45∶15.60∶69.95，在数量上同样表现出上游—中游—下游依次递增的特征。可以看到，长江经济带下游地区规模以上工业企业有效发明专利数占比最高，下游与中、上游之间呈现出较大的差异性。再次，分省市来看，2017 年长江经济带 11 个省市规模以上工业企业有效发明专利数排名第一位的是江苏，达到了 140346 件，排名最后一位的是云南，仅为 6510 件，江苏是云南的 21.56 倍。可以看到，长江经济带各省市之间规模以上工业企业有效发明专利数呈现出较为明显的非均衡特征。最后，就长江经济带区域与非长江经济带区域的比较来看，2008 年长江经济带区域规模以上工业企业有效发明专利数为 42134 件，占全国的比重为 53%，长江经济带区域是非长江经济带区域的 1.11 倍；2017 年长江经济带区域规模以上工业企业有效发明专利数占全国的比重为 43%，非长江经济带区域是长江经济带区域的 1.31 倍。可以看到，尽管随着时间的推移，长江经济带区域规模以上工业企业有效发明专利数实现了较大增长，但与非长江经济带区域相比，其占比有较大程度的下降。具体见图 3-4 和表 3-4。

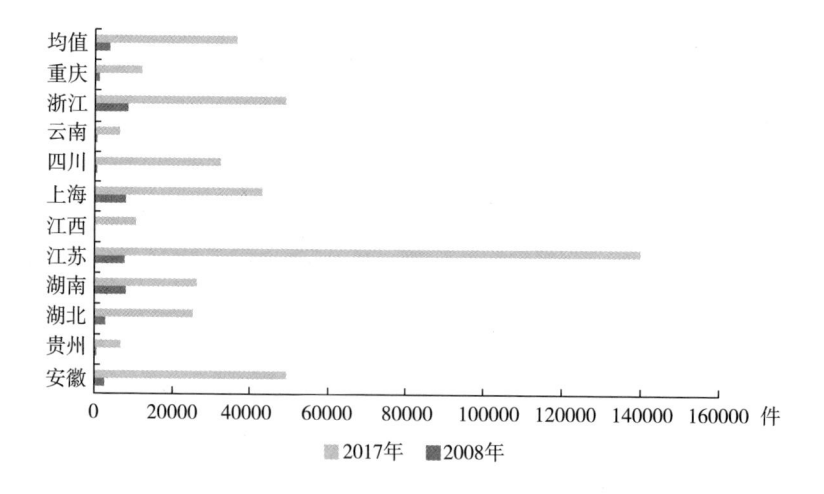

图 3-4 2008 年和 2017 年长江经济带各省市规模以上工业企业有效发明专利数

资料来源：《中国科技统计年鉴》。

表3-4 2008—2017年长江经济带各省市、非长江经济带和
全国的规模以上工业企业有效发明专利数　　单位：件

年份	2008	2009	2010	2011	2012	2013	2014	2015	2016	2017
安徽	2698	3496	4294	5092	9215	13582	21667	28568	41791	49810
贵州	677	781	886	990	1370	1985	3146	4096	5411	6805
湖北	3062	3834	4607	5379	7025	8745	12444	16965	23972	25568
湖南	8080	7864	7648	7432	8436	10512	14415	19087	22315	26697
江苏	7874	14156	20438	26720	45120	52718	73252	85485	117912	140346
江西	279	511	743	975	1398	2333	3383	4765	6993	10806
上海	8237	9668	11099	12530	16805	20140	27540	30815	37513	43416
四川	875	2456	4037	5618	6591	9043	15893	17601	24065	32598
云南	607	807	1008	1208	1644	2280	2865	4605	5880	6510
浙江	8635	11787	14939	18091	20553	22578	28235	31642	38661	49158
重庆	1110	1584	2058	2532	3714	4792	6272	6328	8585	12472
长江经济带	42134	56944	71757	86567	121871	148708	209112	249957	333098	404186
非长江经济带	38120	61301	87861.5	114522	155325	186693	239773	323808	436749	529804
全国	80252	118245	159617	201089	277196	335401	448885	573765	769847	933990

资料来源：《中国科技统计年鉴》。

（二）新产品销售收入指标

首先，整体来看，2017年长江经济带规模以上工业企业新产品销售收入达到99027亿元，比2008年增长了354.64%，年均增长35.46%，呈现出不断增长的态势。其次，分地区来看，2017年长江经济带上、中、下游规模以上工业企业新产品销售收入分别为10420亿元、19966亿元、68640亿元，占比结构为10.52∶20.16∶69.32，在数量上同样表现出上游—中游—下游依次递增的特征。可以看到，长江经济带下游地区规模以上工业企业新产品销售收入占比最高，下游与中、上游之间呈现出较大的差异性。再次，从分省市情况来看，2017年长江经济带11个省市规模以上工业企业新产品销售收入排名

第一位的是江苏，达到了 28579 亿元，排名最后一位的是贵州，仅为 606 亿元，江苏是贵州的 47.19 倍。可以看到，长江经济带各省市之间规模以上工业企业新产品销售收入呈现出较为明显的非均衡特征。最后，就长江经济带区域与非长江经济带区域的比较来看，2008 年长江经济带区域规模以上工业企业新产品销售收入为 21782 亿元，占全国的比重为 42%，非长江经济带区域是长江经济带区域的 1.39 倍；2017 年长江经济带区域规模以上工业企业新产品销售收入占全国的比重为 52%，长江经济带区域是非长江经济带区域的 1.07 倍。可以看到，随着时间的推移，就规模以上工业企业新产品销售收入总量而言，长江经济带区域占比实现反超。具体见图 3-5 和表 3-5。

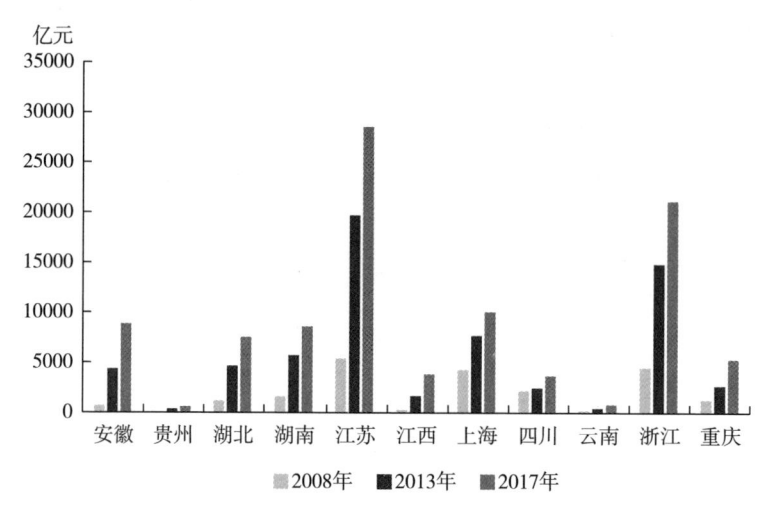

图 3-5 2008 年、2013 年和 2017 年长江经济带各省市规模以上工业企业新产品销售收入

资料来源：《中国科技统计年鉴》。

表 3-5 2008—2017 年长江经济带各省市、非长江经济带和全国的规模以上工业企业新产品销售收入 单位：亿元

年份	2008	2009	2010	2011	2012	2013	2014	2015	2016	2017
安徽	710	1533	2400	3183	3732	4379	5281	5882	7321	8843
贵州	62	189	320	444	383	368	408	394	575	606

续表

年份	2008	2009	2010	2011	2012	2013	2014	2015	2016	2017
湖北	1200	1812	2500	3099	3698	4654	5275	5677	6713	7523
湖南	1600	2319	3000	3760	4769	5725	6310	7350	8098	8586
江苏	5400	8524	12000	14842	17845	19714	23541	24463	28085	28579
江西	290	509	730	942	1287	1683	1756	2059	3137	3857
上海	4300	5444	6600	7772	7400	7688	8447	7471	9033	10068
四川	2200	2185	2100	2100	2096	2476	2711	2892	3045	3683
云南	220	274	330	381	447	443	518	513	628	809
浙江	4500	6348	8200	10049	11284	14882	16508	18839	21397	21150
重庆	1300	1903	2500	3028	2430	2696	3611	4535	5014	5323
长江经济带	21782	31040	40680	49601	55372	64710	74367	80076	93047	99027
非长江经济带	30245	34798	42601	50982	55158	63751	68529	70780	81557	92542
全国	52027	65838	83281	100583	110530	128461	142895	150857	174604	191569

资料来源：《中国科技统计年鉴》。

二 长江经济带制造业绿色创新的非期望产出

首先，整体来看，2008 年长江经济带环境污染综合指数是 0.033378，2017 年，长江经济带环境污染综合指数是 0.034247，总体较为平稳。其次，分地区来看，2008 年，长江经济带上、中、下游环境污染综合指数分别为 0.032431、0.033149、0.034945；2017 年，长江经济带上、中、下游环境污染综合指数分别为 0.035279、0.033976、0.033234，中游环境污染综合指数最低，上、下游交替变动。但是，长江经济带上、中、下游环境污染综合指数总体差异不大。再次，分省市来看，2017 年长江经济带 11 个省市环境污染综合指数最高的是江苏，达到了 0.038064，最低的是上海，污染综合指数是 0.028239，江苏是上海的 1.36 倍。最后，就长江经济带区域与非长江经济带区域的比较来看，2008 年非长江经济带区域环境污染综合指数为 0.033308；2017 年非长江经济带环境污染综合指数为

0.032804。可以看到，就环境污染综合指数而言，长江经济带区域与非长江经济带区域差距不大。具体见图3-6和表3-6。

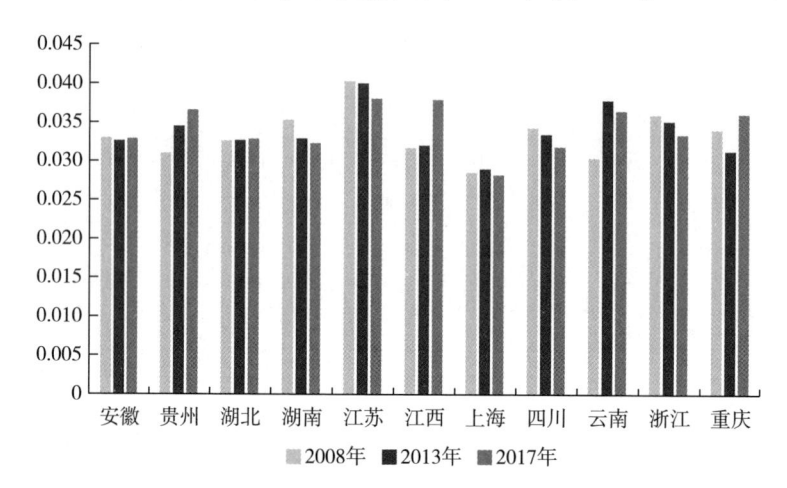

图3-6 2008年、2013年和2017年长江经济带各省市环境污染综合指数

资料来源：《中国统计年鉴》。

表3-6 2008—2017年长江经济带各省市、非长江经济带和全国的环境污染综合指数

年份	2008	2009	2010	2011	2012	2013	2014	2015	2016	2017
安徽	0.032955	0.032520	0.032644	0.032761	0.032492	0.032597	0.033258	0.033126	0.032994	0.032862
贵州	0.030995	0.034104	0.032492	0.031810	0.033228	0.034531	0.032032	0.033562	0.035093	0.036623
湖北	0.032603	0.030353	0.032171	0.033752	0.032566	0.032673	0.032966	0.032920	0.032873	0.032827
湖南	0.035340	0.036052	0.035192	0.033229	0.032616	0.032901	0.032847	0.032655	0.032464	0.032272
江苏	0.040310	0.038964	0.039835	0.040720	0.039857	0.040026	0.041952	0.040656	0.039360	0.038064
江西	0.031699	0.031958	0.032049	0.032466	0.032035	0.032033	0.032490	0.034308	0.036125	0.037942
上海	0.028529	0.028019	0.028133	0.028911	0.028835	0.029015	0.028751	0.028580	0.028410	0.028239
四川	0.034293	0.033679	0.034583	0.033634	0.032982	0.033430	0.033168	0.032730	0.032292	0.031854
云南	0.030381	0.032388	0.031068	0.037214	0.038266	0.037878	0.032339	0.033737	0.035136	0.036534
浙江	0.035995	0.035492	0.035963	0.035666	0.034949	0.035171	0.035435	0.034756	0.034077	0.033398
重庆	0.034054	0.038363	0.036539	0.030479	0.030174	0.031320	0.030864	0.032611	0.034358	0.036105
长江经济带	0.033378	0.033808	0.033697	0.033695	0.033455	0.033780	0.033282	0.033604	0.033926	0.034247
非长江经济带	0.033308	0.033058	0.033123	0.033124	0.033263	0.033075	0.033363	0.033177	0.032990	0.032804
全国	0.033343	0.033433	0.033410	0.033410	0.033359	0.033428	0.033323	0.033391	0.033458	0.033526

资料来源：《中国统计年鉴》。

第三节 长江经济带制造业绿色创新影响因素的基本特征事实

政府干预、技术推动、需求拉动均会对长江经济带绿色创新效率产生影响。政府干预涵盖政府正向引导和政府逆向倒逼两方面的因素。其中，正向引导因素考虑财政科技投入和知识产权保护，逆向倒逼因素主要考虑政府环境规制；技术推动因素主要考虑企业自身研发能力和跨国企业技术压力，市场拉动因素主要考虑国内市场的需求拉动和国外市场的需求拉动。

一 政府正向引导因素

（一）财政科技投入占比

首先，整体来看，2008年长江经济带地方财政科学技术支出454.75亿元，财政总支出21018.59亿元，地方财政科学技术支出占财政总支出比重是2.16%；2017年长江经济带地方财政科学技术支出2133.62亿元，财政总支出74057.05亿元，地方财政科学技术支出占财政总支出比重是2.88%。可以看到，2008—2017年，长江经济带地方财政科学技术支出占财政总支出比重呈现出不断增长的态势。其次，分区域来看，2017年，长江经济带上、中、下游地方财政科学技术支出占财政总支出比重分别为1.32%、2.37%、4.33%，在数量上同样表现出上游—中游—下游依次递增的特征，且下游与中、上游之间呈现出较大的差异性。再次，分省市来看，2017年长江经济带11个省市地方财政科学技术支出占财政总支出比重最高的是上海，达到了5.17%，最低的是云南，仅为0.94%，上海是云南的5.5倍。可以看到，长江经济带各省市之间的地方财政科学技术支出占财政总支出比重呈现出较为明显的非均衡特征。最后，就长江经济带区域与非长江经济带区域的比较来看，2008年非长江经济带区域地方财政科学技术支出占财政总支出比重为2.09%，长江经济带区域是非长江经济带区域的1.03倍；2017年非长江经济带区域地方财政科学技术支出占财政总支出比重为 2.41%，长江经济带区域是非长江经济带区域的 1.19 倍。可以看到，随着时间的推移，就地方财政科学技术支出占财政总支出比重而言，长江经济带区域与非长江经济带区域的差距呈现逐渐扩大的趋势。具体见图 3-7 和表 3-7。

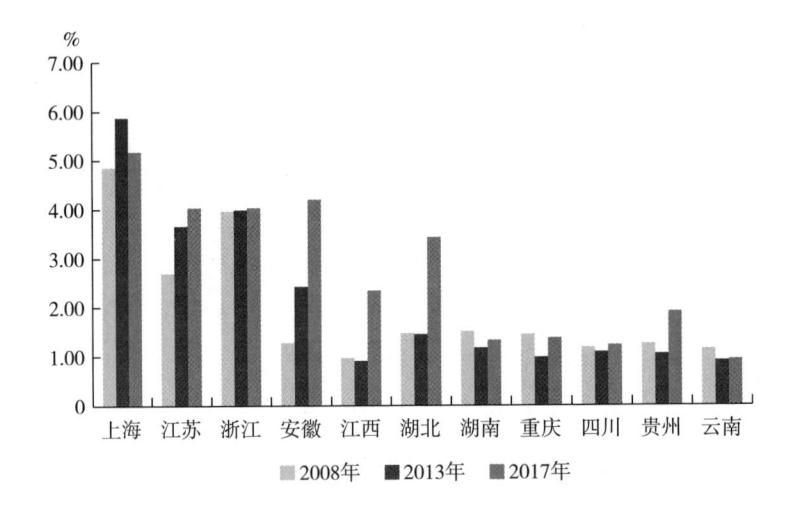

图 3-7 2008 年、2013 年和 2017 年长江经济带各省市地方财政科学技术支出在财政总支出中所占比重

资料来源：《中国科技统计年鉴》。

表 3-7 2008—2017 年长江经济带各省市、非长江经济带和全国的财政科学技术支出在财政总支出中所占比重 单位：%

年份	2008	2009	2010	2011	2012	2013	2014	2015	2016	2017
上海	4.59	7.20	6.12	5.58	5.87	5.69	5.33	4.39	4.94	5.17
江苏	2.85	3.01	3.10	3.49	3.68	3.91	3.86	3.84	3.81	4.03
浙江	3.93	3.74	3.78	3.74	3.99	4.06	4.03	3.77	3.86	4.03
安徽	1.47	1.70	2.26	2.33	2.44	2.52	2.78	2.83	4.69	4.20
江西	0.92	0.87	0.96	0.84	0.91	1.34	1.29	1.69	1.80	2.34
湖北	1.41	1.20	1.22	1.40	1.43	1.78	2.68	2.58	2.95	3.43
湖南	1.68	1.38	1.30	1.21	1.18	1.20	1.18	1.17	1.13	1.33
重庆	1.05	0.86	0.65	0.97	0.98	1.26	0.78	1.20	1.29	1.37

续表

年份	2008	2009	2010	2011	2012	2013	2014	2015	2016	2017
四川	0.87	0.80	0.82	0.98	1.09	1.12	1.21	1.29	1.26	1.23
贵州	1.24	1.05	1.02	0.97	1.05	1.11	1.25	1.49	1.63	1.91
云南	1.20	0.97	0.94	0.97	0.91	1.04	0.97	1.03	0.93	0.94
长江经济带	2.16	2.34	2.21	2.27	2.32	2.44	2.41	2.49	2.74	2.88
非长江经济带	2.09	1.98	2.07	1.87	1.94	2.21	2.04	2.10	2.21	2.41
全国	2.12	2.13	2.13	2.04	2.10	2.31	2.21	2.27	2.44	2.62

资料来源:《中国科技统计年鉴》。

(二) 知识产权保护

参照通常做法,我们采用技术市场交易额占地区生产总值(下文使用 GDP 指代)的比重来表征知识产权保护。首先,整体来看,2008 年长江经济带技术市场交易额为 8027731 万元,GDP 为 134450.01 万亿元,技术市场交易额占 GDP 的比重为 0.60%;2017 年长江经济带技术市场交易额达到 41185112.52 万元,GDP 达到 370998.20 万亿元,技术市场交易额占 GDP 比重上升到 1.11%。可以看到,长江经济带技术市场交易额占 GDP 比重呈现出不断增长的态势。其次,分地区来看,2008 年长江经济带上、中、下游技术市场交易额占 GDP 比重分别为 0.41%、0.40%、0.74%,2011 年长江经济带上、中、下游技术市场交易额占 GDP 比重分别为 0.35%、0.38%、0.82%,2017 年长江经济带上、中、下游技术市场交易额占 GDP 比重分别为 0.72%、1.49%、1.11%。可以看到,中游地区的技术市场交易额占 GDP 比重从最低向最高发展,下游与中、上游之间呈现出较大的差异性。再次,分省市来看,2017 年长江经济带 11 个省市技术市场交易额占 GDP 比重最高的是湖北,达到了 2.91%,最低的是重庆,仅为 0.26%,湖北是重庆的 11.19 倍。可以看到,长江经济带各省市之间的技术市场交易额占 GDP 比重呈现出较为明显的非均衡特征。最后,就长江经济带区域与非长江经济带区域的比较来看,2008 年非长江经济带区域技术市场交易额占 GDP 比重为

0.92%，非长江经济带区域是长江经济带区域的1.54倍；2017年非长江经济带区域技术市场交易额占GDP比重为1.96%，非长江经济带区域是长江经济带区域的1.77倍。可以看到，随着时间的推移，就技术市场交易额占GDP比重而言，长江经济带区域与非长江经济带区域之间的差距呈现出扩大的特征。具体见图3-8和表3-8。

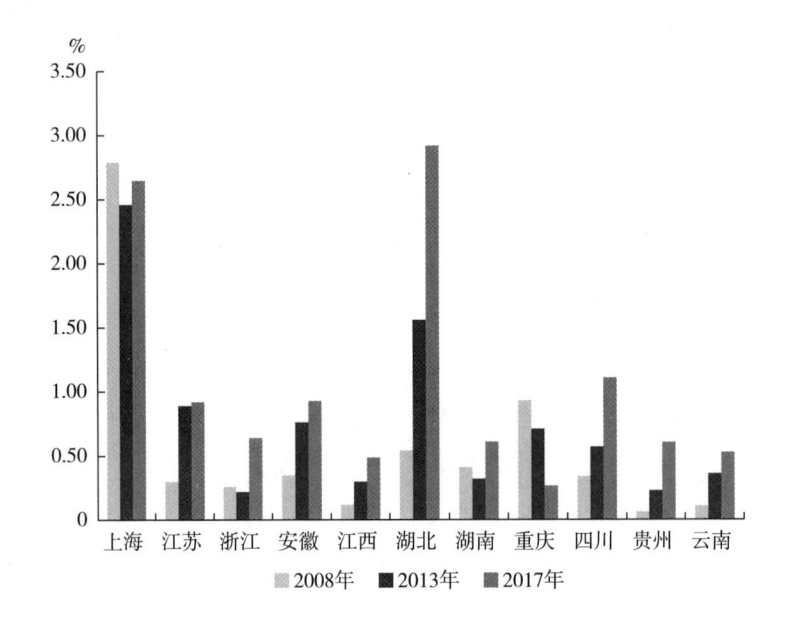

图3-8　2008年、2013年和2017年长江经济带各省市技术市场交易额占GDP比重

资料来源：《中国统计年鉴》。

表3-8　2008—2017年长江经济带各省市、非长江经济带和全国的技术市场交易额占GDP比重　　　　　　　　单位：%

年份	2008	2009	2010	2011	2012	2013	2014	2015	2016	2017
上海	2.79	2.89	2.51	2.50	2.57	2.46	2.51	2.64	2.77	2.65
江苏	0.30	0.31	0.60	0.68	0.74	0.89	0.83	0.82	0.82	0.91
浙江	0.26	0.25	0.22	0.22	0.23	0.22	0.22	0.23	0.42	0.63
安徽	0.35	0.35	0.37	0.43	0.50	0.76	0.81	0.87	0.89	0.92

续表

年份	2008	2009	2010	2011	2012	2013	2014	2015	2016	2017
江西	0.12	0.13	0.24	0.29	0.31	0.30	0.35	0.39	0.43	0.48
湖北	0.54	0.58	0.56	0.62	0.87	1.56	2.02	2.53	2.77	2.91
湖南	0.41	0.34	0.25	0.18	0.19	0.32	0.36	0.36	0.33	0.60
重庆	0.93	0.59	1.00	0.68	0.47	0.71	1.10	0.36	0.83	0.26
四川	0.34	0.39	0.32	0.32	0.47	0.57	0.70	0.94	0.91	1.10
贵州	0.06	0.05	0.17	0.24	0.14	0.23	0.22	0.25	0.17	0.60
云南	0.11	0.17	0.15	0.13	0.44	0.36	0.37	0.38	0.39	0.52
长江经济带	0.60	0.59	0.62	0.61	0.67	0.81	0.89	0.95	1.02	1.11
非长江经济带	0.92	0.99	1.08	1.12	1.42	1.45	1.51	1.66	1.80	1.96
全国	0.79	0.83	0.89	0.91	1.12	1.19	1.25	1.36	1.46	1.59

资料来源：《中国统计年鉴》。

二 政府逆向倒逼因素

首先，整体来看，2008年长江经济带工业污染治理完成投资达到161.63亿元，工业增加值达到56337.31亿元，工业污染治理完成投资占工业增加值比重为0.29%；2011年长江经济带工业污染治理完成投资达到138.62亿元，工业增加值达到92311.89亿元，长江经济带工业污染治理完成投资占工业增加值比重为0.15%；2015年长江经济带工业污染治理完成投资达到266.7亿元，工业增加值达到114797.67亿元，长江经济带工业污染治理完成投资占工业增加值比重为0.23%；2017年长江经济带工业污染治理完成投资达到219.19亿元，工业增加值达到132039.93亿元，工业污染治理完成投资占工业增加值比重为0.17%。可以看到，2008—2017年，长江经济带工业污染治理完成投资占工业增加值比重呈现出波动变化的态势。其次，分地区来看，2008年长江经济带上、中、下游工业污染治理完成投资占工业增加值比重分别为0.48%、0.31%、0.22%；2009年长江经济带上、中、下游工业污染治理完成投资占工业增加值比重分别为0.29%、0.34%、0.18%；2017年长江经济带上、中、下游工业污染治理完成投资占工业增加值比重分别为 0.11%、0.11%、0.21%。可以看到，2008—2017 年，上、中、下游工业污染治理完成投资占工业增加值比重变动较大。再次，分省市来看，2017 年长江经济带 11 个省市工业污染治理完成投资占工业增加值比重最高的是上海，达到 0.53%，最低的是湖南，仅为 0.07%，上海是湖南的 7.57 倍。可以看到，长江经济带各省市之间的工业污染治理完成投资占工业增加值比重呈现出较为明显的非均衡特征。最后，就长江经济带区域与非长江经济带区域的比较来看，2008 年非长江经济带区域工业污染治理完成投资占工业增加值比重为 0.41%，非长江经济带区域是长江经济带区域的 1.43 倍；2017 年非长江经济带区域工业污染治理完成投资占工业增加值比重为 0.27%，非长江经济带区域是长江经济带区域的 1.64 倍。可以看到，随着时间的推移，就工业污染治理完成投资占工业增加值比重而言，长江经济带区域与非长江经济带区域的差距呈现出逐渐扩大的趋势。具体见图 3-9 和表 3-9。

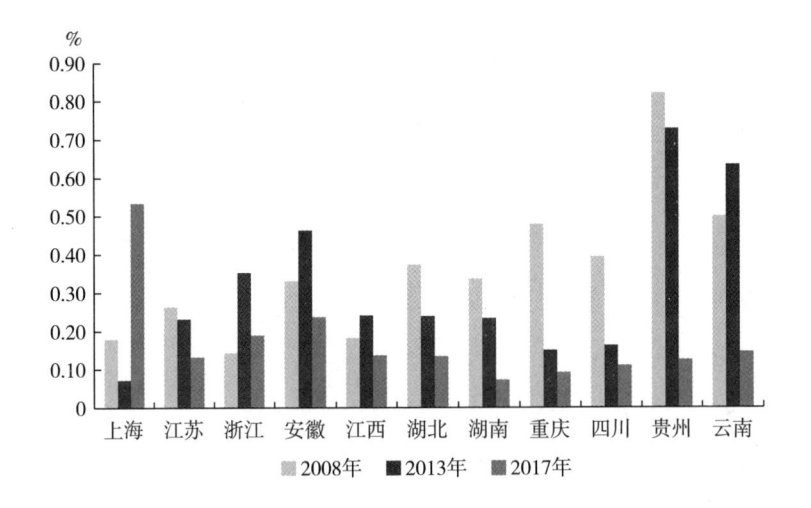

图 3-9 2008 年、2013 年和 2017 年长江经济带各省市工业污染治理完成投资占工业增加值比重及比较

资料来源：《中国统计年鉴》。

表 3-9 2008—2017 年长江经济带各省市、非长江经济带和
全国的工业污染治理完成投资占工业增加值比重   单位：%

年份	2008	2009	2010	2011	2012	2013	2014	2015	2016	2017
上海	0.18	0.13	0.14	0.09	0.16	0.07	0.24	0.30	0.69	0.53
江苏	0.26	0.16	0.10	0.14	0.16	0.23	0.18	0.22	0.25	0.13
浙江	0.14	0.18	0.09	0.12	0.18	0.35	0.40	0.34	0.32	0.19
安徽	0.33	0.27	0.11	0.13	0.16	0.46	0.19	0.19	0.41	0.24
江西	0.18	0.12	0.15	0.12	0.07	0.24	0.18	0.21	0.14	0.14
湖北	0.37	0.54	0.41	0.11	0.15	0.20	0.24	0.14	0.29	0.13
湖南	0.34	0.28	0.22	0.12	0.20	0.23	0.16	0.24	0.11	0.07
重庆	0.48	0.24	0.21	0.11	0.08	0.10	0.10	0.11	0.06	0.09
四川	0.39	0.17	0.10	0.18	0.10	0.16	0.20	0.11	0.10	0.11
贵州	0.82	0.71	0.45	0.72	0.56	0.73	0.59	0.32	0.15	0.13
云南	0.50	0.45	0.41	0.46	0.57	0.63	0.63	0.56	0.33	0.15
长江经济带	0.29	0.23	0.16	0.15	0.18	0.27	0.25	0.23	0.26	0.17
非长江经济带	0.41	0.31	0.23	0.22	0.22	0.36	0.44	0.32	0.31	0.27
全国	0.36	0.28	0.21	0.19	0.20	0.32	0.36	0.28	0.29	0.23

资料来源：《中国统计年鉴》。

三 技术推动因素

（一）企业自身研发能力

采用规模以上工业企业新产品开发项目数来衡量企业自身研发能力。首先，整体来看，2010 年长江经济带规模以上工业企业新产品开发项目数较 2008 年下降了 25116 件，为 2008 年的 81.39%。2014 年长江经济带规模以上工业企业新产品开发项目数较 2010 年上升了 93512 件，是 2010 年的 1.85 倍。2015 年的长江经济带规模以上工业企业新产品开发项目数较 2014 年又下降了 21188 件，仅为 2014 年的 89.58%。2017 年长江经济带规模以上工业企业新产品开发项目数较 2015 年上涨了 34.32%。总体来看，2008—2017 年，长江经济带规模以上工业企业工业新产品开发项目数呈现先下降后上升再下降再上升的趋势。其次，分地区来看，2008 年长江经济带规模以上工业企业新

产品开发项目数上、中、下游分别为23093件、23860件、87988件，占比结构为17.11∶17.68∶65.20；2017年长江经济带规模以上工业企业新产品开发项目数上、中、下游分别为29555件、34353件、180761件，占比结构为12.08∶14.04∶73.88。可以看到，长江经济带下游规模以上工业企业新产品开发项目数最高，下游与中上游之间呈现出较大的差异性，并且差距逐渐扩大。再次，分省市来看，2017年长江经济带11个省市规模以上工业企业新产品开发项目数排名第一位的是浙江，达到72083件，排名最后一位的是贵州，仅为2537件，浙江是贵州的28.41倍。可以看到，长江经济带11个省市规模以上工业企业新产品开发项目数呈现出较为明显的非均衡特征。最后，就长江经济带区域与非长江经济带区域的比较来看，2008年长江经济带区域规模以上工业企业新产品开发项目数占全国的比重为47%，非长江经济带区域是长江经济带区域的1.12倍；2017年长江经济带区域规模以上工业企业新产品开发项目数占全国的比重为51%，长江经济带区域是非长江经济带区域的1.05倍。可以看到，就规模以上工业企业新产品开发项目数总量而言，长江经济带区域实现了反超。具体见图3-10和表3-10。

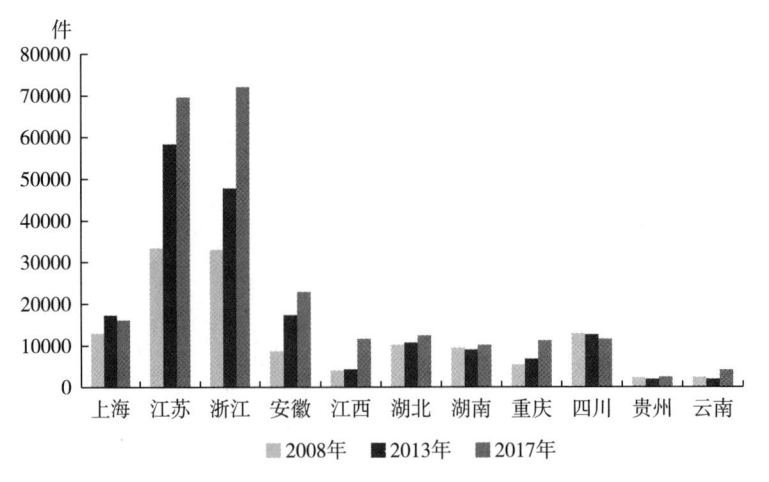

图3-10 2008年、2013年和2017年长江经济带各省市规模以上企业新产品开发项目数

资料来源：《中国科技统计年鉴》。

表3-10　2008—2017年长江经济带各省市、非长江经济带和
全国的规模以上企业新产品开发项目数及比较　　单位：件

年份	2008	2009	2010	2011	2012	2013	2014	2015	2016	2017
上海	12966	13559	14512	15726	17042	17295	18927	14378	15046	16121
江苏	33384	31985	26767	38009	53973	58353	62306	57204	64029	69653
浙江	32966	32537	27910	34186	41874	47778	51466	55123	63124	72083
安徽	8672	8612	8249	11174	15137	17320	18185	17025	19920	22904
江西	4148	2511	2541	2870	3241	4381	5139	4635	8371	11689
湖北	10230	8109	7740	8633	9629	10722	11678	8934	10450	12460
湖南	9482	6134	6727	7525	8418	9089	9758	6402	7632	10204
重庆	5474	4380	3736	4612	5693	6820	8580	7352	9243	11227
四川	12868	8762	8639	10035	11656	12681	13374	6971	8846	11583
贵州	2322	1962	1547	1749	1978	1908	1802	1623	2231	2537
云南	2429	1244	1458	1485	1512	1903	2123	2503	3834	4208
长江经济带	134941	119795	109825	136004	170153	188250	203338	182150	212726	244669
非长江经济带	151268	117959	109312	130228	153295	170037	172525	144136	179146	233192
全国	286209	237754	219137	266232	323448	358287	375863	326286	391872	477861

资料来源：《中国科技统计年鉴》。

(二) 跨国企业技术压力

采用外商投资企业进出口额表征跨国企业引致的技术竞争压力。首先，整体来看，2008—2017年，长江经济带外商投资企业进出口总额总体呈现波动上升的趋势。其次，分地区来看，2008年长江经济带上、中、下游外商投资企业进出口总额分别为1030亿元、1261亿元、42483亿元，占比结构为2.30∶2.82∶94.88；2011年长江经济带上、中、下游外商投资企业进出口总额分别为2483亿元、2078亿元、51398亿元，占比结构为4.44∶3.71∶91.85；2017年，长江经济带

上、中、下游外商投资企业进出口总额分别为6912亿元、2198亿元、52226亿元,占比结构为11.27∶3.58∶85.15。自2011年起,长江经济带上游外商投资企业进出口总额超过中游,下游外商投资企业进出口总额维持最高,上、中、下游之间呈现出较大的差异性。再次,分省市来看,2017年长江经济带11个省市外商投资企业进出口总额排名第一位的是江苏,达到24847亿元,排名最后一位的是贵州,仅为170亿元,江苏是贵州的146.02倍。可以看到,长江经济带11个省市外商投资企业进出口总额呈现出较为明显的非均衡特征。最后,就长江经济带区域与非长江经济带区域的比较来看,2008年长江经济带区域外商投资企业进出口总额占全国的比重为46%,非长江经济带区域是长江经济带区域的1.19倍;2017年长江经济带区域外商投资企业进出口总额占全国的比重为51%,长江经济带区域是非长江经济带区域的1.02倍。可以看到,就外商投资企业进出口总额总量而言,长江经济带区域实现了反超。具体见图3-11和表3-11。

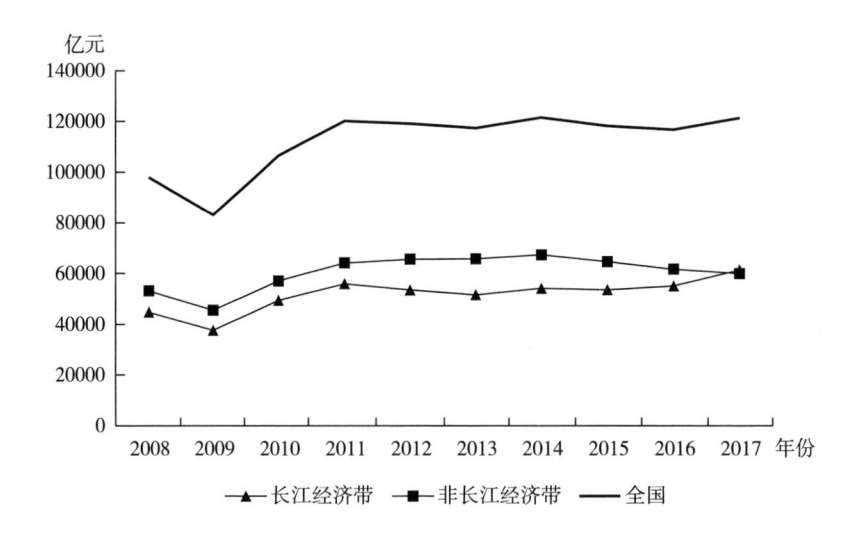

图3-11 2008—2017年长江经济带、非长江经济带和全国的外商投资企业进出口总额及比较

资料来源:《中国统计年鉴》。

表3-11 2008—2017年长江经济带各省市、非长江经济带和
全国的外商投资企业进出口总额　　　单位：亿元

年份	2008	2009	2010	2011	2012	2013	2014	2015	2016	2017
上海	15118	12754	16623	18879	18235	17648	18991	19388	19804	20927
江苏	21078	17740	23094	24885	22504	20753	21421	21748	22550	24847
浙江	5800	4733	6146	6970	6490	6102	5926	5425	5208	5332
安徽	487	357	540	664	627	731	854	824	911	1120
江西	616	526	794	874	837	781	806	823	805	851
湖北	511	481	735	911	870	858	890	792	736	803
湖南	134	124	206	294	395	389	413	402	434	543
重庆	253	202	316	867	1569	2302	2640	2327	2306	2561
四川	571	640	850	1508	1900	1917	2103	1724	2160	3059
贵州	26	13	12	14	12	13	11	17	21	170
云南	180	87	77	93	75	82	70	111	146	1122
长江经济带	44774	37657	49394	55960	53515	51577	54125	53581	55083	61336
非长江经济带	53146	45509	57071	64158	65625	65747	67344	64635	61664	59941
全国	97920	83166	106465	120118	119140	117324	121469	118215	116747	121276

资料来源：《中国统计年鉴》。

四　市场拉动因素

（一）国内市场需求拉动

采用规模以上工业企业工业销售产值来表征国内市场需求拉动。首先，整体来看，2017年长江经济带规模以上工业企业工业销售产值为535329.46亿元，比2008年增长了163.99%，年均增长16.40%，呈现出不断增长的态势。其次，分地区来看，2008年长江经济带上、中、下游规模以上工业企业工业销售产值分别为27925.76亿元、32925.97亿元、141931.53亿元，占比结构为13.77∶16.24∶69.99；2017年长江经济带上、中、下游规模以上工业企业工业销售产值分别为95662.56亿元、128790.60亿元、310876.29亿元，占比结构为

17.87∶24.06∶58.07。可以看到，长江经济带下游规模以上工业企业工业销售产值最高，上、中、下游之间呈现出较大的差异性，但差异在逐年减小。再次，分省市来看，2017年长江经济带11个省市规模以上工业企业工业销售产值排名第一位的是江苏，达到164730.18亿元，排名最后一位的是云南，仅为10510.52亿元，江苏是云南的15.67倍。可以看到，长江经济带11个省市规模以上工业企业工业销售产值呈现出较为明显的非均衡特征。最后，就长江经济带区域与非长江经济带区域的比较来看，2008年长江经济带区域规模以上工业企业工业销售产值占全国的比重为41%，非长江经济带区域是长江经济带区域的1.44倍；2017年，长江经济带区域规模以上工业企业工业销售产值占全国的比重为45%，非长江经济带区域是长江经济带区域的1.25倍。可以看到，就规模以上工业企业工业销售产值总量而言，长江经济带区域低于非长江经济带区域，但长江经济带区域与非长江经济带区域之间的差距呈现出缩小的特征。具体见图3-12和表3-12。

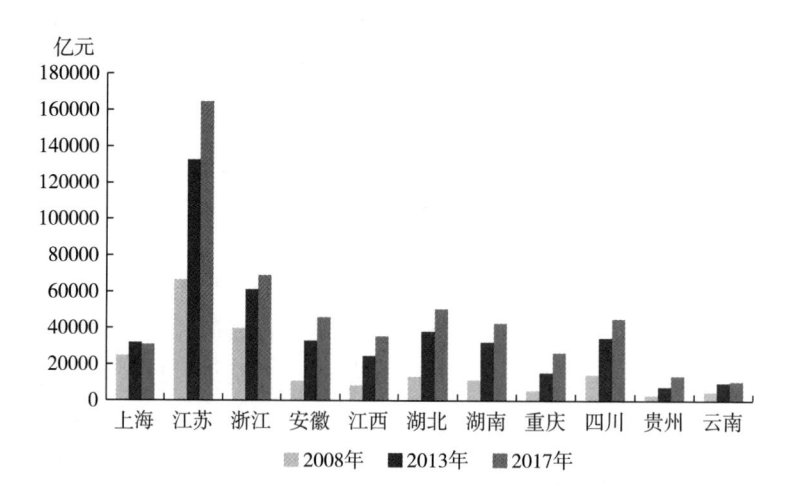

图3-12 2008年、2013年和2017年长江经济带各省市规模以上工业企业工业销售产值

资料来源：《中国工业统计年鉴》。

表 3-12　2008—2017 年长江经济带各省市、非长江经济带和
全国的规模以上工业企业工业销售产值　　单位：亿元

年份	2008	2009	2010	2011	2012	2013	2014	2015	2016	2017
上海	24800.47	23847.88	29838.11	32084.82	31559.60	31945.81	32457.78	31214.32	31056.80	30900.07
江苏	66537.70	71970.22	90804.96	106320.56	118705.46	132721.45	141193.63	147391.94	155820.09	164730.18
浙江	39717.51	39969.91	50196.32	55155.05	57615.75	61280.59	64914.41	64279.38	66628.47	69063.41
安徽	10875.85	12929.06	18277.48	25261.69	28584.11	32913.47	36505.46	38798.25	42329.72	46182.63
江西	8376.92	9667.31	13741.58	17754.18	20757.09	24603.16	28727.02	30618.43	32928.80	35413.50
湖北	13146.93	15164.52	21118.44	27325.70	32473.97	38107.78	42012.20	44113.44	47295.43	50706.94
湖南	11402.12	13318.89	18731.35	26022.13	28185.44	32157.78	34393.66	36231.56	39319.29	42670.16
重庆	5637.71	6657.73	8970.37	11534.52	12812.47	15475.67	18438.72	20944.81	23497.42	26361.12
四川	14421.90	17700.55	22634.86	29779.58	30227.87	34544.52	37400.29	39213.22	42103.39	45206.58
贵州	2969.30	3248.35	4014.54	5248.66	6170.82	7650.47	9052.59	9821.08	11550.45	13584.34
云南	4896.85	4982.23	6247.87	7527.74	8783.33	9831.22	10022.04	9667.86	10080.39	10510.52
长江经济带	202783.26	219456.65	284575.88	344014.63	375875.91	421231.92	455117.80	472294.29	502610.25	535329.46
非长江经济带	291950.39	316677.41	400159.32	483782.36	533921.26	598173.38	637080.19	631732.41	649339.82	666624.22
全国	494733.65	536134.06	684735.2	827796.99	909797.17	1019405.3	1092197.99	1104026.7	1151950.07	1201953.688

资料来源：《中国工业统计年鉴》。

(二) 国际市场需求拉动

采用规模以上工业企业出口交货值来衡量国际市场需求拉动。首先，整体来看，2009 年长江经济带规模以上工业企业出口交货值达到 33395.24 亿元，较 2008 年下降了 4135.58 亿元，仅是 2017 年的 57.92%，2008—2017 年长江经济带规模以上工业企业出口交货值呈现先下降后上升的趋势。其次，分地区来看，2008 年长江经济带上、中、下游规模以上工业企业出口交货值分别为 1080.19 亿元、1966.96 亿元、34483.67 亿元，占比结构为 2.88∶5.24∶91.88；2013 年长江经济带上、中、下游规模以上工业企业出口交货值分别为 5503.95 亿元、4378.32 亿元、43528.63 亿元，占比结构为 10.30∶8.20∶81.50；2017 年长江经济带上、中、下游规模以上工业企业出口交货值分别为 7401.57 亿元、

5771.09亿元、44489.55亿元,占比结构为12.84∶10.01∶77.16。可以看到,长江经济带下游规模以上工业企业出口交货值最高,自2013年起,长江经济带上游规模以上工业企业出口交货值超过中游地区,上、中、下游之间呈现出较大的差异性。再次,分省市来看,2017年长江经济带11个省市规模以上工业企业出口交货值排名第一位的是江苏,达到23385.25亿元,排名最后一位的是贵州,仅为236.32亿元,江苏是贵州的98.96倍。可以看到,长江经济带各省市之间规模以上工业企业出口交货值呈现出较为明显的非均衡特征。最后,就长江经济带区域与非长江经济带区域的比较来看,2008年长江经济带区域规模以上工业企业出口交货值占全国的比重为45%,非长江经济带区域是长江经济带区域的1.20倍;2017年长江经济带区域规模以上工业企业出口交货值占全国的比重为48%,非长江经济带区域是长江经济带区域的1.09倍。可以看到,随着时间的推移,就规模以上工业企业出口交货值总量而言,长江经济带区域低于非长江经济带区域,但长江经济带区域与非长江经济带区域之间的差距呈现出缩小的特征。具体见图3-13和表3-13。

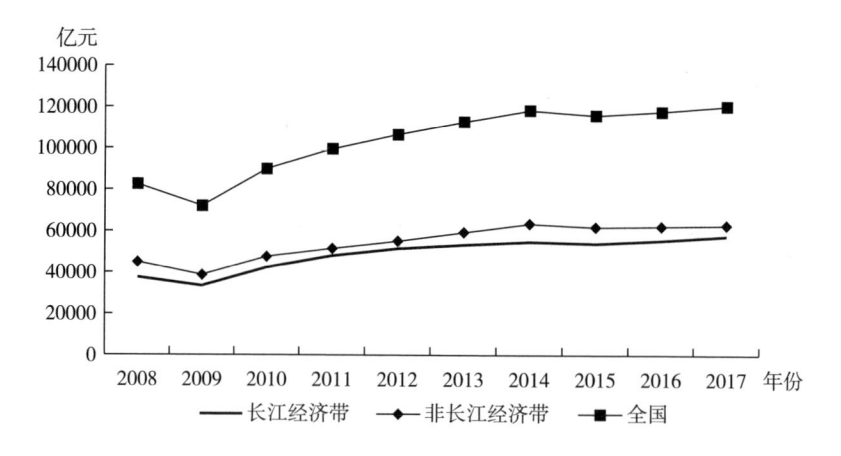

图3-13 2008—2017年长江经济带、非长江经济带和全国的规模以上工业企业出口交货值

资料来源:《中国工业统计年鉴》。

表 3-13　2008—2017 年长江经济带各省市、非长江经济带和
全国的规模以上工业企业出口交货值　　单位：亿元

年份	2008	2009	2010	2011	2012	2013	2014	2015	2016	2017
上海	8008.98	6697.80	8204.27	8524.00	8102.79	7829.31	7620.49	7595.16	7286.15	6989.71
江苏	15942.44	14833.26	18563.78	21289.91	23137.75	22846.91	23311.45	23214.06	23299.50	23385.25
浙江	9826.62	8499.58	10642.80	11027.77	10967.93	11223.22	11927.07	11440.24	11540.13	11640.89
安徽	705.63	573.02	818.50	1270.36	1387.52	1629.19	2159.12	2177.81	2321.04	2473.69
江西	715.81	802.60	1124.91	1380.19	1525.78	1582.38	2118.72	2113.21	2132.85	2152.67
湖北	674.02	653.47	958.14	1191.94	1393.60	1544.19	1456.40	1688.02	1905.07	2150.03
湖南	577.13	323.76	494.65	748.67	1034.03	1251.75	1330.17	1411.32	1439.57	1468.39
重庆	330.36	268.31	425.09	922.48	1669.82	2276.75	2725.64	2666.32	2924.89	3208.54
四川	545.61	570.88	862.20	1488.52	2025.60	2996.29	1910.45	1411.95	2234.36	3535.79
贵州	88.19	73.42	90.06	99.47	109.74	100.00	122.94	140.15	181.99	236.32
云南	116.03	99.14	115.14	114.19	125.59	130.91	153.60	172.95	269.81	420.92
长江经济带	37530.82	33395.24	42299.54	48057.50	51480.15	53410.90	54836.05	54031.19	55535.36	57662.20
非长江经济带	44967.50	38656.42	47610.55	51554.87	55129.97	59412.97	63577.80	61981.87	62307.34	62905.60
全国	82498.32	72051.66	89910.09	99612.37	106610.12	112823.87	118413.85	116013.06	117842.70	120567.80

资料来源：《中国工业统计年鉴》。

第四节　本章小结

本章主要是对长江经济带制造业企业绿色创新投入、产出和影响因素的现状和特征进行分析和总结。研究发现长江经济带制造业在绿色创新方面取得了一定的成绩，但也面临着一些问题。首先，在制造业绿色创新投入方面，长江经济带人力和财力投入的整体水平较高，并且投入要素在长江经济带形成了较为明显的集聚；而长江经济带对物力（能源）投入的依赖较小，明显优于全国和非长江经济带平均水平。但是通过内部比较发现，不管是在区域内还是在各个省份范围内，长江经济带间差距较大，表现出明显的分异特征。由于自然因素、区位、交通条件以及国家政策等方面的原因，长江经济带下游自我积累和发展的能力不

断得到提高，其庞大的经济体量对人才、资金的集聚形成了巨大的吸引力。而中、上游近年来虽然发展迅猛，但是与下游在经济发展程度上仍然具有较大的差距。其次，在制造业绿色创新产出方面，长江经济带正逐渐实现由要素驱动向创新驱动的转变。在此过程中，尽管随着研发投入的不断增加，长江经济带在绿色创新期望产出方面的能力得到了一定程度的提升，但其面临的环境问题仍较为严峻。这主要是由于当前长江经济带上、中、下游正处在不同的工业化发展阶段，中、上游工业化发展相对较慢，对资源环境的依赖较强，而下游汇聚了大量以技术知识集约化特征的高新技术产业，工业化进程较快，表现为规模以上工业企业有效发明专利数和规模以上工业企业新产品销售收入优势明显。此外，长江经济带产业同质化问题也较为突出，这极容易引起污染叠加效应（石清华，2016），快速发展的城镇化也加剧了长江经济带生态、环境的承载压力。最后，在制造业绿色创新影响因素方面，一是政府逆向倒逼作用弱于全国平均水平。在"晋升锦标赛"背景下，各地方政府在环境监管过程中片面地将GDP或税收等经济指标而非环境治理情况作为政绩考核的标准。因此，如何促进经济增长、增加财政收入成为政府工作的主题，甚至发生牺牲环境换经济的情况（王锋正，2017），各级政府环境监管力度不够。二是政府对长江经济带的知识产权保护力度较弱。知识产权的管理授权和执法为同一主体，管理和处罚职能均集于一身，导致知识产权方面的行政执法缺乏监督。加之由于缺乏完善的知识产权信息服务平台，降低了行政执法效率，弱化了政府对知识产权市场的干预作用（许培源和章燕宝，2014）。三是长江经济带制造业自主创新能力不强。长江经济带制造业在关键共性技术研发和转化平台布局方面较为滞后，制造业核心技术对外依存度较高，关键材料和设备等多依赖进口，而且中低端产业比重过高，重点产业处于全球价值链底部。

第四章 长江经济带制造业绿色创新效率的时空分异特征：DEA方法

DEA 是在运筹学基础上发展起来的，可对一组具有多投入和多产出特点的决策单元（Decision Making Units，DMU）进行相对效率评价的一种非参数方法。本章采用 DEA – EBM（Epsilon Based Measure，EBM）模型测算长江经济带制造业绿色创新效率，分析其时间变化规律和空间分布特征，并对其收敛性进行检验。

第一节 研究模型、数据来源及处理

一 超效率 EBM 模型

传统的 DEA 模型大致可以分为两类，一类为 Charnes 等提出的径向模型——CCR 模型和 BBC 模型（Charnes et al.，1978），另一类为 Tone 提出的非径向模型——SBM 模型（Tone，2001）。前者严格假定所有投入要素均应按同比例进行缩减，这不符合现实状况，也会高估效率值；后者在测算中包含非径向的松弛变量，可以规避投入要素同比例缩减的假设条件。作为 DEA 效率评价模型的新发展，EBM 模型是由 Tone 和 Tsutsui（2010）在上述两者基础上提出的，其通过结合径向和非径向的混合距离函数放松了同比例改进的假设，不仅可以考虑投入目标值与投入实值的径向比例，而且能够反映各投入差异化的非径向松弛变量。非导向的 EBM 模型形式如下：

$$\min \frac{\theta - \varepsilon^{-} \dfrac{1}{\sum_{i=1}^{n} w_{i}^{-}} \sum_{i=1}^{n} \dfrac{w_{i}^{-} s_{i}^{-}}{x_{k}}}{\varphi + \varepsilon^{+} \dfrac{1}{\sum_{r=1}^{q} w_{r}^{+}} \sum_{r=1}^{q} \dfrac{w_{r}^{+} s_{r}^{+}}{y_{k}}}$$

$$\text{s.t.} \begin{cases} \sum_{j=1}^{n} X_{j}\lambda_{j} + S^{-} = \theta X_{k} \\ \sum_{j=1}^{n} Y_{j}\lambda_{j} - S^{+} = \varphi y_{k} \\ \lambda_{j} \geq 0 \\ s^{-} \geq 0 \end{cases} \quad (4-1)$$

式中，$i=1,\cdots,m$ 表示投入指标个数，$r=1,\cdots,s$ 为产出指标个数，下标 k 表示被评估决策单元，s_i^- 为第 i 个非径向的投入指标的松弛向量，s_r^+ 为第 r 个非径向的产出指标的松弛向量，w_i^- 为第 i 个投入指标的权重，w_r^+ 为第 r 个产出指标的权重，λ_j 为权重向量。θ 和 φ 为变量，是非径向的权重。ε 为由投入指标离散程度决定的参数，表征非径向部分的重要程度，当 $\varepsilon=0$ 时，EBM 模型将简化为径向的 CCR 模型，而当 $\varepsilon=1$ 时将转变为非径向的 SBM 模型。

尽管 EBM 模型的效率评价结果更为稳定可靠，但其对有效 DMU 单元的效率区分度不足，为此 Andersen 和 Petersen（1993）进一步建立了可比较有效 DMU 单元效率的超效率 EBM 模型，具体测算公式如下：

$$\min\left[\theta - \varepsilon\left(\sum_{i=1}^{m} s_i^{+} + \sum_{r=1}^{s} s_r^{+}\right)\right]$$

$$\text{s.t.} \begin{cases} \sum_{\substack{j=1 \\ j \neq k}}^{n} X_{j}\lambda_{j} \leq \theta X_{k} \\ \sum_{\substack{j=1 \\ j \neq k}}^{n} Y_{j}\lambda_{j} \geq y_{k} \\ \lambda_{j} \geq 0 \end{cases} \quad (4-2)$$

式（4-2）中各参数的含义与式（4-1）的一致，不同之处在于超效率 EBM 模型在对第 k 个 DMU 单元的效率进行评价时，采用剩余所有 DMU 单元投入产出的组合来替代第 k 个 DMU 单元的投入产出。

二 探索性空间数据分析

探索性空间数据分析（Exploratory Spatial Data Analysis，ESDA）是空间数据分析的一个重要分支，其整合了空间统计学和现代图形处理技术，以空间关联测度为基础，采用直观的方式考察空间数据的主要性质，主要包括空间相关性和空间异质性（徐建华，2012）。从本质上讲，该方法是通过数据驱动来探索问题，而非建立在理论驱动基础上的演绎推理，其核心目的是发现空间数据背后隐藏的问题，为确认性空间数据分析（Confirmatory Spatial Data Analysis，CSDA）的开展提供前提和基础。

（一）空间权重矩阵的建立

空间权重矩阵的引入是空间统计学区别于传统统计学的显著特征，也是采用 ESDA 技术开展空间探索分析的先决条件，其目的在于界定考察对象在地理空间结构上的相互邻接关系。常用的空间权重矩阵生成方法主要有：基于临近概念建立、基于反地理距离建立和基于经济距离建立。最优空间权重矩阵的选取取决于所考察的对象和研究目的，考虑到制造业绿色创新效率的溢出效应主要以地理空间位置为媒介，本章从临近概念出发基于 Rook 邻接规则构建二元对称空间权重矩阵，具体定义为：

$$W = \begin{bmatrix} w_{11} & w_{12} & \cdots & w_{1n} \\ w_{21} & w_{22} & \cdots & w_{2n} \\ \cdots & \cdots & \cdots & \cdots \\ w_{n1} & w_{n2} & \cdots & w_{nn} \end{bmatrix} \quad (4-3)$$

式中，n 为空间地理单元个数的统计，w_{ij} 是矩阵中的元素，反映单元 i 和单元 j 的地理邻接关系，若其存在共同边界或共同顶点，则赋值为 1，否则赋值为 0，用数学语言表示如下：

$$w_{ij} = \begin{cases} 1, & \text{单元 } i \text{ 与单元 } j \text{ 相邻} \\ 0, & \text{其他} \end{cases} \quad (4-4)$$

(二) 全局 Moran's I 指数

全局空间自相关是对制造业绿色创新效率在整个区域空间分布特征的考察，借用全局 Moran's I 指数来衡量，其计算公式如下：

$$I_g = \frac{n\sum_{i=1}^{n}\sum_{j=1}^{n}w_{ij}(x_i - u)(x_j - u)}{\sum_{i=1}^{n}\sum_{j=1}^{n}w_{ij}\sum_{i=1}^{n}(x_i - u)^2} \tag{4-5}$$

$$u = \frac{1}{n}\sum_{i=1}^{n}x_i \tag{4-6}$$

式中，I_g 是全局 Moran's I 指数值，n 是空间地理单元个数的统计，x_i 和 x_j 为单元 i 和单元 j 的属性观测值，w_{ij} 为单元 i 和单元 j 的空间权重，u 为 n 个样本单元属性观测值的均值。I_g 的值域为 [-1, 1]，其绝对值越大，表示不同单元间的空间平均关联程度越大；若 I_g 的值为 0，表示各单元间相互独立，其属性值呈随机分布；若 I_g 的值为正，表示空间正相关，即具有相似属性的单元集聚在一起；若 I_g 的值为负，表示空间负相关，即具有相异属性的单元集聚在一起。上述空间关系成立的关键是该指数可以通过显著性检验，通常采用标准化的正态 Z 统计量进行推断，即：

$$Z = \frac{I_g - E(I_g)}{SD(I_g)} \tag{4-7}$$

式中，Z 为检验统计量，$E(I_g)$ 为 I_g 的理论均值，$SD(I_g)$ 为 I_g 的理论标准差。

(三) 局部 Moran's I 指数

局部空间自相关是对制造业绿色创新效率在局部空间分布特征的考察，借用局部 Moran's I 指数来度量。从本质上讲，该指数是全局 Moran's I 指数在局部空间上的分解，可以反映单元属性观测值的局部空间集聚，评估哪些单元对全局空间自相关的贡献最大，计算公式如下：

$$I_l = \frac{\sum_{j=1}^{n}w_{ij}x_j}{\sum_{j=1}^{n}x_j} \tag{4-8}$$

式中，I_l 为局部 Moran's I 指数值，公式中其余各项的含义同全局 Moran's I 指数中的含义。若 I_l 的值为正，表示一个属性观测高值单元被另一个属性观测高值单元或者一个属性观察低值单元被另一个属性观测低值单元所包围；若 I_l 的值为负，表示一个属性观测高值单元被另一个属性观测低值单元或者一个属性观察低值单元被另一个属性观测高值单元所包围。

三　数据来源及处理说明

本章以长江经济带所覆盖的 11 个省市的制造业为研究对象，其中上游区域包含重庆市、四川省、贵州省及云南省，中游区域涵盖江西省、湖北省及湖南省，下游区域囊括上海市、江苏省、浙江省及安徽省。考虑到自 2008 年国际金融危机爆发以来，长江经济带凭借其显著的发展优势和重要的战略地位在中国经济向新常态转变与发展中扮演着引领和示范的角色，本章选择 2008 年作为此研究的起始点。在兼顾数据可获得性的基础上，样本区间定为 2008—2017 年，共有 10 年。本章所涉及的各项数据皆来自国家统计局发布的《中国统计年鉴》（2009—2018）、《中国工业统计年鉴》（2009—2018）以及各省市统计局发布的统计年鉴。

制造业绿色创新效率是对制造业绿色创新发展水平的综合衡量，除涵盖传统的投入产出要素外，其测算指标体系的构建还应将生产投入中的创新要素和产出过程中的生态环境效益纳入考量范围。在遵循科学性、代表性、系统性的指标选取原则基础上，本章借鉴曾冰（2018）的研究成果构建了如表 4-1 所示的制造业绿色创新效率测算指标体系。其中，投入指标涉及人力、财力及物力三方面的要素投入，是制造业绿色创新活动开展的重要推力；产出指标包含期望产出和非期望产出在内，是制造业绿色创新活动成果的具体体现。需要说明的是，期望产出包含两项指标，即规模以上工业企业有效发明专利数和规模以上工业企业新产品销售收入，前者代表着绿色创新活动的技术价值，后者反映了绿色创新活动的经济价值。此外，以工业环境污染指数表征的非期望产出综合考虑了工业生产过程中的废水、废气及固体废弃物等的排放，并采用熵权法对其进行降维拟合处理，以避免冗余信息的干扰。工业环境污染指数越小意味着非期望产出越少。

表 4 - 1　　　　　　　制造业绿色创新效率的测算指标体系

指标类别	指标名称	指标说明	指标缩写	指标单位
投入指标	人力	规模以上工业企业 R&D 人员全时当量	labor	人年
	财力	规模以上工业企业 R&D 内部经费支出	capital	万元
	物力（能源）	单位（每万元）工业总产值能源消耗	energy	吨标准煤
产出指标	期望产出	规模以上工业企业有效发明专利数	patent	件
		规模以上工业企业新产品销售收入	newpro	万元
	非期望产出	工业环境污染指数	environment	—

表 4 - 2 对制造业绿色创新效率测算指标体系涉及的各投入指标和产出指标进行了描述性统计，呈现出的主要统计特征有：第一，各投入指标和产出指标的个数相同，且所研究省市个数大于年份个数，整体上构成了均衡的短面板。第二，除非期望产出外，各指标最大值和最小值间的差异较为明显，以人力指标为例，其最大值为 455468，最小值为 6134，最大值和最小值间的差距达到了 449334。第三，各投入指标和产出指标的中位数和均值皆不相等，且中位数要小于均值，以财力指标为例，其中位数为 2000000，而均值为 3094582，两者相差 1094582，这表明所考察指标均不服从对称分布，且向右偏。第四，排除非期望产出外，各投入指标和产出指标的标准差均很大，例如，人力指标的标准差为 107281，财力指标的标准差为 3537871，这表明所考察指标的值与其均值相差较大，其数据分布范围较广、离散程度较高。第五，各投入指标和产出指标的偏度均大于 0，峰度均大于 3，以人力指标为例，其偏度为 1.9850，峰度为 6.1384，这表明所考察指标均不服从正态分布，比正态分布更为陡峭，且进一步验证了右偏的事实。综上所述，各投入指标和产出指标的离散分布在一定程度上表明长江经济带各省市制造业可能具有不同的绿色创新发展水平。

表 4-2　　　　　各投入指标和产出指标的描述性统计

指标	labor	capital	energy	patent	newpro	environment
个数	110	110	110	110	110	110
最大值	455468	18000000	2.2770	140346	290000000	0.0420
中位数	56629	2000000	0.4285	7977	34000000	0.0330
最小值	6134	77081	0.1931	279	615675	0.0280
均值	92871	3094582	0.6662	15676	55500000	0.0337
标准差	107281	3537871	0.4832	21861	62600000	0.0030
偏度	1.9850	2.2338	1.4533	3.2320	1.9150	0.5377
峰度	6.1384	8.2770	4.3585	15.9787	6.3794	3.2561

第二节　实证结果分析

一　长江经济带制造业绿色创新效率的时序演变规律

基于上文构建的制造业绿色创新效率测算指标体系，以长江经济带 11 个省市的制造业为决策单元，采用 Maxdea Pro 软件对其绿色创新效率进行测算。此外，为获悉制造业绿色创新效率变动的来源，将测算得到的绿色创新效率进一步分解为纯技术效率和规模效率。考虑到各项投入和产出指标均不存在零值，为避免模型导向选择引起效率测算误差，超效率 EBM 模型的运算是在非导向视角下进行的。

（一）长江经济带整体及区域层面

图 4-1 从均值角度刻画了长江经济带制造业绿色创新效率及其分解值的变动情况。从区域整体层面看，长江经济带制造业绿色创新效率在整个研究期内各年份的值均小于 1，未达到 DEA 有效，这在一定程度上反映了长江经济带制造业在开展绿色创新活动时可能存在创新要素利用率低、创新成果转移转化不足等问题，其整体绿色创新发展水平有待提升。从趋势演变来看，长江经济带制造业绿色创新效率在整个研究期内实现了增加，从 2008 年的 0.6982 增加到了 2017 年的

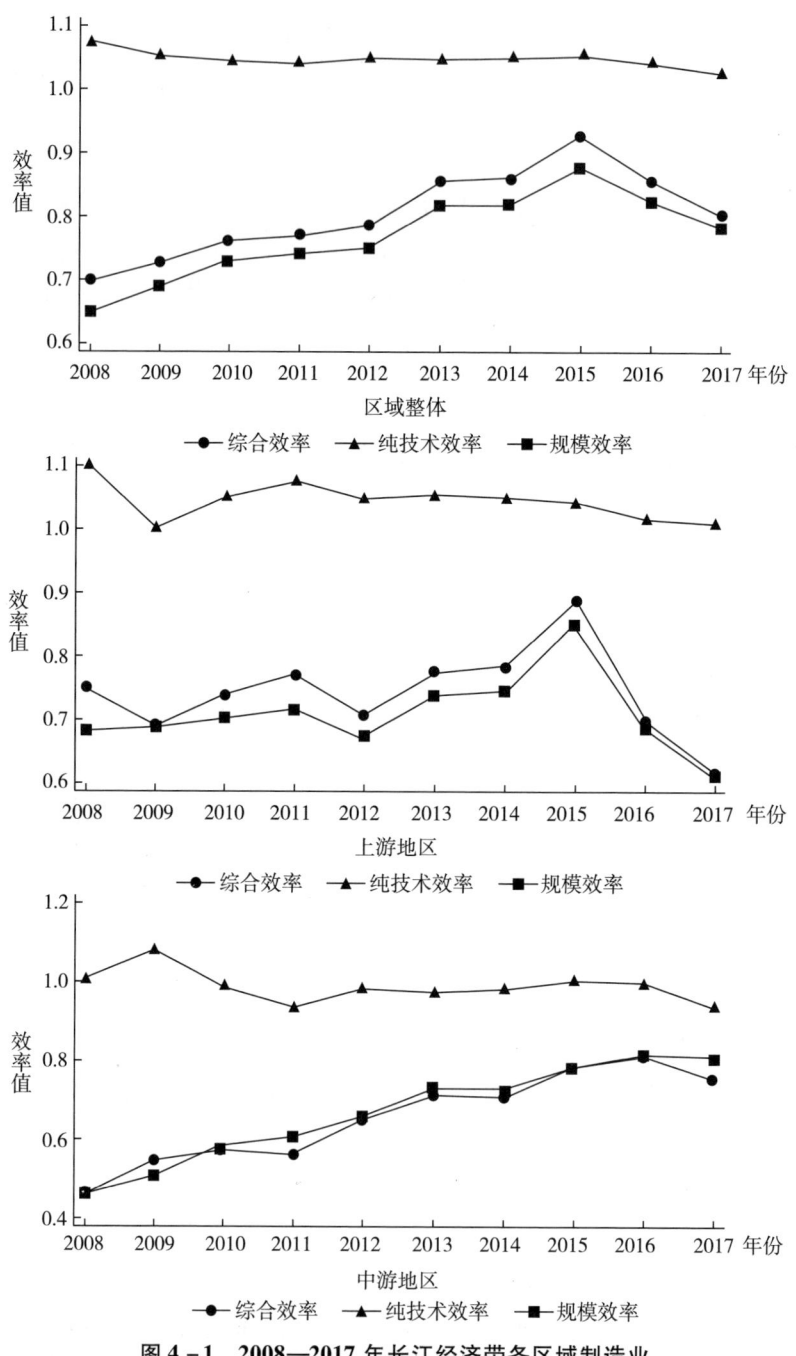

图 4-1 2008—2017 年长江经济带各区域制造业
绿色创新效率及其分解值的变动情况

第四章　长江经济带制造业绿色创新效率的时空分异特征：DEA方法 | 79

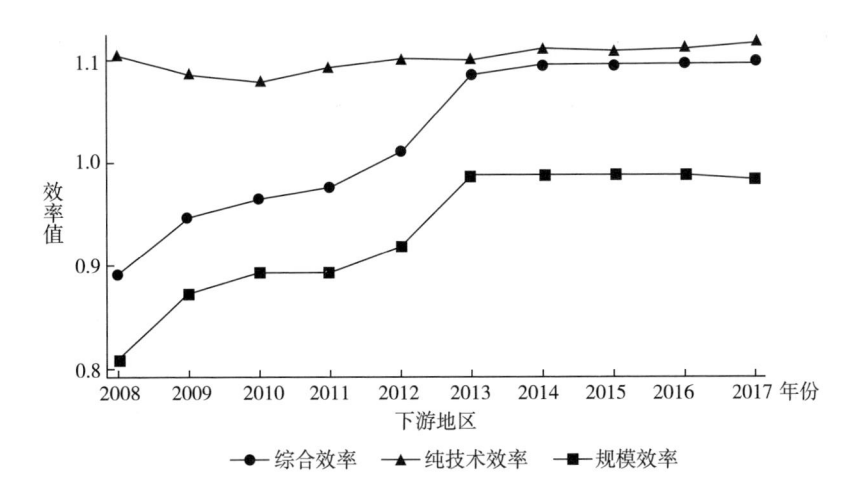

下游地区

—●—综合效率　—▲—纯技术效率　—■—规模效率

图4-1　2008—2017年长江经济带各区域制造业
绿色创新效率及其分解值的变动情况（续）

0.8035，总体增幅为15.09%。具体来看，长江经济带制造业绿色创新效率呈不规则的倒"V"形走势，其变动大致可以分为两个阶段：2008—2015年的波动上升阶段和2016—2017年的稳定下降阶段。2015年是这两个阶段划分的拐点，也是长江经济带制造业绿色创新效率在研究期内达到峰值的年份，为0.9256。在前一阶段中，国家经济处于金融危机后恢复并向新常态转变的阶段，长江经济带制造业在发展中坚持创新驱动发展战略，推广应用绿色技术和绿色工艺，不断加大对传统制造业的绿色化改造和升级，积极构建绿色标准制造体系，这些都为这一阶段制造业绿色创新效率的提升提供了有力支撑。后一阶段制造业绿色创新效率的下降可能与长江经济带制造业协同发展中遇到的困境和问题有关，如制造业产业布局的同构化、沿江开发的无序化、产业转移存在的不合理化等。从分解结果看，制造业绿色创新效率的无效主要体现在规模效率上。进一步讲，在研究期内规模效率的演变趋势与制造业绿色创新效率的走势相似，其值皆位于1以下，为DEA无效；相比之下，尽管纯技术效率在研究期内缓慢下降，对制造业绿色创新效率的影响有所减弱，但其各年份的效率值全都大于1，处于相对较优的状态。规模效率和纯技术效率的对比表明加大制造业发展中的人力、财力、物力等多方面的创新要素投入，扩大制造业发展规模，有利于其绿色创新效率的改善。

对比长江经济带各区域制造业绿色创新效率，可以发现上游地区的制造业绿色创新效率在各年份均保持最高，处于区域整体均值之上，表现最好。而除个别年份外，中游地区和下游地区的制造业绿色创新效率均位于区域整体均值之下。此外，在2007—2015年，中游地区的制造业绿色创新效率持续最低，但自进入2016年，下游地区的制造业绿色创新效率转而落到了最低位，表现最差。长江经济带制造业绿色创新效率的区域分布格局与各区域制造业的区域布局存在一定的映射关联，区域制造业产业结构越趋于绿色化、智能化，则其绿色创新效率越高。下游地区依托区位优势，聚焦先进制造业，如先进临港制造业、航空航天专用设备、电子信息等，围绕长三角集群形成一系列重要的研发集聚中心和高端制造基地。中、上游地区是传统制造业的重要基地，集聚了大量高耗能、高污染的资源型产业。中游地区以武汉为中心的城市群重点发展轨道交通装备、工程机械、有色金属等产业；上游地区依托其资源禀赋，以重庆为中心的成渝、黔中、滇中城市群着重布局资源深加工、重化工业等产业。从趋势变动来看，上游地区的制造业绿色创新效率在研究期内是唯一减少的，由2008年的0.6794减少到2017年的0.6105，下降幅度为10.15%。值得注意的是2015年后，上游地区制造业绿色创新效率急剧下降，这可能与这一时期上游地区承接了下游地区大量资源密集型和劳动密集型的外向型制造业有关。对于中游地区而言，其制造业绿色创新效率在研究期内波动上升，由2008年的0.4590增加到了2017年的0.8070，累积增幅为75.81%。下游地区制造业绿色创新效率先在2008—2013年持续快速增加，而在2013年后基本呈稳定态势，整体上也实现了增加，其由2008年的0.8077上升到了2017年的0.9833，提高幅度为21.75%。从对各区域制造业绿色创新效率的分解来看，各年份上、中、下游地区的规模效率皆小于1，这说明规模效率的无效均是制约各区域制造业绿色创新效率实现最优的因素，进一步扩大创新要素投入以充分发挥规模效应的作用是各区域制造业未来发展的方向。此外，除 2008 年和 2009 年外，中游地区剩余各年份的纯技术效率也都小于 1，不在生产前沿面上，这说明中游地区纯技术效率的 DEA 无效也是限制其绿色创新发展水平改善的原因，从技术层面上提高各创新要素的利用率也是该地区制造业开展绿色创新活动所应关注的重点。

（二）长江经济带省市层面

表 4 - 3 显示了长江经济带覆盖的 11 个省市的制造业绿色创新效率的测算结果。可以看到，不同省市的制造业绿色创新效率差异明显。其中，上海、江苏和浙江在研究期各年份的制造业绿色创新效率皆大于 1，实现了 DEA 有效，这三个省市都属于下游地区，经济发展水平较高，其制造业以电子信息、装备制造、汽车、纺织等产业为主，资本和技术密集度大，研发创新水平高，产业结构层次优良。云南、贵州、江西的制造业绿色创新效率相对最低，其均值分别为 0.6079、0.5888 和 0.4362，这三个省均来自中游、上游地区，经济发展水平较为滞后，制造业以传统的烟草、钢铁、有色、化工等产业为主，对资源的依赖较大，而自主创新能力差、产业结构层次低。从制造业绿色创新效率的时间序列演变来看，有 5 个省市的制造业绿色创新效率在研究期内是减少的，分别为云南、重庆、四川、湖南和上海。其中，云南的下降幅度最大，为 53.55%，由 2008 年的 1.0075 下降到了 2017 年的 0.4680。剩余 6 个省的制造业绿色创新效率在研究期内实现了增加，分别为江西、安徽、贵州、江苏、湖北和浙江。其中，江西的制造业绿色创新效率增幅最大，从 2008 年的 0.1678 提高到了 2017 年的 0.6910。

表 4 - 3　　2008—2017 年长江经济带各省市制造业绿色创新效率的测算结果

年份	2008	2009	2010	2011	2012	2013	2014	2015	2016	2017
上海	1.2099	1.1364	1.1355	1.1273	1.1082	1.0899	1.0911	1.0556	1.0355	1.0448
江苏	1.0467	1.0974	1.1315	1.158	1.2338	1.2219	1.241	1.2469	1.2685	1.2774
浙江	1.0135	1.0211	1.0211	1.0229	1.0073	1.0349	1.0343	1.0417	1.0382	1.0325

续表

年份	2008	2009	2010	2011	2012	2013	2014	2015	2016	2017
安徽	0.4926	0.63	0.6573	0.6769	0.7555	1.0105	1.028	1.0515	1.0614	1.0561
江西	0.1678	0.2740	0.3352	0.3779	0.4695	0.5533	0.5388	0.6266	0.7062	0.6910
湖北	0.5265	0.5604	0.5516	0.5477	0.5712	0.6451	0.6493	0.7547	0.7433	0.7426
湖南	1.1031	1.0759	1.0367	0.873	1.007	1.0088	1.0022	1.0158	1.0078	0.8342
重庆	1.0246	1.0463	1.0551	1.0486	0.6998	0.7183	1.0059	1.0216	1.019	0.7086
四川	1.0143	0.8448	0.8081	1.0462	1.0059	0.7933	1.0121	1.0024	0.7337	0.7540
贵州	0.2977	0.4333	0.5523	0.5549	0.5883	1.0105	0.6326	1.0005	0.5824	0.5785
云南	1.0075	0.5867	0.6239	0.5708	0.5942	0.6209	0.5766	0.6024	0.5456	0.4680

为进一步反映各省市绿色创新效率的动态演进规律，图4-2按年份呈现了长江经济带各省市的概率密度分布图形，其中核函数采用的是Parzen核函数，带宽宽度为0.3。从曲线形状来看，各年份各省市制造业绿色创新效率大都呈双峰分布，这说明长江经济带各省市制造业绿色创新效率存在两极分化的现象，部分省市制造业绿色创新效率在较高水平上（1.0—1.1）集聚，另一部分在较低水平上（0.5—0.7）集聚。曲线位置反映了各省市制造业绿色创新效率的大小，密度分布曲线的位置随着时间推移逐渐向右移动，这反映了长江经济带制造业绿色创新效率在研究期内提高的事实。此外，曲线波峰高度反映了各省市制造业绿色创新效率的集中程度，其经历了先升高后下降的局面，这说明各省市制造业绿色创新效率间的差异在研究期内先减小后扩大。曲线移动速度反映了各省市制造业绿色创新效率的变化快慢，密度分布曲线的移动速度在2008—2010年较为迅速，而后处于较为稳定的状态，在2014年以后移动速度又加快，这说明各省市制造业绿色创新效率的变动在研究期内并不处于一个平缓的状态。

二 长江经济带制造业绿色创新效率的空间分布差异

（一）空间地理分布特征

基于研究期内长江经济带各省市制造业绿色创新效率均值，采用

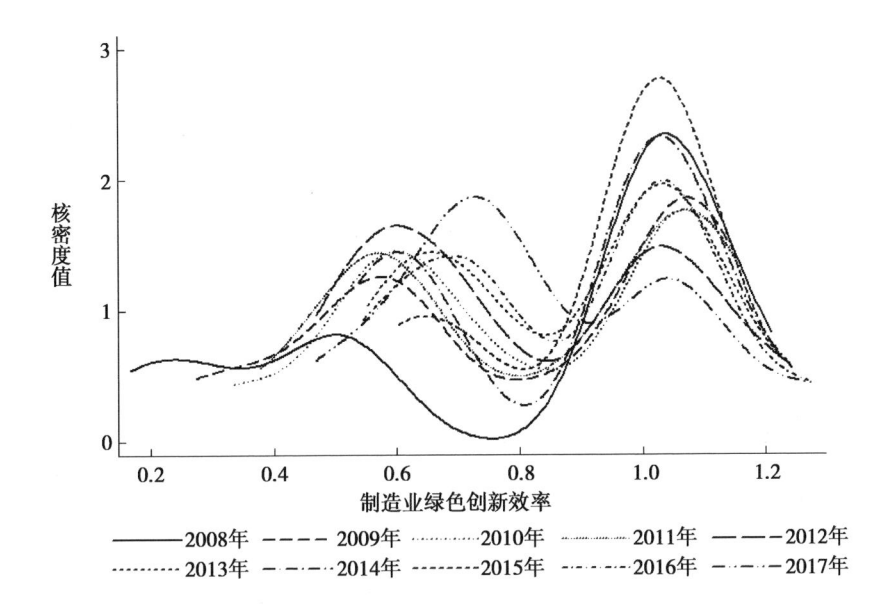

图 4-2　2008—2017 年长江经济带制造业绿色创新效率的动态演化

Geoda 软件绘制其空间分布的四分位图①，发现长江经济带各省市的制造业绿色创新效率具有明显的空间差异性。具体而言，第一分位以 25% 分位点为界，制造业绿色创新效率的范围为 [0.436，0.608]，包含 3 个省，分别为云南、贵州和江西；第二分位以 50% 分位点为界，制造业绿色创新效率的范围为 [0.624，0.814]，有两个省，分别为湖北和安徽；第三分位以 75% 分位点为界，制造业绿色创新效率的范围为 [0.894，0.993]，包含 3 个省市，分别为四川、重庆和湖南；第四分位为剩余省市，包含江苏、上海和浙江，制造业绿色创新效率的范围为 [1.027，1.190]。对比各分位省市制造业绿色创新效率，可以发现各省市的制造业绿色创新效率与其经济发展水平大致呈现出一致性，即经济发展水平较高的省市，其制造业绿色创新效率水平也较高。如第四分位的省市都位于下游地区，也即长三角地区，这些省市引领着全国的经济发展；第三分位的省市也是中、上游地区经

---

① 限于文章篇幅，如有需要可自行联系作者。

济发展较快的省市。

(二) 空间集聚特征

为探究长江经济带绿色创新效率的空间格局分异特征，以 Rook 邻接规则构建空间权重，采用 Geoda 软件分析测度各省市绿色创新效率的全局 Moran's I 指数。结果表明 Moran's I 指数的值为 0.180515，大于 0，且在 10% 的水平上通过了显著性检验，这说明长江经济带各省市制造业绿色创新效率在空间上表现出正的自相关性，存在空间集聚特征。一方面，长江经济带的交通运输系统发达，构建了较为便利的商品、资金流动平台，这为创新要素的市场化流动提供了前提，制造业区域间的协调发展得以实现；另一方面，长江经济带以一体化发展的思想为导向，着力打造了长三角、长江中游、成渝等跨区域城市群和黔中、滇中等区域性城市群，核心城市虹吸效应的释放使各地区制造业间的联动增强。

全局 Moran's I 指数是从所考察范围的总体视角分析长江经济带制造业绿色创新效率的整体空间集聚特征，而忽略了对其局部空间集聚特征的考察，为此还需要借助局部 Moran's I 指数对其进行局部空间自相关分析。通过绘制长江经济带各省市制造业绿色创新效率的 Moran 散点图和 LISA 集聚图①，我们发现，位于第一象限的省市有上海、浙江和江苏，属于高—高类型，这些省市皆处于长江经济带的下游地区，其制造业发展速度和产业结构层次较为相似，大量布局的资本和技术密集型产业对人才、资金等要素有较大的吸引力，各省市表现出较强的集聚能力，相互间产生正向空间溢出效应。位于第二象限的有江西和贵州，属于低—高类型。其中，贵州属于制造业绿色创新效率高的省，江西属于低的省。从地理位置上看，贵州处于上游地

---

① Moran 散点图的横轴表示制造业绿色创新效率，纵轴表示制造业绿色创新效率的滞后值，其四个象限分别反映了四种不同的集聚类型。第一象限为高—高类型，表示制造业绿色创新效率高的省市被其他制造业绿色创新效率高的省市所包围；第二象限是低—高类型，表示制造业绿色创新效率低的省市被其他制造业绿色创新效率高的省市所包围；第三象限是低—低类型，表示制造业绿色创新效率低的省市被其他制造业绿色创新效率低的省市所包围；第四象限是高—低类型，表示制造业绿色创新效率高的省市被其他制造业绿色创新效率低的省市所包围。如需要该图可自行联系作者。

区，江西处于中游地区，这两个地区并不相连，这表明这两个地区的空间集聚能力较弱，其制造业的发展与周边相连省份的联系较弱，形成了孤岛效应。位于第三象限的有云南、安徽和湖北，属于低—低类型，这三个省分别属于长江经济带不同的区域。其中，安徽和湖北在地理上相连，而云南与这两个省均不相连。安徽尽管处于下游地区，但与浙江、上海和江苏的联系较弱，其制造业的布局特征与湖北相似，均以石化产业、金属材料制业、机械设备制造业等重工业为主，两者的联系较强。云南制造业的发展与上游地区其他省市的联系较弱，存在孤岛效应，其可能的一个原因是囿于地理因素的限制，云南与周边地区的交通网络建设相对滞后，这对资源跨地区流动带来了不利，限制了交易成本的下降。位于第四象限的省市有重庆、湖南和四川，属于高—低类型。其中，湖南属于制造业绿色创新效率较高的省，而重庆和四川属于较低的省市。从地理分布上看，湖南处于中游地区，重庆和四川属于上游地区，这些省市制造业产业结构的差异导致其产业集聚的类型不同，湖南以工程机械产业为主，而重庆和四川以汽车制造业和电子制造业为主。

第一象限和第三象限省市的制造业绿色创新效率呈空间正相关，而第二象限和第四象限则呈空间负相关。由于位于第一象限和第三象限的省市数量多于位于第二象限和第四象限的省市数量，长江经济带制造业绿色创新效率整体上呈空间正相关。但是，LISA集聚图显示在局部区域内通过显著性水平检验的只有浙江和上海形成的高—高类型，而其他地区的集聚类型并没有通过检验，这在一定程度上反映了长江经济带制造业的集聚多是以经济活动在特定空间的集聚为主，还没有完全走上专业化集聚的道路。整体而言，长江经济带应依托各省市的比较优势，优化制造业产业布局，提高制造业产业创新的合理分工与融合，推动制造业的协同创新发展。高—高类型的省市应继续加强对智能制造业的布局，提高部分产业的准入门槛，充分发挥集聚经济对绿色创新的促进作用。对高—低类型和低—高类型的省市而言，绿色创新效率较高的省市应发挥其引领示范作用，加强与周边地区的合作和交流，绿色创新效率较低的省市应发挥其后发优势，学习、借鉴较高省市的经验。低—低类型的省市应提高技术创新能力，加大生产中创新要素的应用，同时应不断优化和调整其产业结构，向先进制造业迈进。

第三节　收敛性分析

收敛的概念源于数学，最初被应用于经济增长领域，用以研究区域发展不平衡问题（Baumol，1986）。之后学者借鉴其思想，将其引申扩展到其他领域问题的研究中，在此用以判断和分析长江经济带各省市绿色创新效率是否存在收敛。依据古典经济增长理论，收敛主要分两种类型：σ 收敛和 β 收敛。

一　σ 收敛分析

σ 收敛是从存量角度出发，对收敛概念给出的直观理解，起先用以描述不同经济体间收入或产出水平的不平衡程度随时间推移表现出的趋同趋势（Gerald et al.，1993），在此用以反映长江经济带不同省市制造业绿色创新效率的离散程度及其发展演变，即分析各省市制造业绿色创新效率是否向同一水平靠近，可通过基尼系数、广义熵以及变异系数等不均衡指标来衡量。各指标的测算结果可以相互验证，避免了单一指标测算引起的偏差，具体结果如图4-3所示。

从长江经济带整体上看，三种不均衡指标的值在研究期内均变小了，各省市制造业绿色创新效率表现出 σ 收敛特征，这一收敛趋势在2008—2015年较为稳定，而在2016—2017年存在发散的倾向。对于上游地区而言，各不均衡指标均显示研究末期的值要小于研究初期的值，这意味着上游地区制造业绿色创新效率也存在 σ 收敛，但从局部来看，2014—2017年各不均衡指标的值处于起伏波动中，这一阶段的收敛趋势并不明显。对于中游地区而言，各不均衡指标在研究期内表现出稳定的下降趋势，这说明中游地区制造业绿色创新效率的 σ 收敛特征明显。对于下游地区而言，各不均衡指标的值在2008—2013年持续稳定下降，而在2014—2017年基本没有变化，这反映了下游地

第四章 长江经济带制造业绿色创新效率的时空分异特征：DEA 方法 | 87

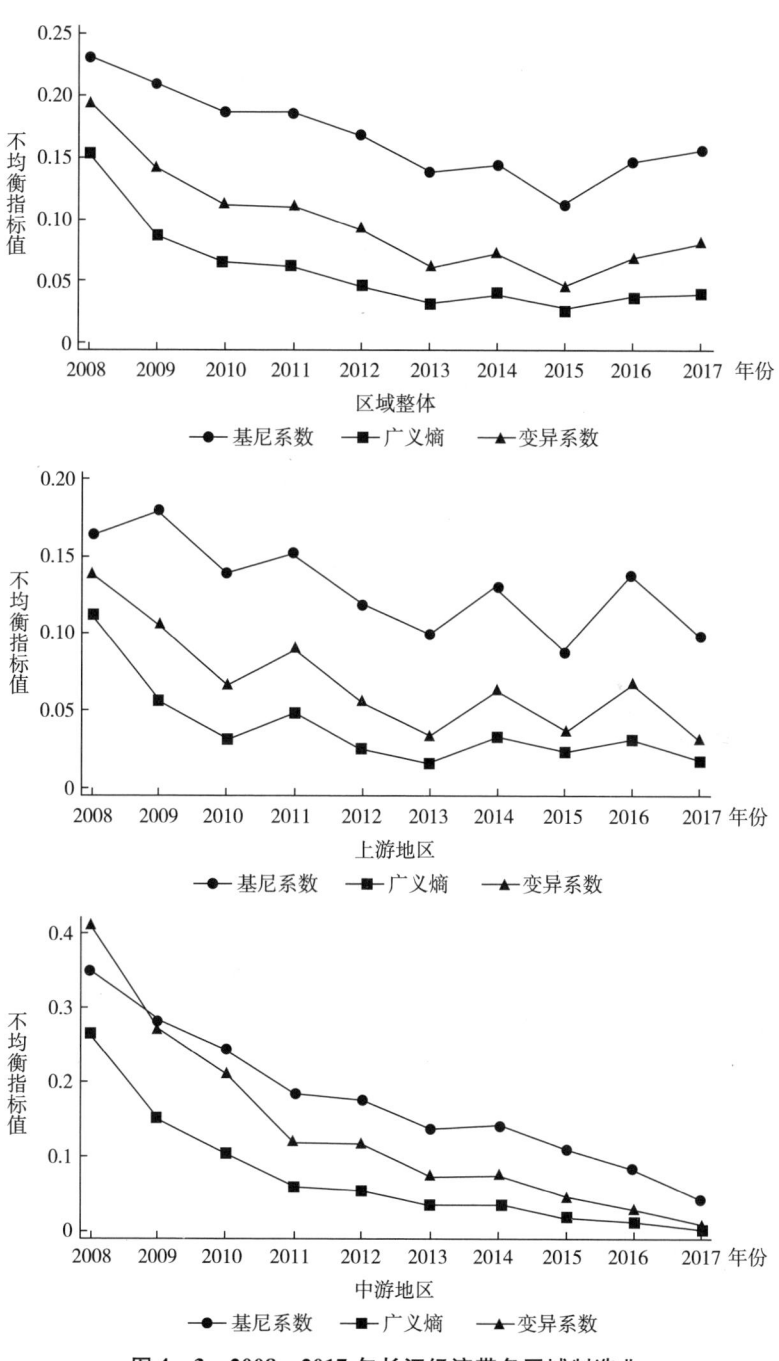

图 4-3 2008—2017 年长江经济带各区域制造业
绿色创新效率的 σ 收敛

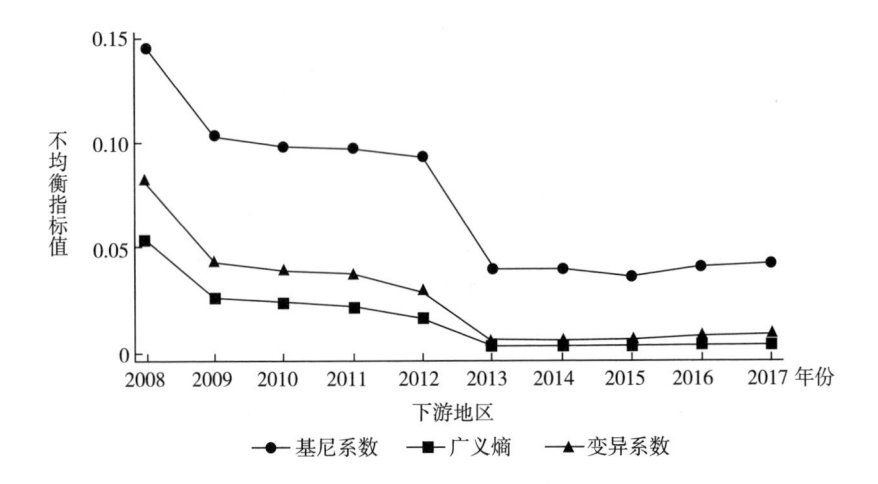

```
         0.15
不
均
衡  0.10
指
标
值  0.05

            0
              2008  2009  2010  2011  2012  2013  2014  2015  2016  2017 年份
                                  下游地区
                      ●— 基尼系数    ■— 广义熵    ▲— 变异系数
```

图4-3 2008—2017年长江经济带各区域制造业
绿色创新效率的 σ 收敛（续）

区制造业绿色创新效率的 α 收敛特征只存在于2008—2013年。对比各区域不均衡指标的大小，可以发现中游地区值最大，上游地区次之，下游地区最小，这表明中游地区制造业绿色创新效率差异最大，而下游地区最小。为此，为进一步推进长江经济带制造业区域协同发展的融合共进，政策层面上应该重点关注制造业绿色创新效率差异较大的中、上游地区。

二 β 绝对收敛分析

β 收敛是从增量角度出发，对收敛概念做出的延伸解析，起先用以描述不同经济实体收入或产出水平增长率与其初始水平的负向关联关系（Sala-I-Martin，1996）。现借鉴该概念，用以检验制造业绿色创新效率的改善速率与其初始水平的关系。β 绝对收敛的模型形式如下：

$$\frac{1}{T}\ln\left(\frac{TE_{i,t+T}}{TE_{i,t}}\right) = \alpha + \beta\ln(TE_{i,t}) + u_{i,t} \quad (4-9)$$

式中，$TE_{i,t}$ 和 $TE_{i,t+T}$ 分别表示 i 省市第 t 年和第 $t+T$ 年的制造业绿色创新效率，α 表示常数项，β 表示回归系数，$u_{i,t}$ 表示误差项。若 β 值小于 0，则表示制造业绿色创新效率存在 β 绝对收敛，即与制造业绿色创新效率初始水平高的省市相比,制造业绿色创新效率初始水平低的省市拥有较快的绿色创新效率改善速度,其收敛速度 λ 计算公式如下:

$$\lambda = -\frac{\ln(1+\beta)}{T} \qquad (4-10)$$

为使计量回归的时间序列表现出连续性,且尽可能利用所有样本数据,在回归计算时观察期 T 的时间跨度设定为 1。此外,鉴于本章在进行 β 绝对收敛时采用的是面板数据,其兼备的截面性质和时间序列性质容易干扰模型参数的估计,为此借助面板固定效应模型或面板随机效应模型以开展这一检验,检验结果如表 4-4 所示。Hausman 检验结果显示除区域整体外,长江经济带上、中、下游三个地区均为面板随机效应模型。无论是从区域整体看还是分区域看,制造业绿色创新效率的系数均为负值,且在 1% 的水平上高度显著,这表明长江经济带区域整体及其上、中、下游三个地区制造业绿色创新效率均存在 β 绝对收敛,趋于共同的绿色创新发展水平。比较各区域制造业绿色创新效率的收敛速度,可以发现,上游地区的收敛速度最大,高于区域整体,其次是中游地区,下游地区收敛速度最慢。

表 4-4　长江经济带制造业绿色创新效率的 β 绝对收敛

变量	区域整体	上游地区	中游地区	下游地区
β 值	-0.4846***	-0.5310***	-0.2380***	-0.2319***
α 值	-0.0920***	-0.1730***	-0.0531**	0.0267*
是否收敛	是	是	是	是
收敛速度	66.28%	75.72%	27.18%	26.38%
Hausman 检验	20.68***	15.50	1.05	0.08
估计方法	固定效应	随机效应	随机效应	随机效应

注:***、**、*分别表示 1%、5% 和 10% 的显著性水平;Hausman 检验汇报的是卡方值。

第四节　本章小结

本章采用超效率 EBM 模型测算了长江经济带 2008—2017 年制造业绿色创新效率，并探究了其时序演变特征、空间集聚特征及收敛特征，主要研究结论有：第一，研究期内长江经济带制造业绿色创新效率呈不规则的倒"V"形走势，规模效率的 DEA 无效是限制其投入产出实现最优的原因。长江经济带制造业绿色创新效率的区域分布格局与各地区制造业的产业布局存在一定的映射关联，下游地区的制造业绿色创新效率最高，中、上游地区较差。除上海、江苏和浙江外，其余省市的制造业绿色创新效率均未达到 DEA 有效。第二，长江经济带各省市的制造业绿色创新效率空间差异明显，其与经济发展水平的空间分布格局表现出协调一致性。长江经济带各省市制造业绿色创新效率在空间上表现出正的自相关性，存在集聚特征，但只有浙江和上海形成的高—高集聚类型通过了显著性检验。第三，长江经济带制造业绿色创新效率存在 α 收敛，中游地区的收敛较为稳定，而上游和下游地区的收敛只是阶段性的。长江经济带区域整体和分区域的制造业绿色创新效率均具有 β 绝对收敛特征，上游地区的收敛速度最快，中游次之，下游最慢。

本章在政策上所给予的启示有：第一，从优化提升长江经济带制造业绿色创新发展水平的角度讲，一方面，增强制造业发展对人力、财力、物力等生产要素的整合集聚能力，扩大生产体系中的创新要素投入，充分发挥规模效应的作用；另一方面，坚持以市场为导向，加快建设科技创新成果转化和产业化机制，构建"政产学研"结合平台，健全配套服务体系，提高创新要素的利用率和成果转化率。第二，从强化长江经济带制造业绿色创新效率空间集聚效应的角度讲，一方面，构建政府间的政策协同机制，消除创新要素跨区域和区域间流动的壁垒，合理引导创新要素的流向，加强创新要素的流动、碰撞和融合；另一方面，各省市应从自身要素禀赋出发，加强制造业产业集聚的专业化，摒弃以经济活动总量增加为导向的集聚，不同集聚类型的省市应采取不同的产业集聚推进策略，绿色创新效率高的省市发挥好引领示范作用，而低的省市利用好后发优势。第三，从推动长江经济带制造业绿色创新效率趋同化发展的角度讲，一方面，深入推进长江经济带制造业跨区域及区域内的创新协同发展，下游地区发挥引领作用，中、上游地区积极借鉴经验，探索协同发展机制；另一方面，妥善解决好区域不均衡发展带来的问题，政府财政、税收等方面的政策应向中、上游地区有所倾斜，加强支持力度。

第五章 长江经济带制造业绿色创新效率的时空分异特征：SFA方法

研究样本在重要属性上总是存在差异（异质性，Heteroskedasticity），长江经济带各省市之间存在不同的资源禀赋，工业企业面临不同的发展机遇（彭甲超等，2019）。异质性等广泛存在于制造业长期发展过程中，因此，在测算制造业绿色创新效率过程中需要考虑异质性因素。那么，异质性因素在长江经济带制造业绿色创新效率中究竟扮演着什么角色？在考虑异质性因素情况下，长江经济带制造业绿色创新效率的演变和收敛趋势如何？这是本章希望解决的关键科学问题。为此，本章引入 Wang 和 Ho（2010）的异质性随机前沿模型（以下简称WH模型），将专利视为第一阶段和第二阶段的衔接，分别考虑两阶段制造业绿色创新效率，在此基础上分解长江经济带制造业绿色创新效率水平并分析其收敛特征。

第一节 研究模型、数据来源及处理

一 研究模型设计

（一）异质性随机前沿模型

在经验研究中使用面板数据可以将个体之间的差异效应（个体效应）与个体随时间变化的效应（时变效应）区分开。尽管时变效应和个体效应通常是不可观测的，但它们经常是数据异质性的重要部分。无论异质性的来源如何，尤其是当个体效应与模型中其他解释变量之间存在相关性时，无法控制个体效应都可能使估计结果产生偏差。不可观测的个体效应在评估面板随机前沿模型中也起着重要作用。但是，与应用传统面板数据方法的文献相反，使用随机前沿模型进行的研究通常将个体效应解释为无效（Schmidt and Sickles，1984），Schmidt 和 Sickles（1984）在随机生产前沿模型中将其定义为技术效率低下。Wang 和 Ho（2010）在 Schmidt 和 Sickles（1984）模型的基础上重新估计技术效率低下，其主要步骤包括：首先，使用传统面板数据方法估算个体效应；其次，通过内部转换（Within – Transformation）在估算之前消除个体影响，而在模型参数估计后恢复各个效果；最后，对模型进行调整①以符合效率低下的解释（Wang and Ho，2010）。这种建模和估计策略易于使用，但以牺牲效率为代价，即所有个体影响都归因于效率低下，而效率低下则说明了数据中所有时间不变性和个体特定性的影响。这种方法的另一个特点是这种效率低下是设定时间不变的，在竞争激烈的市场假设下进行评估时可能会出现问题②（Wang and Ho，2010）。基于此，本章在考虑一般随机前沿模型缺陷的基础上，引入 Wang 和 Ho（2010）的异质性随机前沿模型分析绿色创新效率及其影响因素。考虑以下规范的随机前沿模型，具体如式（5 – 1）至式（5 – 6）所示：

$$y_{it} = \alpha_i + x_{it}\beta + \varepsilon_{it} \qquad (5-1)$$

$$\varepsilon_{it} = v_{it} - u_{it} \qquad (5-2)$$

$$v_{it} \sim N(0, \sigma_v^2) \qquad (5-3)$$

$$u_{it} = h_{it} \cdot u_i^* \qquad (5-4)$$

$$h_{it} = f(z_{it}\delta) \qquad (5-5)$$

$$u_i^* \sim N^+(\mu, \sigma_u^2); \ i = 1, \cdots, N; \ t = 1, \cdots, T \qquad (5-6)$$

式中，α_i 为个体 i 的固定不可观测效应；x_{it} 为 $1 \times K$ 向量的解释变量；β 为解释变量待估参数；y_{it} 为被解释变量；ε_{it} 为随机误差项，由 $v_{it} - u_{it}$ 构成；v_{it} 为零均值随机误差；u_{it} 为衡量效率低的随机变量；h_{it}

---

① 具体调整方法可参见 Wang 和 Ho（2010）对随机前沿模型的介绍。
② 所有个体效应都归因于效率低下，而效率低下则说明数据中所有时间和个体效应的影响存在。同时，效率低下说明时间的不变性，这种双向因果不利于解释随机生产前沿模型中的技术效率低下问题。

为 $1\times L$ 的正函数非随机低效率决定因素（z_{it}）向量。N^+ 中的"+"表示分布截断为 0，因此随机变量 u_i^* 值为正。若将 μ 设置为 0，则 u_i^* 遵循半正态分布。随机变量 u_i^* 与 v_{it} 独立不相关，且 u_i^* 和 v_{it} 与 $\{x_{it}, z_{it}\}$ 上的所有 T 观测值独立不相关。通常情况下在对生产技术效率低下的研究中，y_{it} 作为产出变量通常进行对数处理，x_{it} 为对数投入质变和其他因素的向量。u_{it} 是技术无效率，它衡量效率低下导致的产出损失百分比，而 z_{it} 是解释无效率的因素向量。

上述模型可以看作 Wang 和 Schmidt（2002）横截面模型的面板扩展（Simar and Wilson，2007），扩展模型包含个体效应（α_i）和时间不变基本分布 u_i^*。根据 Wang 和 Ho（2010）的研究结果，上述模型表现出"缩放特性"①，以 z_{it} 为条件，单侧误差项等于缩放函数 h_{it} 乘以独立于 z_{it} 分布的单侧误差。对于所有个体而言，低效率的潜在分布形状对于所有个体都是相同的，但是分布的规模被观察特定因子 z_{it} 拉伸或缩小。对于给定个体，u_i^* 的时间不变性规范允许低效率 u_{it} 随时间关联。与其他一些面板模型中使用 u_{it} 的独立性假设相比，异质性随机前沿模型对低效率的解释是其主要的优点，Wang 和 Schmidt（2002）以及 Alvarez 等（2006）讨论了缩放属性的其他优点。然而，Wang 和 Schmidt（2002）以及 Alvarez 等（2006）将文献中的一些模型作为特殊情况嵌套。通过设定 $\mu=0$，该模型与 Reifschneider 和 Stevenson（1991），Caudill 和 Ford（1993）以及 Caudill 等（1995）中的模型相同。使用时间趋势变量代替 z_{it}，即 $f(z_{it}\delta)=f(z_t\delta)$，该模型基本上模仿了 Kumbhakar（1990）、Battese 和 Coelli（1992）提出的模型。由于本章使用面板数据，因而需要考虑面板数据模型的固定效应和随机效应。

（二）实证模型设定

1. 生产函数设定

在随机前沿模型中，区域间制造业绿色创新的潜在值被设定为均

---

① 缩放特性即"Scaling Property"，见 Wang, H. J., Ho, C. W.,"Estimating Fixed – Effect Panel Stochastic Frontier Models by Model Transformation", *Journal of Econometrics*, 2010, 157（2）: 286 – 296。

衡条件下最大生产可能（Wang and Ho，2010），而绿色创新效率则可以反映实际绿色创新行为带来的产出值与最大生产可能的差异程度。因此，理论上可设省市 i 在 t 年的绿色创新产出最大可能为 $patent^*$，$newpro^*$ 为制造业绿色创新产出前沿部分。根据要素禀赋理论，参考罗颖等（2019）和彭甲超等（2019）相关文献，设产出前沿部分由多种要素禀赋决定，如资本、劳动力等。参考式（5-1）至式（5-6），$patent^*$ 和 $newpro^*$ 可表达如下：

$$patent^* = \alpha_0^* + f(x_{it}^* \beta) + \alpha_i + \varepsilon_{it}, \quad i=1,\cdots,n; \; t=1,\cdots,T; \; k=1,\cdots,K \quad (5-7)$$

$$newpro^* = \alpha_0^* + f(x_{it}^* \beta) + \alpha_i + \varepsilon_{it}, \quad i=1,\cdots,n; \; t=1,\cdots,T; \; k=1,\cdots,K \quad (5-8)$$

其中，$\alpha_0^* = \alpha_0 - E(\eta_i) - E(u_{it})$，$\alpha_i = \mu_i - \eta_i + E(\eta_i)$，$\varepsilon_{it} = v_{it} - u_{it} + E(u_{it})$。$t$ 是时间趋势，具有两个作用：一是作为技术进步的代理变量来解释希克斯中性技术变化，二是作为技术效率变化的标志。

2. 异质性设定

长江经济带各地区存在资源禀赋等客观异质性因素，往往会阻碍绿色创新的进行，导致产出产生非效率部分，使实际产出值难以达到最大可能。鉴于长江经济带区域发展不平衡的客观现状，地区之间存在显著差异，故在研究时，选择异质性随机前沿模型更为合理。参照式（5-1）至式（5-6），本章设定的异质性如下：

$$\mu = f(z_{it}\varphi) = \varphi_0 + \varphi_1 \times gov_{it} + \varphi_2 \times water_{it} + \varphi_3 \times pop_{it} + \varphi_4 t \quad (5-9)$$

$$\sigma_{it}^2 = f(z_{it}\gamma) = \gamma_0 + \gamma_1 \times gov_{it} + \gamma_2 \times water_{it} + \gamma_3 \times pop_{it} + \gamma_4 t \quad (5-10)$$

该模型既可以分析环境因素对非效率部分大小 μ 及波动性 σ_{it}^2 的影响，还可以定量测算各个地区的绿色创新整体效率（Overall Technical Efficiency，OTE）（Wang and Ho，2010；Kumbhakar et al.，2014）、剩余效率（Residual Technical Efficiency，RTE）（Battese and Coelli，1988；Kumbhakar et al.，2014）、持续效率（Persistent Technical Efficiency，PTE）（Jondrow et al.，1982；Kumbhakar et al.，2014）以及非效率部分导致的效率损失。其中，效率及其分解可表达如下：

$$RTE = \exp(-u_{it} \mid \varepsilon_{it}) \quad (5-11)$$

$$PTE = \exp(-\eta_i) \qquad (5-12)$$

$$OTE = RTE \times PTE \qquad (5-13)$$

现有多数研究通常只估算决策单元（Decision Making Units，DMU）对象的整体技术效率值 OTE，并根据这些 OTE 值对 DMU 的投入产出管理实践进行评估。从概念的角度来看，引起 OTE 变化的除了生产径向函数的变化，还有与持续效率（PTE）有关的特定性因素以及结构性变化的影响，且与随时间变化的剩余效率（RTE）因素有关（Kumbhakar and Heshmati，1995；Kumbhakar et al.，2014）。在对产出管理实践的评估中忽略 PTE 和 RTE 可能会影响效率的最终结果。PTE 可能会随着时间的流逝而持续存在，并且只有在管理实践发生深刻变化时才可能发生变化（Kumbhakar et al.，2014）。因此，PTE 反映了持续条件对 DMU 的影响，这些结构性条件预先确定了 DMU 以特定的效率水平运行。另一方面，RTE 可能会随时间而变化，这可能是天气、市场和政策变化等随机因素造成的，也可能是由于经验信息所致（Kumbhakar et al.，2014）。因此，可以认为 RTE 反映了随时间变化的条件变化。

尽管已有文献主要分析 DMU 的绿色创新整体效率及其影响，但基于 OTE 估算影响因素分析仍然无法区分 DMU 的明确影响（Manevska-Tasevska et al.，2017），在随机因素严重影响下分析绿色创新效率尤其如此。因此，在对长江经济带制造业绿色创新效率进行评估时，区分 PTE 和 RTE 可以更清楚地评估其主要受结构性因素还是剩余的经验信息因素的影响。因此，本章区分了 PTE 和 RTE，估计了三种效率类型，并评估了三种效率类型的收敛变化。

（三）指标选择

本章选取的长江经济带制造业绿色创新效率测算指标与第四章一致。选定的控制变量主要有：环境治理产生的费用（gov）、可利用资源量（water）和人口规模（pop）等。其中，（1）环境治理费用是指因环境污染与生态破坏造成的损失和因防治环境污染、控制环境退化、改善环境质量而支付的费用总和，选用环境治理投资总额衡量环境治理费用。(2) 虽然资源类型多种多样，但考虑到水资源利用对长江经济带制造业的特殊重要性，选用人均水资源量这一关键资源用于反映长江经济带制造业绿色创新的可利用资源量水平。(3) 人口规模既与制造业绿色创新的终端消费市场密切相关，也与制造业绿色创新的"智力基础"紧密关联，为此，选用人口总数衡量人口规模。制造业绿色创新效率的测算指标体系具体见表 5 – 1。

表 5 – 1　　　　　制造业绿色创新效率的测算指标体系

性质	变量	含义	缩写	单位
投入指标	劳动力要素	规模以上工业企业 R&D 人员全时当量	lab	人年
	资本要素	规模以上工业企业 R&D 内部经费支出	cap	万元
	物力（能源）	单位工业总产值能源消耗	ene	吨标准煤
产出变量	期望产出	规模以上工业企业新产品销售收入	$newpro$	万元
		规模以上工业企业有效发明专利数	$patent$	件
	非期望产出	工业环境污染指数	env	
控制变量	环境治理	环境治理投资总额	gov	亿元
	可利用资源量	人均水资源量	$water$	立方米/人
	人口规模	人口总数	pop	万人

二　数据来源及处理说明

本章数据的来源，主要依据 EPS 数据库公布的中国工业企业统计数据，以及国研网的区域科技统计数据，以长江经济带省级面板数据为观测对象，时间窗为 2008—2017 年。由于本章主要依据 Cobb – Douglas 型函数计算相关指标，因此对原始数据做自然对数化处理，其数据描述性统计及相关性分析分别见表 5 – 2 和表 5 – 3。表 5 – 2 的相关性统计结果显示，各个变量之间均在 1% 的显著性水平上具有较强的相关性。考虑到环境变量的单位影响，本章在测算绿色创新效率时也对环境因素作对数化处理，消除环境变量单位带来的影响。

本章采用 STATA 对数据进行相关性检验。由表 5 – 3 可知，劳动力要素与资本要素和新产品销售收入呈显著正相关，其余变量也与被解释变量呈现出一定的相关关系。变量间的相关系数大部分小于

0.85，说明不存在严重的多重共线性问题，符合模型计算要求（Peng et al.，2019）。相关关系是一种非确定性的关系，仅能给出变量之间关系的密切程度。变量间确定性的函数关系，还待后文进一步研究。

表 5–2　　　　　　　　　　指标描述性统计

变量	观测值	均值	标准差	最小值	最大值
newpro	110	5.55×10^7	$6.26e \times 10^7$	615675	290000000
patent	110	1.57×10^4	2.19×10^4	279	140346
ene	110	0.6662	0.4832	0	2
lab	110	9.29×10^4	1.07×10^5	6134	455468
cap	110	3.09×10^6	3.54×10^6	77081	18000000
env	110	0.0337	0.0030	0	0
gov	110	1.2007	0.4683	1	3
water	110	2164.5679	1246.4581	89	5117
pop	110	5275.7329	1824.5211	1888	8302

表 5–3　　　　　　　　　　指标相关性统计

变量	*newpro*	*patent*	*ene*	*lab*	*cap*	*env*
newpro	1	0.8108***	−0.8389***	0.8570***	0.8803***	0.1840*
patent	0.8865***	1	−0.7546***	0.8988***	0.9331***	0.1924**
ene	−0.5562***	−0.4475***	1	−0.8195***	−0.8609***	−0.1923**
lab	0.8690***	0.8322***	−0.5176***	1	0.8693***	0.2331**
cap	0.8829***	0.8216***	−0.5406***	0.8696***	1	0.1840*
env	0.3959***	0.3277***	−0.0549	0.5256***	0.4489***	1

注：下三角报告的是 Pearson's 相关系数值，上三角报告的是 Spearman's 相关系数值；*** 表示 $p<0.01$，** 表示 $p<0.05$，* 表示 $p<0.1$。

面板数据虽然减轻了数据的非平稳，使变量的相关性降低，但是各变量还是有趋势、截距问题，可能还是非平稳数据，存在单位根。这样回归会造成伪回归。为确保上述相关性结果的稳定可靠，本章进一步检验面板数据的单位根，检验的结果如表 5–4 所示，数据结果较为一致地拒绝原假设,即变量之间不存在单位根的情况,数据同时满足一阶单整的要求,因此也就不需要对数据进行处理。具体来看,各变量都显著性地通过了单位根检验。由于本章单位根检验选择的是对变量数据滞后一阶进行检验,因此变量之间基本符合同阶单整的性质(王少平和李子奈,2003)。基于以上结论的实际情况,本章利用不同的方法继续对模型系数进行稳健性分析,结果发现计算结果差异值不大,基本的系数符号没有改变,因此上述回归结果较为稳健。限于篇幅原因,表5-4只列出了一种单位根检验方法。

表5-4　　　　　　　　单位根检验

变量	滞后期数	单位根检验方法	最长滞后期	t-value	t-star	系数
newpro	1	Levin-Lin-Chu	6	-5.059***	-1.21784	-0.28343
patent	1	Levin-Lin-Chu	6	-4.030***	-1.46808	-0.18348
ene	1	Levin-Lin-Chu	6	-3.813*	-2.73945	-0.15430
lab	1	Levin-Lin-Chu	6	-7.148***	-3.16570	-0.47671
cap	1	Levin-Lin-Chu	6	-4.498*	-3.30845	-0.15507
env	1	Levin-Lin-Chu	6	-6.998***	-4.02539	-0.64422
gov	1	Levin-Lin-Chu	6	-6.672***	-0.62008	-0.89898
water	1	Levin-Lin-Chu	6	-5.876**	3.96013	-1.39498
pop	1	Levin-Lin-Chu	6	-3.916	7.93213	-0.15660

注:数据考虑的都是一阶单整,即滞后一阶的情况;单位根检验的原假设为H0:unit root(有单位根);***表示$p<0.01$,**表示$p<0.05$,*表示$p<0.1$。

第二节　实证结果分析

一　异质性SFA估计结果分析

根据异质性随机前沿模型的设定以及对模型稳定性的考虑,本章将对参数施加不同的约束,依次进行模型不同方法的估计(见表5-

5和表5-6），最终根据似然比检验挑选出最适合的模型设定。表5-5以第一阶段规模以上工业企业有效专利数为被解释变量，表5-6则以第二阶段规模以上工业企业新产品销售收入为被解释变量。其中，模型5-1［OLS（1）］仅估计了要素禀赋对期望产出的影响，等价于传统的普通最小二乘回归；模型5-2［OLS（2）］控制个体效应，采用OLS方法估计；参考Schmidt和Sichles（1984），模型5-3［FE（3）］和模型5-4［RE（4）］的随机前沿估计分别为面板回归的固定效应及随机效应估计方法；模型5-5［SFA（5）］随机前沿分析采用极大似然估计MLE随机效应；模型5-6［SFA（6）］为时变随机前沿模型，参考Kumbhakar（1990）；模型5-7［SFA（7）］随机前沿分析采用Battese Coelli（1992）的时间衰败模型；模型5-8［SFA（8）］的随机前沿分析参考Orea和Kumbhakar（2004）、Kumbhakar和Wang（2007）的增长模型；模型5-9［SFA（9）］为本章采用的随机前沿估计方法，通过Wang和Ho的转换机制模型估计异质性结果，其中包含技术效率损失的估计结果；而模型5-10［SFA（10）］作为随机前沿分析对比模型，参考Greene（2005）的虚拟变量方法构建标准横截面边界。

在模型设定的选取上，根据似然比检验LR=79.340261的结果，参考Kodde和Palm（1986）的统计显著水平，认为存在非效率部分的模型更为有效，即WH模型估计的技术效率损失有效，且拒绝极大似然估计的面板模型［式（5-5）］，即在非效率部分既有自身的异质性影响又有波动的异质性影响。两类检验结果说明完全异质性的随机前沿模型对制造业第一阶段绿色创新效率影响的估计最优。从表5-5模型5-9的估计结果可知，对于制造业绿色创新有效专利产出前沿部分的影响，无论是在约束方程还是非约束方程中，所选取的资本投入要素禀赋变量在至少10%的水平上显著，而劳动力、能源投入及环境变化则仅在个别模型中显著。首先，工业企业研发经费对各省市工业企业有效专利数的促进作用最大，其弹性系数值为1.202，其余的随机前沿估计值分布在0.140—1.754，说明制造业第一阶段绿色创新对于资本密集型要素的需求不断增大，资本的积累能够有效刺激和

第五章　长江经济带制造业绿色创新效率的时空分异特征：SFA 方法

表 5-5　以规模以上工业企业有效发明专利为被解释变量的模型估计结果汇总

变量	OLS (1)	OLS (2)	FE (3)	RE (4)	SFA (5)	SFA (6)	SFA (7)	SFA (8)	SFA (9)	SFA (10)
lnlab	-0.393**	0.0898	0.0898	-0.494**	-0.616**	0.312*	0.187	0.187	-0.0981	0.113
	(0.175)	(0.309)	(0.309)	(0.207)	(0.256)	(0.177)	(0.225)	(0.225)	(0.337)	(0.0843)
lncap	1.754***	1.138***	1.138***	1.591***	1.554***	0.456**	0.591*	0.591*	1.202***	0.140*
	(0.178)	(0.200)	(0.200)	(0.173)	(0.188)	(0.201)	(0.325)	(0.324)	(0.199)	(0.0799)
lnene	0.723***	-0.498**	-0.498**	-0.0189	-0.260	-0.148	-0.219	-0.219	-0.465**	0.722***
	(0.157)	(0.221)	(0.221)	(0.206)	(0.230)	(0.161)	(0.178)	(0.178)	(0.212)	(0.0839)
lnenv	2.008	-12.32	-12.32	-6.547	-11.45	-1.224	-7.381	-7.381	-13.20	8.955***
	(6.498)	(8.227)	(8.227)	(7.935)	(8.144)	(5.752)	(6.362)	(6.362)	(8.338)	(2.381)
year						0.0182				
						(0.0601)				
year2						0.0193**				
						(0.00927)				
yearT							-0.112***			
							(0.0312)			

续表

变量	OLS (1)	OLS (2)	FE (3)	RE (4)	SFA (5)	SFA (6)	SFA (7)	SFA (8)	SFA (9)	SFA (10)
timeT								-0.112*** (0.0312)		
gov									-0.0579 (0.168)	0.00457 (0.363)
water									-0.00267*** (0.000816)	-0.00444 (0.398)
pop									-0.000184 (0.000207)	-0.000158 (0.136)
Cons	-10.97*** (2.118)	-12.30*** (2.762)	-12.36*** (2.772)	-5.332** (2.465)	-10.51*** (2.630)	-9.658*** (0.619)	-0.478 (2.281)	-2.854 (1.311)	-2.553*** (0.868)	-2.326*** (1.439)
个体	×	√	√	√	√	√	√	√	√	√
时间	×	×	√	√	√	√	√	√	√	√
观察数	110	110	110	110	110	110	110	110	110	110

注：括号中为 p 值；*** 表示 $p<0.01$，** 表示 $p<0.05$，* 表示 $p<0.1$。

扩大制造业绿色创新。其次，WH模型估计结果表明工业企业研发人力资本对有效专利数具有负面影响，但不显著，其弹性值为 -0.0981，估计范围为 -0.616—0.312，说明工业企业研发人力资本禀赋虽然可以通过劳动力素质的提高，但并未增加有效专利数的规模。再次，地区能源投入要素禀赋不利于提高工业企业有效专利数，估计弹性为 -0.465，其相应的回归系数在 -0.723— -0.498，说明能源投入所带来的经济增长不利于制造业绿色创新。这可能是能源资源使用带来的制造业绿色创新效率增长效应并未消除消耗过程产生的环境污染及资源紧缺。最后，环境污染指数对制造业有效专利数的影响为负，但估计结果均不显著，弹性值为 -13.20，其取值范围为 [-13.20，8.955]，这主要归因于该变量的统计口径及工业企业环境污染所面临的政策约束特点。

从表5-6模型5-9的估计结果和稳健性SFA结果可知：首先，对于长江经济带制造业绿色创新新产品销售收入产出前沿部分的影响，所选取的劳动力、资本、能源投入以及环境要素禀赋变量均在至少10%的水平上显著。其中，长江经济带工业企业研发经费对各省市工业企业新产品销售收入的弹性系数为0.405，在1%水平上通过检验，其余SFA模型估计的系数值分布在0.0838—0.629的水平上，说明长江经济带制造业第二阶段绿色创新对资本密集型要素的需求同样不断增大，主要用于新产品市场渠道扩展和销售。其次，不同于有效专利数的显著负向影响，WH模型估计结果表明长江经济带制造业研发人力资本对新产品销售收入具有正面影响，且在1%的水平上通过检验，其弹性值为0.265，范围为0.188—0.804，说明长江经济带工业企业研发人力资本禀赋通过劳动力素质的提高，可以在一定程度上增加新产品销售收入的规模。再次，长江经济带能源投入要素禀赋不利于提高制造业新产品销售数量（-0.342），其相应的回归系数在 -0.559— -0.0380，说明能源投入所带来的经济增长不利于长江经济带制造业绿色创新。由于该变量主要衡量的是长江经济带规模以上工业企业能源消耗，在能源消耗的同时工业企业会产生一定的环境污染，因而环境污染的约束态势必会对制造业造成挤压，从而有碍于

表 5-6　以规模以上工业企业新产品销售收入为被解释变量的模型估计结果汇总

变量	OLS (1)	OLS (2)	FE (3)	RE (4)	SFA (5)	SFA (6)	SFA (7)	SFA (8)	SFA (9)	SFA (10)
lnlab	0.468***	0.804***	0.804***	0.622***	0.640***	0.696***	0.715***	0.715***	0.265***	0.188***
	(0.112)	(0.185)	(0.185)	(0.136)	(0.169)	(0.110)	(0.114)	(0.114)	(0.0730)	(0.0672)
lncap	0.629***	0.244**	0.244**	0.367***	0.328***	0.102	0.0838	0.0838	0.405***	0.190***
	(0.114)	(0.120)	(0.120)	(0.104)	(0.116)	(0.102)	(0.105)	(0.105)	(0.0687)	(0.0646)
lnene	-0.144	-0.458***	-0.458***	-0.400***	-0.460***	-0.537***	-0.559***	-0.559***	-0.342***	-0.0380
	(0.101)	(0.132)	(0.132)	(0.124)	(0.128)	(0.0955)	(0.0985)	(0.0985)	(0.0673)	(0.0459)
lnenv	11.16***	-10.37**	-10.37**	-5.962	-8.879*	-1.495	-1.224	-1.224	9.259***	-2.380*
	(4.164)	(4.938)	(4.938)	(4.709)	(4.547)	(4.060)	(4.357)	(4.357)	(1.708)	(1.321)
year						0.306***				
						(0.0675)				
year2						-0.0177***				
						(0.00608)				
yearT							-0.0885***			
							(0.0217)			

第五章 长江经济带制造业绿色创新效率的时空分异特征：SFA 方法

续表

变量	OLS (1)	OLS (2)	FE (3)	RE (4)	SFA (5)	SFA (6)	SFA (7)	SFA (8)	SFA (9)	SFA (10)
$timeT$								−0.0885***		
								(0.0217)		
gov									−1.183***	−0.744
									(0.318)	(0.478)
$water$									0.000245***	-1.62×10^5
									(4.99×10^5)	(3.89×10^5)
pop									−0.000551***	−0.000303*
									(0.000151)	(0.000169)
Cons	6.229***	1.448	1.560	3.109**	3.070*	−0.0923	7.910***	−0.560	−3.036***	−3.403***
	(1.358)	(1.658)	(1.664)	(1.489)	(1.568)	(0.142)	(1.582)	(0.471)	(0.135)	(0.531)
个体	×	√	√	√	√	√	√	√	√	√
时间	×	×	√	√	√	√	√	√	√	√
观察数	110	110	110	110	110	110	110	110	110	110

注：括号中为 p 值；*** 表示 $p<0.01$，** 表示 $p<0.05$，* 表示 $p<0.1$。

新产品销售收入的提高，进而制约制造业绿色创新效率。最后，环境污染指数对长江经济带制造业新产品销售收入的影响显著为正（1%），其取值范围为 [-10.37, 11.16]。

在模型设定的选取上，参考 Kodde 和 Palm（1986）的显著性检验表，根据似然比检验 LR = 38.366125 的结果可知，WH 模型存在非效率部分的模型更有效；与第一阶段的估计结果类似，第二阶段 WH 模型在非效率部分既有自身的异质性影响又有波动的异质性影响。因此，两类检验结果说明完全异质性的随机前沿模型对制造业第二阶段绿色创新效率影响的估计最优。

二 制造业绿色创新效率变化分析

根据长江经济带制造业绿色创新效率估计值可以计算出制造业整体绿色创新效率，结果表明（见表 5-7）：以规模以上工业企业有效专利数为被解释变量，样本期内计算的整体制造业绿色创新效率均值仅 0.8605，参考 Zhou 等（2012）对技术效率的定义，认为长江经济带制造业整体绿色创新效率的可提升程度为 16.2115%（1/0.8605 - 1），而绿色创新剩余效率为 0.9954，持续效率为 0.8644，这就表明长江经济带制造业整体绿色创新效率主要受制于持续效率，即长江经济带制造业面临的结构性因素是影响绿色效率提升的关键因素；以规模以上工业企业新产品销售收入为被解释变量，样本期内计算的整体制造业绿色创新效率仅为 0.8584，效率的可提升程度为 16.4958%（1/0.8584 - 1），其中制造业绿色创新剩余效率为 0.8584，持续效率约为 1。上述计算结果表明第一阶段制造业绿色创新效率较高，主要是由于第一阶段制造业绿色创新持续效率低导致的，可能原因是制造业结构性因素，如制造业结构相似，外部经济环境变化和企业转型升级较慢导致制造业整体行业效益下滑，且与人力成本上升"共振"。具体来看，第一阶段反映的主要是专利研发，在此过程中长江经济带长期依靠研发劳动力要素、资本要素优势的发展模式取得可持续的发展方式；但由于区域发展的路径依赖特性，制造业研发过程在地域空间上形成集聚趋势，不平衡发展加剧导致持续效率过低。第二阶段的低效率则由于剩余效率较低导致，这可能是由于第二阶段研发专利转化过程中新产品开发存在延迟,从而失去新的市场。

表5-7 长江经济带制造业绿色创新总效率 OTE、剩余效率 RTE 和持续效率 PTE 描述统计

被解释变量	效率	均值	标准差	最小值	最大值	25 分位点	50 分位点	75 分位点
规模以上工业企业有效发明专利数	OTE	0.8605	0.0441	0.7179	0.9292	0.8429	0.8665	0.8901
	RTE	0.9954	0.0000	0.9953	0.9955	0.9954	0.9954	0.9954
	PTE	0.8644	0.0443	0.7213	0.9334	0.8467	0.8705	0.8942
规模以上工业企业新产品销售收入	OTE	0.8584	0.0664	0.5331	0.9584	0.8325	0.8685	0.8988
	RTE	0.8584	0.0664	0.5331	0.9584	0.8325	0.8685	0.8988
	PTE	1.0000	0.0000	1.0000	1.0000	1.0000	1.0000	1.0000

(一) 第一阶段效率变化

根据异质性随机前沿模型,可以计算出长江经济带制造业绿色创新整体效率 OTE,进而估算出制造业绿色创新整体效率的分解效率 RTE 和 PTE。本章选择 WH 模型估计的 OTE 及其分解效率均值进行趋势性分析,其结果如图 5-1 所示。从图 5-1 (a) 中可以看出,随着时间的增加,第一阶段长江经济带制造业绿色创新剩余效率 RTE 年度均值呈现缓慢的上升趋势,且中间快速下降,呈明显的"V"形分布。不同年份的绿色创新整体效率均值存在较大差异:第一阶段制造业 RTE 的起点较高,随后在 2009—2011 年呈现下降趋势,后期逐年上升,在 2017 年达到顶点。从图 5-1 (b) 和图 5-1 (c) 中可以看出,第一阶段制造业绿色创新整体效率 OTE 和持续效率 PTE 均值在时间变化上存在一致性:从整个样本期来看,OTE 和 PTE 呈现小幅上升趋势,在 2012 年有所下降。

依据第一阶段估算的 OTE 及其分解效率均值波动范围将长江经济带 11 个省市划分为四种类型,分别为高—高型区域、低—高型区域、低—低型区域和高—低型区域,结果如图 5-1 (d) 所示。其中,RTE 波动范围为 [0.995309, 0.995543],本章选择波动范围均值 0.995421 作为 RTE 的分界点;PTE 波动范围为 [0.721295, 0.933436],本章选择 0.864409 作为 PTE 的分界点。由于长江经济带 11 个省市在高—低型区域 (Ⅳ) 没有分布,本章主要分析其余三种

类型。

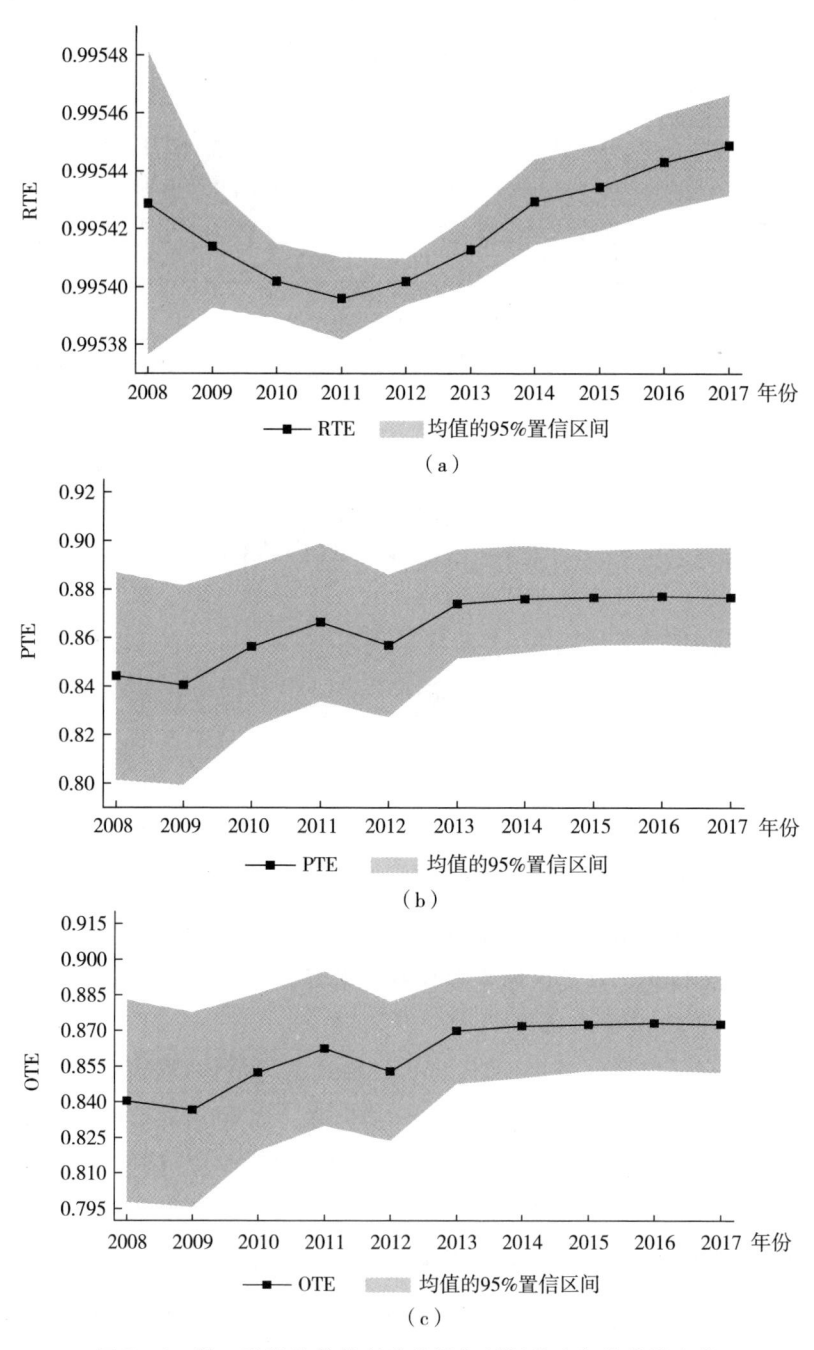

图 5-1 第一阶段估算的制造业绿色创新效率年均趋势变化

(d)

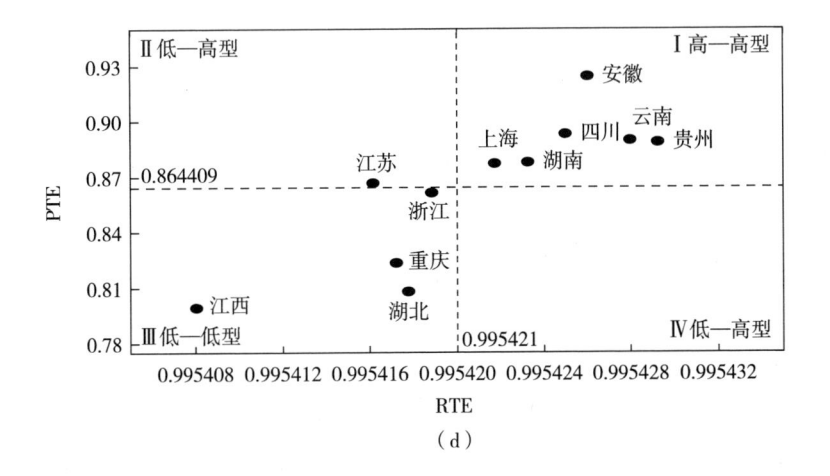

图 5-1　第一阶段估算的制造业绿色创新效率年均趋势变化（续）

注：（a）为第一阶段 RTE 的年度均值变化及其 95% 置信区间；（b）为第一阶段 PTE 的年度均值变化及其 95% 置信区间；（c）为第一阶段 OTE 的年度均值变化及其 95% 置信区间；（d）为第一阶段以 RTE、PTE 划分的四种类型，分别为高—高型、低—高型、低—低型和高—低型。

第 I 类高—高型区域，即剩余效率和持续效率均高于均值（RTE>0.995421，PTE>0.864409）。这类区域包含的省市有安徽、四川、云南、贵州、上海、湖南，长江上游、中游和下游均有分布。需要说明的是，上述地区的制造业绿色创新效率均值较高，可改进提升的程度较小。

第 II 类低—高型区域，即剩余效率 RTE<0.995421 而持续效率 PTE>0.864409。这类区域主要包括江苏。对于这类区域而言，提升持续效率值的关键在于减缓制造业创新要素的时序效应，提高创新能力，促进创新成果转移转化。

第 III 类低—低型区域，即剩余效率和持续效率均低于均值（RTE<0.995421，PTE<0.864409）。这类区域包括浙江、江西、重庆和湖北，上述四省市制造业绿色创新效率受制于结构性因素及政策时滞的影响。对于这类区域而言，提升效率值需要双管齐下，在削减结构性因素的不利影响时，减缓政策的不利影响，尤其是要增强制造业科技创新和成果转化能力。

（二）第二阶段效率变化

如前所述，第二阶段长江经济带制造业绿色创新整体效率 OTE，进而估算出制造业绿色创新整体效率的分解效率 RTE 和 PTE 的均值变化趋势，如图 5-2 所示。从图 5-2（a）中可以看出，随着时间的增加，第二阶段长江经济带制造业绿色创新剩余效率 RTE 均值呈现缓慢的上升趋势，2008—2010 年快速上升，随后平稳变化。不同年份的制造业绿色创新整体效率均值存在较大差异：第二阶段工业企业 RTE 的起点较低，随后在 2009—2010 年呈现上升趋势，在 2010 年达到顶点。从图 5-2（b）和图 5-2（c）中可以看出，第二阶段制造业绿色创新整体效率 OTE 和持续效率 RTE 在时间变化上存在一致性：从整个时间区间来看，OTE 和 RTE 呈现小幅上升趋势，在 2011 年有所下降。

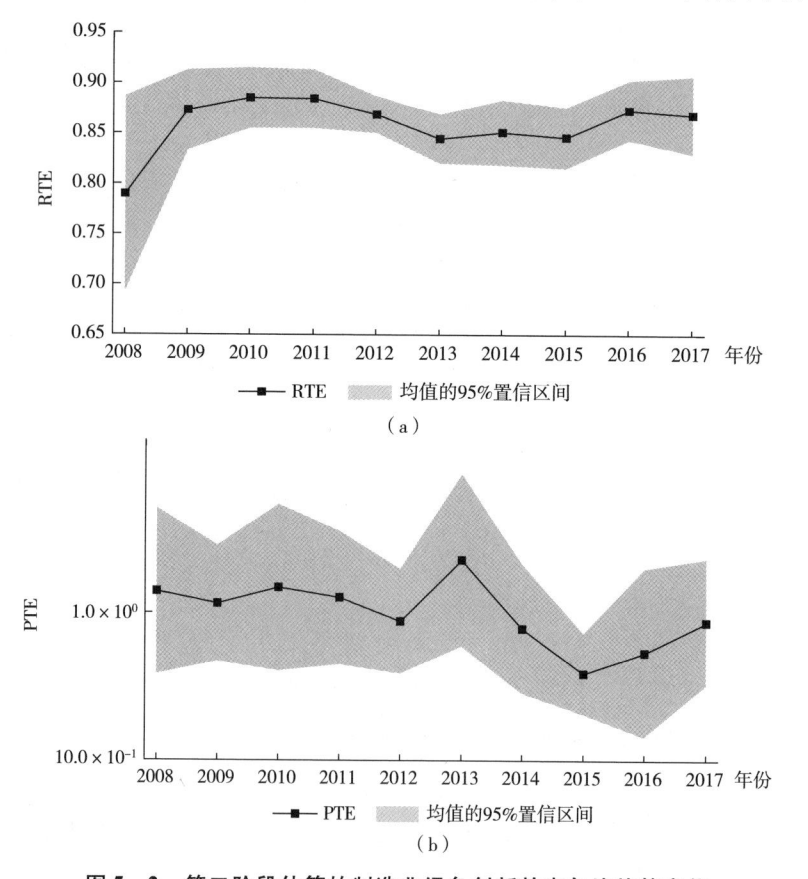

图 5-2 第二阶段估算的制造业绿色创新效率年均趋势变化

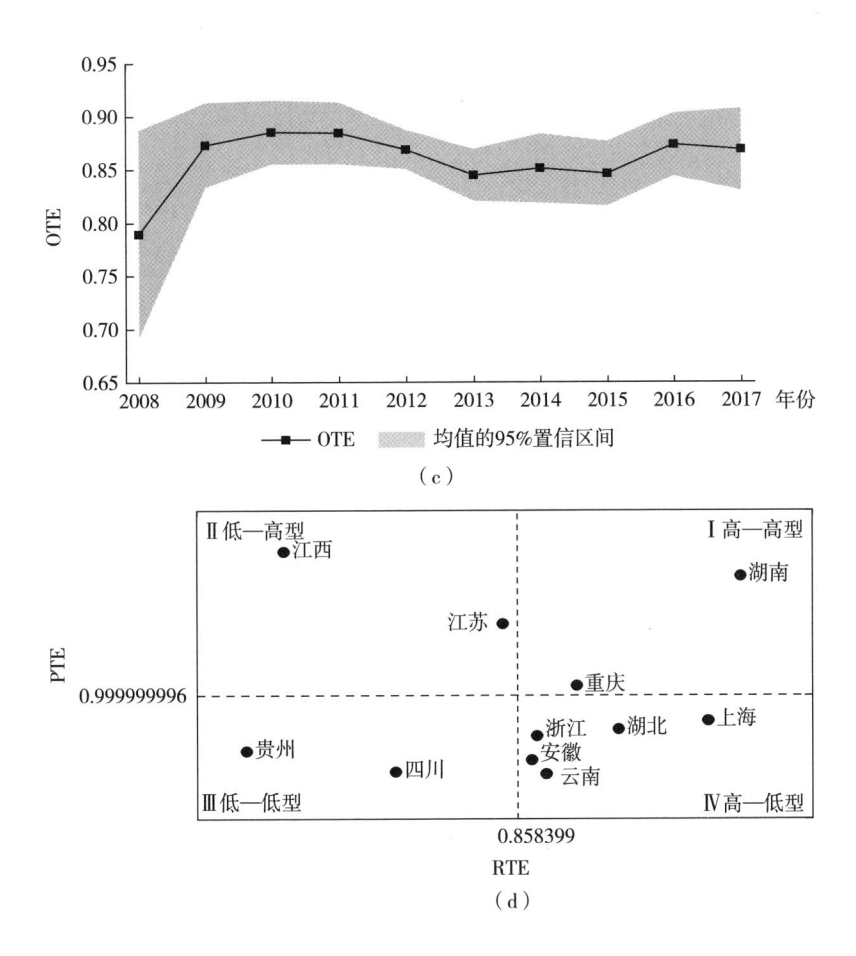

图 5-2 第二阶段估算的制造业绿色创新效率年均趋势变化（续）

注：(a) 为第二阶段 RTE 的年度均值变化及其 95% 置信区间；(b) 为第二阶段 PTE 的年度均值变化及其 95% 置信区间；(c) 为第二阶段 OTE 的年度均值变化及其 95% 置信区间；(d) 为第二阶段以 RTE、PTE 划分的四种类型，分别为高—高型、低—高型、低—低型和高—低型。

依据第二阶段估算的 OTE 及其分解效率均值波动范围将长江经济带 11 个省市划分为四种类型，分别为高—高型区域、低—高型区域、低—低型区域和高—低型区域，结果如图 5-2（d）所示。其中，RTE 波动范围为 [0.533139，0.9583971]，本章选择波动范围均值 0.858399 作为 RTE 的分界点；PTE 波动范围为 [0.9999999224，1]，因此本章选择 0.999999996 作为 PTE 的分界点。

第 I 类高—高型区域，即剩余效率和持续效率均高于均值（RTE > 0.858399，PTE > 0.999999996）。这类区域包含的省市有重庆、湖南，主要位于长江上游和中游，上述地区第二阶段的制造业绿色创新效率均值较高，PTE 可改进提升的程度较小。

第 II 类低—高型区域，即剩余效率 RTE < 0.858399 而持续效率 PTE > 0.999999996。这类区域包括江苏和江西。对于这类区域而言，在专利转化为产品销售的过程中提升持续效率值的关键在于减缓制造业创新要素的时序效应，提高创新能力，促进创新成果转移转化。

第 III 类低—低型区域，即剩余效率和持续效率均低于均值（RTE < 0.858399，PTE < 0.999999996）。这类区域包括贵州和四川，主要位于长江上游地区。上述两省的制造业绿色创新效率在专利转化过程中受制于结构性因素及政策时滞的影响。对于这类区域而言，提升效率值需要双管齐下，在削减结构性因素不利的影响的同时减缓政策的不利影响，尤其是要增强制造业科技成果的转化能力。

第 IV 类高—低型区域，即剩余效率（RTE > 0.858399）高于均值，而持续效率（PTE < 0.999999996）低于均值。这类区域包括浙江、上海、云南、安徽和湖北，上述省市制造业绿色创新效率受制于结构性因素的影响。对于这类区域而言，提升效率值需要削减结构性因素的不利影响。

从第一阶段的三种区域划分转变为第二阶段的四种区域类型，长江经济带制造业绿色创新效率的地区集聚更为明显，且逐渐与地理分区重合，这在第二阶段表现得极为明显。同时，邻近地区的溢出效应更为明显，如第二阶段第 II 类和第 III 类。

（三）绿色创新效率差距的演进过程

图 5-3 给出了长江经济带制造业年均绿色创新效率 OTE、RTE 和 PTE 的核密度分布状况。从图 5-3 中可以看出，长江经济带制造业绿色创新效率动态演进表现出两个主要特征：(1) 第一阶段到第二阶段的制造业绿色创新效率水平都有较大程度的下降，主要表现为图 5-3 至图 5-4 的波峰不断右移且密度分布在不断下降；(2) 第一阶

段和第二阶段的 OTE、RTE 和 PTE 核密度曲线开口逐渐缩小，即核密度曲线两尾所代表的低效率水平和高效率水平之间的差距逐渐缩小，制造业绿色创新整体效率和剩余效率分布趋于分散。由图 5-3 还可以看到，长江经济带各省市制造业绿色创新效率 OTE、RTE 和 PTE 密度值均大于 0，即样本期内制造业绿色创新各年度间的差异较大，且在不同阶段差异存在扩大趋势。

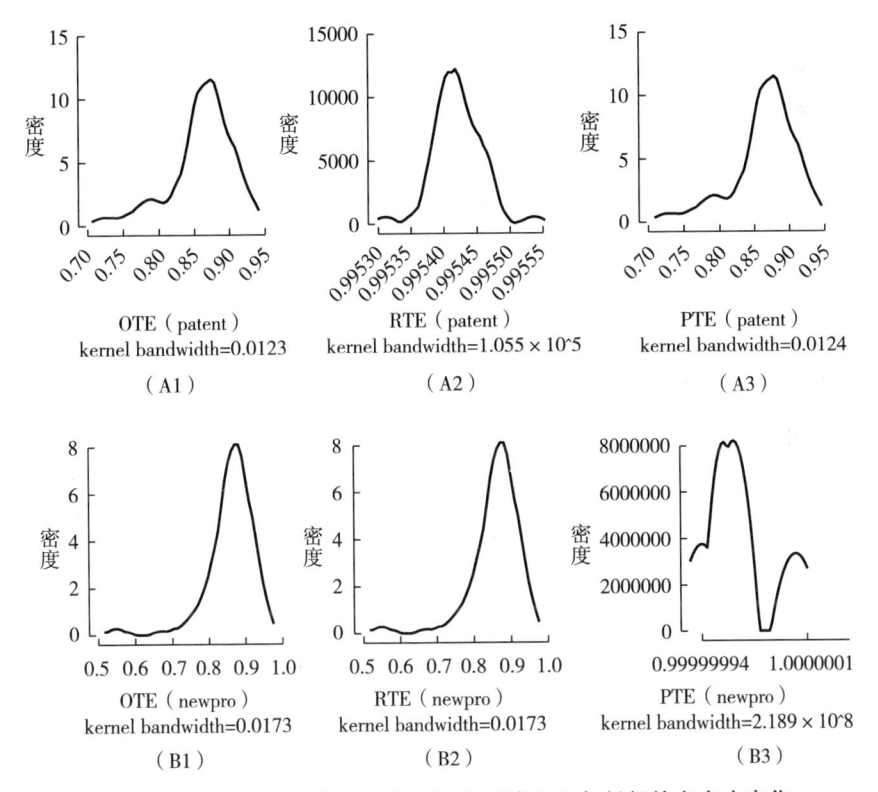

图 5-3　第一阶段和第二阶段估算的制造业绿色创新效率密度变化

注：A，以规模以上工业企业有效发明专利为被解释变量估计的绿色创新整体效率 OTE (A1)、RTE (A2)、PTE (A3) 核密度变化；B，以规模以上工业企业新产品销售收入为被解释变量估计的绿色创新整体效率 OTE (B1)、RTE (B2)、PTE (B3) 核密度变化。

以第一阶段和第二阶段的制造业绿色创新整体效率 OTE 为标准，通过分别单独考虑构成 OTE 的剩余效率和持续效率，来分析它们各自对 OTE 的贡献和对差距的影响。由图 5-3 可以看到，第一阶段构成

OTE 的 PTE 核密度呈现明显的右拖尾分布，PTE 的核密度与 OTE 一致，而 RTE 的核密度值较 PTE 高，这说明两者对制造业绿色创新整体效率均起到了促进作用，但 PTE 所贡献的分布图右移幅度更大，即持续效率对 OTE 的促进作用要大于剩余效率的时滞因素。另外，还可以看到，制造业绿色创新 RTE 基本没有改变整体效率 OTE 的分布形态，这表明剩余效率的时滞性因素对制造业绿色创新总效率增长分布影响较小。因而可以认为，造成制造业绿色创新整体效率差距的因素主要是结构性因素，而时滞性因素对整体效率的影响较小。用同样的方法分析第二阶段的影响，其结论与第一阶段类似。

三 异质性 SFA 个体效应分析

模型 5-8 和模型 5-9 中的个体效应是剔除了相关变量后的制造业绿色创新效率在区间上的差异性，各省市随机前沿个体效应及差异如表 5-8 所示，同时本章列出 OLS 估计的个体效应对比。其中，第一阶段长江经济带各省市的个体效应为正，而第二阶段仅上海、重庆、江西和湖北的个体效应为正，第一阶段和第二阶段各省市的个体效应存在高、低搭配现象，这与制造业相关经济政策有关。

表 5-8　　　　　WH 模型估计的各省市个体效应结果汇总

省市	有效专利数（OLS）	有效专利数（SFA）	新产品销售收入（OLS）	新产品销售收入（SFA）
安徽	-0.126 (0.262)	-0.0276 (0.239)	-0.729*** (0.226)	-0.177 (0.142)
上海	-0.461* (0.234)	-0.395* (0.214)	-0.117 (0.202)	0.349*** (0.125)
湖南	-0.310 (0.196)	-0.265 (0.175)	-1.081*** (0.169)	-0.898*** (0.104)
重庆	-0.155 (0.179)	-0.182 (0.158)	0.177 (0.155)	0.258*** (0.0760)
四川	-1.211*** (0.213)	-1.146*** (0.193)	-0.558*** (0.184)	-0.0704 (0.111)
云南	-1.539*** (0.234)	-1.629*** (0.210)	-0.109 (0.202)	-0.108 (0.0991)
江苏	-0.541** (0.219)	-0.494** (0.197)	-0.869*** (0.189)	-0.543*** (0.105)
贵州	-0.276 (0.188)	-0.247 (0.169)	-0.848*** (0.163)	-0.642*** (0.0908)
江西	-0.632*** (0.204)	-0.564*** (0.205)	0.205 (0.176)	0.320** (0.134)
湖北	-0.554*** (0.195)	-0.497*** (0.179)	0.209 (0.169)	0.553*** (0.108)

注：括号中为 p 值；*** 表示 $p<0.01$，** 表示 $p<0.05$，* 表示 $p<0.1$。

实证结果表明，第一阶段各省市个体效应在数值上存在差异，值在 -1.629 与 -0.0276 之间。从各省市个体效应的数值分布看，去除趋势性因素的影响，各省市个体效应变化存在较大差别。各省市个体效应最低的为云南，值为 -1.629，最高的为安徽，值为 -0.0276。第二阶段各省市个体效应值在 -0.898 与 0.533 之间。由于各省市之间异质性的存在，其个体效应存在较大差异，但不同省市之间是否存在趋同趋势还需进一步分析。

第三节 收敛性分析

一 σ 收敛

利用 2008—2017 年长江经济带制造业绿色创新总效率 OTE 和剩余效率 RTE 计算其年度变异系数，进而评估引起制造业绿色创新效率的 σ 收敛，其结果如图 5-4 所示。2008—2017 年以规模以上工业企业有效专利数和新产品销售收入估算的长江经济带制造业绿色创新整体效率 OTE 变异系数呈现下降趋势［见图 5-4（A1）、图 5-4（B1）］，其中第二阶段的 OTEσ 收敛在 2012 年达到谷底，随后小幅度回升。第一阶段剩余效率 RTE 总体呈现 σ 收敛［见图 5-4（A2）］，在 2012 年收敛值达到谷底，而 PTE［见图 5-4（A3）］变化与 OTE 变化一致，均为 σ 收敛。第二阶段 RTE［见图 5-4（B2）］与 OTE 变化一致，而 PTEσ 整体呈现上升趋势［见图 5-4（B3）］，即 PTE 并未呈现 σ 收敛。上述变化趋势表明长江经济带制造业 OTE 和 RTE 均存在 σ 收敛趋势，即 11 个省市间的制造业绿色创新效率及剩余效率差距在逐渐缩小。而以新产品销售收入估算的长江经济带制造业 PTE 在样本期内逐年升高，表明新产品销售收入下的制造业绿色创新持续效率 PTE 不存在 σ 收敛趋势，但 PTE 的差距在逐渐缩小。

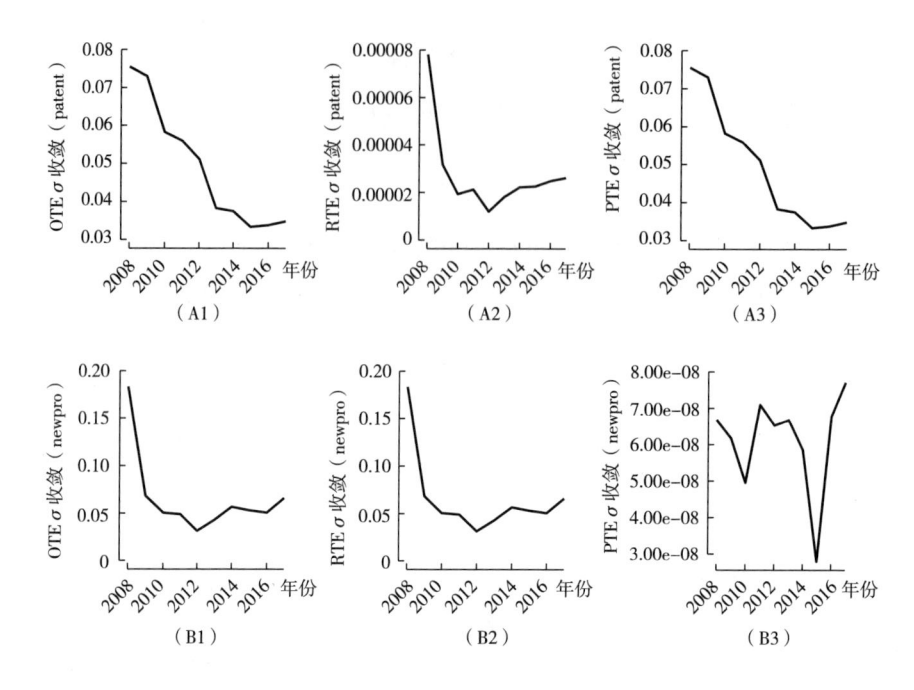

**图 5-4 2008—2017 年长江经济带制造业绿色创新
总效率 OTE 和剩余效率 RTE 的 σ 收敛趋势**

注：A，以规模以上工业企业有效发明专利为被解释变量估计的绿色创新整体效率 OTE（A1）、RTE（A2）、PTE（A3）σ 收敛变化趋势；B，以规模以上工业企业新产品销售收入为被解释变量估计的绿色创新整体效率 OTE（B1）、RTE（B2）、PTE（B3）σ 收敛变化趋势。

二 β 收敛

对第一阶段和第二阶段的 OTE、RTE、PTE 进行 β 收敛估计，采用一步法 GMM 估计制造业绿色创新效率变化的收敛情况，其估计结果和相关统计检验如表 5-9 所示。表 5-9 的 AR（1）、AR（2）检验结果表明 OTE、RTE、PTE 应选择一阶滞后进行估计，而不必要选择二阶滞后进行检验。Sargan 检验和 Difference-in-Sargan 检验均在 10% 的水平上显著通过检验，表明选择 GMM 估计方法较为合理。由表 5-9 整体效率及分解效率看，第一阶段和第二阶段的估计结果均值在 1% 的水平上显著通过检验，但其估计系数均为正向变化，这就表明第一阶段和第二阶段 OTE、RTE、PTE 存在绝对 β 收敛趋势。

表 5-9　　　　　　　　绝对 β 收敛 GMM 计算结果汇总

绿色创新效率	规模以上工业企业有效发明专利			规模以上工业企业新产品销售收入		
	OTE	RTE	PTE	OTE	RTE	PTE
OTE 滞后 1 期	0.849*** (0.000)			0.445*** (0.000)		
RTE 滞后 1 期		0.482*** (0.000)			0.445*** (0.000)	
PTE 滞后 1 期			0.849*** (0.000)			0
时间效应	√	√	√	√	√	√
个体效应	√	√	√	√	√	√
AR (1)	-3.75*** (0.000)	-1.89*** (0.059)	-3.75*** (0.000)	-4.02*** (0.000)	-4.02*** (0.000)	-3.45*** (0.001)
AR (2)	0.91 (0.360)	-0.56 (0.574)	0.92 (0.360)	2.48 (0.013)	2.48 (0.013)	0.21 (0.830)
Sargan test	44.25** (0.091)	13.25* (0.021)	44.22** (0.092)	65.00 (0.001)	65.00 (0.001)	
Sargan	29.26** (0.253)		29.27** (0.253)	22.57 (0.603)	22.57 (0.603)	
Difference	14.98 (0.059)		14.95 (0.060)	42.43 (0.000)	42.43 (0.000)	
F 检验	22.50	50.19	22.49	7.24	7.24	0.70
观察值	88	88	88	88	88	88

注：括号中为 p 值；*** 表示 p<0.01，** 表示 p<0.05，* 表示 p<0.1。

第四节　本章小结

本章通过 Wang 和 Ho (2010) 的异质性随机前沿分析模型对长江经济带制造业绿色创新效率进行测算。研究结果表明：(1) 在生产函数估计中，不管是第一阶段还是第二阶段，工业企业研发经费支出都是影响长江经济带制造业绿色创新的最主要正向促进因素，能源消耗则成为制造业绿色创新的最主要负向阻碍因素，而研发人员和环境治理在两阶段的促进作用各不相同。（2）长江经济带第一阶段制造业整体绿色创新效率均值仅为0.8605，效率的可提升程度为16.2115%，其中制造业绿色创新剩余效率均值为0.9954，持续效率为0.8644；第二阶段整体制造业绿色创新效率均值仅为0.8584，效率的可提升程度为16.4985%，其中绿色创新剩余效率均值为0.8584，持续效率均值为1。（3）长江经济带第一阶段和第二阶段的制造业绿色创新效率水平有所下降，但制造业绿色创新整体效率和持续效率分布趋于分散，同时样本期内工业企业绿色创新各年度间的差异较大，且在不同阶段差异存在扩大趋势。长江经济带制造业绿色创新效率的地区集聚更为明显，且逐渐与地理分区重合，这在第二阶段表现得极为明显。（4）长江经济带制造业绿色创新整体效率和剩余效率存在σ收敛，第一阶段结构性因素是影响制造业绿色创新整体效率的主因，第二阶段时间效应以及市场等剩余因素则影响新产品转化。

第六章 研发补贴、环境规制与长江经济带制造业绿色创新效率

关于制造业绿色创新效率的驱动因素，学术界一般从内、外两个方面展开讨论。其中，内部因素包括技术推动（Horbach，2012）、研发投入（Baumol，2002）、治理水平（Amore and Bennedsen，2016；Bernauer，2006）、企业新软件和新设备的运用（Demirel and Kesidou，2011）等，外部因素包括市场驱动（Horbach，2012）、政府行为（Liao，2018）、外商直接投资（Andonova，2003）、产业集聚（Carlino et al.，2007）、社会文化（Huang and Li，2015）、监管者的压力（Huang et al.，2009）等。市场失灵对企业获取绿色创新活动的收益和提高制造业绿色创新效率均存在一定程度的制约（Marin，2014；Rubashkina et al.，2015）。因此，亟须借助政府力量提高制造业绿色创新效率，而研发补贴和环境规制是政府干预的重要形式。

首先，大部分学者认为政府对研发活动的支持有利于提高 MGIE（Hud and Hussinger，2015）。研发补贴能够填补企业研发资金的空缺，在利润最大化的驱动下，提高企业研发积极性（Seitz and Watzinger，2013），进而刺激企业绿色创新行为（Wang et al.，2017）。但 Guan 和 Chen（2016）等发现，相较于企业资金本身，政府资金对提高制造业绿色创新效率的作用较弱甚至很可能是无效的。Wallsten（2000）甚至发现研发补贴会对企业内部的研发投入产生挤出效应，政府资金与制造业绿色创新效率之间呈现出显著负向抑制关系。另外，环境规制同样会对制造业绿色创新效率产生影响。一方面，环境规制具有"遵循成本"效应（Greenstone，2001），政府施加的"硬性"条件会在短期内增加企业绿色创新活动的成本，减少企业绿色创

新活动的投入，阻碍提高 MGIE 的能力（Christainsen and Haveman，1981；Gray et al.，2003）。另一方面，部分学者指出环境规制具有"创新补偿"效应（Rio et al.，2011），能够分摊环境规制所产生的合规成本，倒逼制造业绿色创新效率的提高，在保护环境的同时提高制造业企业竞争力（Simpson and Bradford，1996）。环境规制与制造业绿色创新效率的关系会受到污染强度（李玲和陶锋，2012）、区域异质性（张成等，2011）、地方政府竞争（邓金钱，2019）等因素的综合影响。

总体上，在关于政府干预对 MGIE 影响的研究中，尚存在以下缺失：一是关于研发补贴和环境规制对制造业绿色创新效率的研究通常是分开单独进行的，但是近来有学者提出，企业的绿色创新活动是研发补贴和环境规制共同作用的结果，政府实施的环境规制对制造业绿色创新活动的作用还依赖于其资金支持，但在影响方向上未能得出一致的结论，因此，本章引入研发补贴和环境规制的交互项进行进一步的考量。二是对环境规制与制造业绿色创新效率之间的非线性关系考虑不充分，环境规制与 MGIE 之间可能存在拐点。三是忽略了制造业绿色创新效率对研发补贴、环境规制的反作用力（李胜兰等，2014），不仅研发补贴、环境规制会影响 MGIE，而且 MGIE 也会影响研发补贴力度和环境规制强度。仅从单方向研究研发补贴、环境规制对制造业绿色创新效率的影响，可能对研究的准确性和政策颁布实施的有效性产生一定影响。

为此，本章构建研发补贴、环境规制影响制造业绿色创新效率的理论分析框架，选取 2008—2017 年面板数据，利用 SBM – DEA 模型测算长江经济带制造业绿色创新效率水平，进而运用面板 Tobit 模型实证检验研发补贴、环境规制影响长江经济带 MGIE 的总体效应，并综合考虑内生性问题。

第一节 研发补贴和环境规制影响MGIE的研究假设

一 研发补贴影响MGIE的研究假设

一方面,研发补贴可能对MGIE存在正向促进作用。首先,绿色创新活动需花费大量的时间和资源,其间可能面临市场需求的变化、来自对手的技术竞争、关键技术人才的岗位流动、资金的供给不足等现实问题,需要由制造业企业自身来承担绿色创新活动的巨大风险和不确定性,这无疑削弱了制造业企业进行绿色创新的积极性。其次,绿色创新活动存在知识溢出性,其他企业可以通过模仿、复制等途径"分得一杯羹"。其他企业"搭便车"的行为使即使是研发成功的企业也无法独享来自绿色创新的全部好处,再一次对制造业企业进行绿色创新的积极性造成严重的打击。最后,由于信息不对称现象的存在,制造业企业与外部投资者之间的信息渠道不够畅通,无法实现资金供需之间的有效匹配,往往导致企业在绿色技术研发阶段面临资金不足的局面(Colombo et al., 2013)。而研发补贴能够提高企业绿色创新的积极性,其释放的经济信号又能够为相关企业打开其他外部融资的渠道(Wu, 2017),有利于缓解绿色创新活动资金不足的问题,降低绿色技术研发活动的成本和风险。通过资金支持的方式也能引导制造业企业把投资的重点转移到绿色创新上来,推动生产方式从以依赖劳动、资本、能源等传统要素为主向以研发活动为主转变,从而提高创新投入资源的有效利用程度。据此,提出本章的假设6-1a:研发补贴对提高MGIE具有正向促进作用。

另一方面,研发补贴对MGIE可能存在负向抑制作用。由于政府与制造业企业之间信息不对称,加之政府的事中、事后监管制度并不完善,研发补贴对企业R&D投入可能存在"挤出"效应。在资本的逐利性驱动下,研发补贴很有可能流向投资环境成本相对较小、利润水平相对较高、风险相对较小的低端产业(刘树成,2016),或是被用于研发偏向提高生产率的生产技术而非偏向节能减排的绿色创新技术（Yu et al.，2016），这不利于资源和环境问题的改善，无益于提高MGIE。据此，提出本章的假设6-1b：研发补贴对提高MGIE具有反向抑制作用。

二 环境规制影响MGIE的研究假设

一方面，环境规制存在"创新补偿"效应，创新补偿所获得的全部好处甚至能够超过合规成本的总和。鉴于绿色发展是大势所趋，环境规制为企业剖析当前自身的制约因素和顺应未来市场的发展方向提供了契机（Lanoie，2001），并在整个产业链条上引起一场绿色技术创新的变革。长期来看，环境规制有利于帮助制造业企业降低能源消耗，减少污染物排放，提高生产效率，从而有利于提升MGIE（Porter and Van der Linde，1995）。另一方面，环境规制具有"成本遵循"效应，环境规制对MGIE存在负向抑制作用。技术创新存在负外部性以及环境隶属公共物品的特征容易导致环境破坏化，环境规制能够在一定程度上将环境污染的社会成本内部化。环境规制强度越大，企业的合规成本越多，企业在生产过程中因破坏环境、消耗资源所需付出的代价也越大，企业的创新活动投入因此被"挤出"的就越多。在其他条件不变的情况下，制约创新活动的开展无益于提高MGIE。

"创新补偿"效应和"遵循成本"效应存在非同步性。长期来看，随着环境规制体系的不断完善、环境规制强度的不断加大，企业因违背环境规制要求所要付出的成本在企业支出中所占比重越发增大，此时会促使企业认识到新旧动能转换的重要性，增加创新投入，加紧研发绿色技术，生产环境保护型、资源节约型产品，"创新补偿"效应也会逐渐积累至能够超过"遵循成本"效应，环境规制对MGIE的正向促进作用因此凸显。据此，提出假设6-2a：环境规制对提高MGIE具有正向促进作用。

但是当环境规制处于初期时，由于环境规制强度较弱，违反环境规制所需付出的代价并不大，企业缺少进行绿色创新的动力，"遵循成本"效应此时占据主导地位。据此，提出假设6-2b：环境规制对提高MGIE具有反向抑制作用。

三 研发补贴和环境规制的联合效应影响 MGIE 的研究假设

在非单一视角下,考虑政府干预手段的联合效应对 MGIE 的影响效应是符合当前实际需要的,能为认识不同政策之间的互补机制以及完善后续相关政策提供一定的实证支撑和理论依据。绿色技术创新的产生和发展以及创新成果的市场化、产业化进程在很大程度上取决于政策间的互动机制是否有效(何小钢,2014)。如果两者互动良好,研发补贴能够减轻企业因遵循环境规制而产生的合规成本,研发补贴能够补充制造业企业的研发投入资金。另外,财政补贴向市场发射的"信号",既能带来其他外部融资机会,降低制造业企业融资的风险,又能够增加企业的创新产出(Kleer,2010)。在此过程中,财政补贴与环境规制互相印证,相互辅助,向市场宣告制造业绿色创新才是实现制造业向高质量转型的重要路径,能够在全社会范围内引起一场绿色生产和绿色制造的新风尚。据此,提出假设 6-3a:研发补贴和环境规制的交叉项对提高 MGIE 具有正向促进作用。

但是,过多的政府资金会抑制社会支持,削弱自发性环境规制对绿色创新活动的促进作用(Rooij et al.,2013)。政府主导下的绿色创新活动可能会因为寻租腐败、市场失灵等现象导致行政手段低效,容易引发创新投入不断增长但创新产出停滞的怪象。据此,提出假设 6-3b:研发补贴和环境规制的交叉项对提高 MGIE 具有反向抑制作用。

本章的研究假设如图 6-1 所示。

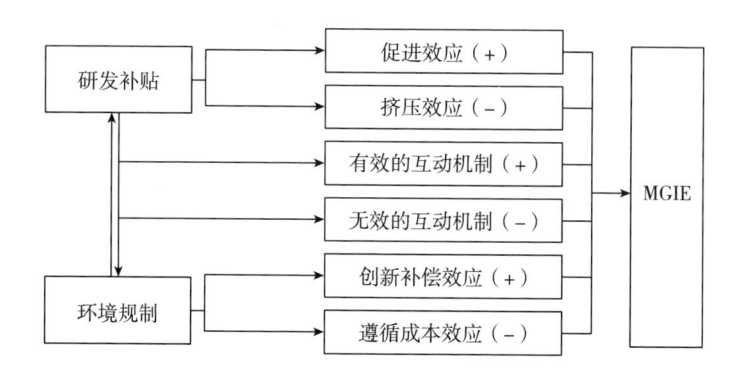

图 6-1 研发补贴、环境规制影响 MGIE 的作用机制

注:-、+分别表示研发补贴、环境规制与 MGIE 之间存在负向、正向关系。

第二节 研究模型设计

一 模型构建

鉴于传统DEA模型未能考虑松弛变量对决策单元效率的影响,非径向、非角度的SBM-DEA模型在此基础上被提出(Tone and Kao,2001)。且较于随机前沿模型(SFA),SBM-DEA模型更适合用于多投入多产出效率的测度(Zhou,2006),据此,本章运用非期望产出的SBM-DEA模型测量MGIE(Liu et al.,2019)。

参考Tone和Kao(2001)的做法,假定共有n个决策单元,投入、期望产出和非期望产出向量分别对应为x、y^g、y^b,相应矩阵可表示为:$X=[x_1,\cdots,x_n]$,$Y^g=[y_1^g,\cdots,y_n^g]$,$Y^b=[y_1^b,\cdots,y_n^b]$。

考虑了非期望产出的SBM-DEA模型的表达式如式(6-1)所示:

$$\rho^* = \min \frac{1 - \frac{1}{m}\sum_{i=1}^{m}\frac{s_i^-}{x_{i0}}}{1 + \frac{1}{s_1+s_2}\left[\sum_{r=1}^{s_1}\frac{s_r^g}{y_{r0}^g} + \sum_{r=1}^{s_2}\frac{s_r^b}{y_{r0}^b}\right]}$$

s. t.

$$\begin{cases} x_0 = X\lambda + s^- \\ y_0^g = Y^g\lambda - s^g \\ y_0 = Y^b\lambda + s^b \\ s^- \geq 0, s^g \geq 0, s^b \geq 0, \lambda \geq 0 \end{cases} \quad (6-1)$$

其中,s^g、s^b、s^-、λ、ρ^*分别表示期望产出的松弛量、非期望产出的松弛量、过剩的投入要素、权重向量和目标函数,且$\rho^* \in [0,1]$。当且仅当$s^-=0$、$s^g=0$、$s^b=0$时,$\rho^*=1$,被评价单元是有效的;在其他情况下,均可以通过调整投入产出来改变无效局面。

进而基于Honoré(1992)和Honoré(2000)的做法,采用面板Tobit模型估算研发补贴、环境规制对MGIE的影响,并通过引入环境规制的平方项探究环境规制与 MGIE 之间是否存在非线性关系。面板 Tobit 模型在式（6-5）的约束下，定义如式（6-2）、式（6-3）、式（6-4）所示，分别记为模型 6-1、模型 6-2、模型 6-3。

$$MGIE_{it}^* = SUB_{it}\zeta + X_{it}\beta + \alpha_i + \varepsilon_{it} \qquad (6-2)$$

$$MGIE_{it}^* = ER_{it}\psi + ER_{it}^2\xi + X_{it}\beta + \alpha_i + \varepsilon_{it} \qquad (6-3)$$

$$MGIE_{it}^* = SUB_{it}\gamma + ER_{it}\eta + \kappa ER_{it}^2 + X_{it}\beta + \alpha_i + \varepsilon_{it} \qquad (6-4)$$

$$MGTE = \max\{0, MGTE^*\} \qquad (6-5)$$

其中，i 表示省市，t 表示年份，$MGTE_{it}$、SUB_{it}、ER_{it} 表示第 i 个省市在第 t 年的 MGIE、研发补贴、环境规制，X_{it} 表示控制变量，ζ、ψ、ξ、γ、η、κ、β 表示待估参数，α_i 表示个体固定效应，ε_{it} 表示随机因素。

为进一步分析研发补贴和环境规制的交互作用及其与 MGIE 之间的关系，在式（6-4）的基础上引入研发补贴与环境规制之间的交互项，如式（6-6）所示，记为模型 6-4。ω、ξ、ϑ、ζ 表示待估参数。

$$MGTE^* = SUB_{it}\omega + ER_{it}\xi + ER_{it}^2\vartheta + SUB \times ER\zeta + X_{it}\beta + \alpha_i + \varepsilon_{it}$$
$$(6-6)$$

需要说明的是，在对交互项的检验与分析之中，核心解释变量研发补贴和环境规制对 MGIE 的作用方向和显著性等不影响交互项的检验结果，即只需对交互项的符号方向和显著性进行分析即可（Brambor et al.，2006）。

二 变量选取、数据来源及处理

被解释变量为 MGIE。对效率的测评基于规模报酬不变（Constant Returns to Scale，CRS）的假设，选取技术效率作为 MGIE 的代理变量。MGIE 测算的投入产出指标与第四章和第五章保持一致，在此不再解释说明。

本章的核心解释变量为研发补贴（SUB）和环境规制（ER）。一方面，考虑到数据的代表性和可获得性，选取各省市大中型工业企业科技活动经费中来自政府资金部分的对数作为研发补贴的代理变量。另一方面，选取工业治理污染完成投资占工业增加值比重作为环境规制的代理变量（李胜兰等，2014）。

绿色创新活动是多主体、多因素共同作用的过程，因此，MGIE容易受到多种因素的综合影响，本章选取企业规模、产业结构、集聚因素、经济开放程度作为控制变量。①企业规模（sca）。越大的企业往往拥有越多的研发资金，可以用于先进设备升级的资金相应也就越多，越有利于资源配置能力的提高。但是，企业越大越有可能依赖现有优势，缺乏足够的创新动力，更容易出现内部互相推诿、管理无效等局面（Scherer and Ross，1990）。本章选取大中型企业平均固定资产原值的对数作为企业规模的代理变量。②产业结构（$indus$）。随着工业化进程的推进，产业结构也发生相应的变化。第二产业在三次产业中比重越高说明重化工业程度越高，而重化工业化的程度又与环境污染和经济增长密切相关。本章选取第二产业产值所占的比重作为产业结构的代理变量。③企业集聚（agg）。企业集聚容易引起竞争效应，不断激发企业创新潜能。本章选取大中型工业企业数量的对数作为企业集聚的代理变量。④经济开放程度（fdi）。经济开放程度对MGIE的影响是不确定的。一方面，外商直接投资带来的先进知识和技术能够提高我国绿色创新的能力；另一方面，外商直接投资会将一部分高污染高排放型产业转移到中国，这显然对MGIE的提高存在不利影响。选取大中型企业固定资产投资资金来源于外资资金的比重作为经济开放程度的代理变量。为保证数据的平稳性和收敛性，对相关变量进行对数处理。变量选取的有关信息如表6-1所示。

表6-1　　　　　　　　　　变量选取及处理

	指标名称	指标内容	单位
效率测算指标	投入指标	人力资源	规模以上工业企业R&D人员当时全量	人年
		财力资源	规模以上工业企业R&D经费支出	万元
		物力资源	单位工业总产值能耗	万元/吨标准煤
	产出指标	期望产出	规模以上工业企业有效发明专利数	件
			规模以上工业企业新产品销售收入	万元
		非期望产出	工业环境污染指数	

续表

	指标名称	指标内容	单位
影响效应测算指标	解释变量 研发补贴	大中型工业企业科技活动经费中来自政府资金部分	%
	环境规制	工业治理污染完成投资占工业增加值比重	%
	控制变量 企业规模	大中型企业平均固定资产原值	万元
	产业结构	第二产业增加值占GDP的比重	%
	企业集聚	大中型工业企业数量	
	经济开放程度	大中型企业固定资产投资资金来源于外资资金的比重	%

本章的研究区域为长江经济带 11 个省市，研究样本期为 2008—2017 年，数据来源于《中国统计年鉴》《中国工业统计年鉴》（2009—2018 年）以及 EPS 数据库。各变量的描述性统计信息如表 6-2 所示。人力投入、财力投入、有效发明专利数、新产品销售收入的标准差达到了 107281、3537871、6.26×10^7、21861.21，说明长江经济带各区域之间在资源禀赋和技术产出方面表现出明显的不同。而 MGIE、物力（能源）投入、非期望产出、研发补贴、环境规制、企业规模、产业结构、企业集聚和经济开放程度虽然最小值和最大值之间存在一定差距，但标准差相对较小，说明个体间的离散程度相对较小，分布较为均匀。此外，MGIE 值位于 0 和 1 之间，截断特征明显，使用面板 Tobit 模型更为有效和无偏。

表 6-2　　　　　　　　　变量描述性统计

变量	样本数	平均值	标准差	最小值	最大值
人力投入	110	92871.16	107281	6134.28	455468
财力投入	110	3094582	3537871	77081.4	1.80×10^7
物力投入	110	0.662	0.483	0.193	2.277
有效发明专利数	110	5.55×10^7	6.26×10^7	615675	2.90×10^8
新产品销售收入	110	15675.74	21861.21	279	140346
非期望产出	110	0.034	0.003	0.028	0.042

续表

变量	样本数	平均值	标准差	最小值	最大值
MGIE	110	0.731	0.301	0.093	1
研发补贴	110	11.348	0.846	9.060	12.825
环境规制	110	1.200	0.468	0.520	2.660
企业规模	110	9.464	0.732	7.873	11.271
产业结构	110	0.462	0.056	0.298	0.554
企业集聚	110	9.385	0.852	7.753	11.090
经济开放程度	110	0.011	0.013	0.000	0.084

第三节 实证结果分析

一 长江经济带 MGIE 的测算结果：SBM – DEA 方法

运用 SBM – DEA 方法测算得到的 MGIE 结果如表 6 – 3 所示。从时间上来看，长江经济带 11 个省市的 MGIE 基本保持稳步上升的趋势。从空间上来看，下游 MGIE 普遍优于中、上游地区，上海、江苏、浙江在 2008—2017 年始终处于效率最优水平，安徽、江西、湖北、四川、重庆绿色创新投入的利用水平不断提高，湖南、贵州变动较为剧烈，云南在 2009—2017 年基本保持平稳。

表 6 – 3 2008—2017 年长江经济带各省市制造业绿色创新效率的测算结果

年份	2008	2009	2010	2011	2012	2013	2014	2015	2016	2017	均值
上海	1.000	1.000	1.000	1.000	1.000	1.000	1.000	1.000	1.000	1.000	1.000
江苏	1.000	1.000	1.000	1.000	1.000	1.000	1.000	1.000	1.000	1.000	1.000
浙江	1.000	1.000	1.000	1.000	1.000	1.000	1.000	1.000	1.000	1.000	1.000
安徽	0.361	0.460	0.468	0.493	0.573	1.000	1.000	1.000	1.000	1.000	0.736
江西	0.093	0.165	0.205	0.234	0.300	0.371	0.375	0.459	0.523	0.519	0.324

续表

年份	2008	2009	2010	2011	2012	2013	2014	2015	2016	2017	均值
湖北	0.355	0.397	0.383	0.384	0.415	0.504	0.497	0.610	0.587	0.610	0.474
湖南	1.000	1.000	1.000	0.757	1.000	1.000	1.000	1.000	1.000	0.714	0.947
贵州	0.179	0.280	0.367	0.380	0.338	1.000	0.403	1.000	0.379	0.354	0.468
四川	1.000	0.706	0.641	1.000	1.000	0.623	1.000	1.000	0.553	0.587	0.811
云南	1.000	0.389	0.417	0.384	0.357	0.390	0.367	0.387	0.343	0.303	0.434
重庆	1.000	1.000	1.000	1.000	0.483	0.514	1.000	1.000	1.000	0.528	0.853

二 计量结果分析

根据对长江经济带 MGIE 的测度结果，发现截断特征明显，为有效校正估算的偏差，本章采用面板 Tobit 模型，设定左截断数值为0，估计结果如表6-4所示。在1%的显著性水平下，模型的 χ^2（ChiSq）检验结果通过显著性检验，表明模型设定较为合理。同时，Hausman-Test 值表明相比面板 Tobit 随机效应模型，面板 Tobit 固定效应模型更为合适，因此本章主要就面板 Tobit 固定效应模型的结果展开分析①。

表6-4　研发补贴、环境规制影响 MGIE 的模型回归结果

变量	模型6-1	模型6-2	模型6-3	模型6-4
SUB	0.211** (2.34)		0.147 (1.53)	0.088 (0.85)
ER		-0.888* (-1.71)	-0.768 (-1.27)	-1.399** (-1.98)
ER^2		0.424** (2.04)		0.376 (1.49)
SUB×ER			0.372 (1.57)	0.055 (0.95)
sca	-0.401** (-2.08)	-0.273** (-2.25)	-0.400*** (-2.47)	-0.404** (-2.43)
indus	-2.380* (-1.95)	-4.396*** (-4.11)	-3.001** (-2.51)	-4.175*** (-4.36)
agg	0.495*** (2.82)	0.639*** (5.00)	0.580*** (5.18)	0.575*** (4.90)
fdi	0.543 (0.10)	3.459 (0.55)	3.737 (0.75)	3.723 (0.72)
χ^2	112.71*** (p=0.0000)	169.51*** (p=0.0000)	271.96*** (p=0.0000)	252.77*** (p=0.0000)

注：括号中为t值；*表示p<0.1，**表示p<0.05，***表示p<0.01。

第一，在5%的显著性水平下，研发补贴对长江经济带 MGIE 具

---

① 限于文章篇幅，本书省略了对一般面板效应和面板 Tobit 随机效应的分析。

有正向促进作用，假设6-1a成立。2017年长江经济带平均研发补贴的资金投入达到175717.63万元，几乎是2009年的3倍。与此同时，2017年长江经济带规模以上工业企业的研发资金投入、新产品销售收入、有效发明专利数分别比2009年增长了246.93%、219.03%、609.80%。可以看到，在研发补贴投入增加的同时也促进了长江经济带制造业企业自身的创新投入和产出。也就是说，较于研发补贴的"挤出效应"，研发补贴对MGIE的正向促进作用更为明显，有利于长江经济带MGIE的提高。

第二，在10%的显著性水平下，环境规制与长江经济带MGIE之间呈现出正"U"形关系，假设6-2a成立。经计算，本章认为模型6-2的拐点值为1.047，由表6-2的描述性统计可知，当前长江经济带环境规制强度的均值处于1.200的水平，也就是说环境规制水平已跨过拐点，正处于"U"形曲线的右侧，环境规制对提高长江经济带MGIE存在正向促进作用。这与Deng（2019）的结论是一致的。事实上，自2015年以来，我国政府颁发了一系列旨在加强长江经济带生态环境保护和制造业绿色发展的政府文件，重点加快传统制造业绿色改造升级，严格控制沿线石油加工、化学原料和化学制品制造、医药制造、化学纤维制造、有色金属、印染、造纸等项目的环境风险，推动钢铁、有色金属、造纸、印染、电镀、化学原料药制造、化工等污染较重的企业有序搬迁改造或依法关闭，对污染产业的跨区域转移进行严格监督，不断提高资源能源利用效率和清洁生产水平，极大地提高了长江经济带的绿色制造水平和MGIE。

第三，研发补贴、环境规制的交互项系数未能通过显著性检验，也就是说，研发补贴对环境规制与长江经济带MGIE之间的正向调节作用并不显著。一个现象需要注意，由《中国检察年鉴》及中国各省份的检查工作报告可知，2008—2016年，长江经济带11个省市贪污贿赂、渎职侵权案件数占全国案件总数的比重均在38%—40%，在政府寻租现象猖獗的背景下，研发补贴被用于寻租以放松监管和审查，减轻环境规制产生的惩罚的机会成本更小。从这个角度理解，寻租行为导致创新资源被浪费，并使制造业企业绿色创新投入的有效利用率大打折扣，这可能在一定程度上抑制了研发补贴的调节作用。

控制变量的相关结果如下。

第一，企业规模。在5%的显著性水平下，企业规模对提高长江经济带MGIE存在抑制作用。长江经济带拥有一批国有大型且具有垄断特征的钢铁、汽车和化工企业，这些垄断企业具有既定的市场领导者地位，其研发和生产经营管理体系相对成熟，研发或采纳绿色技术给企业带来的成本或风险会超过其可能带来的声誉增加或市场份额增加，企业绿色技术创新的意愿相对较低。

第二，产业结构。在10%的显著性水平下，产业结构对提高长江经济带MGIE存在抑制作用。目前长江经济带东、中、西部各省市的工业化进程差别较大，下游地区大多已经完成工业化，而中上游省市很多还处于工业化中期甚至是初期。处于工业化加速发展阶段的长江中上游地区各省市的产业结构仍以重化工业为主导的第二产业为主，这些地区仍在采取以大量消耗资源为特征的粗放型发展模式，导致了大量重化工企业在上述地区的集中布局。"重化工围江"的现象明显，大量的工业废水未经处理就直接排入长江，高污染的化工企业在生产过程中还会排放大量的工业废气，直接导致长江经济带绿色创新非期望产出的提高，拉低了MGIE水平。

第三，企业集聚。在1%的显著性水平下，企业集聚对提高长江经济带MGIE存在促进作用。长江经济带沿线各省市利用区位、产业、劳动力、市场等优势，已经基本形成基于FDI的电子信息、高端装备、汽车、家电、纺织服装五个跨区域的世界级产业集群，企业集聚为群内企业采用环保型生产技术提供了可能，其所带来的正外部性促进了技术进步和环保技术的推广，并导致"污染避难所"效应减小，进而提高了MGIE。

第四，经济开放程度。经济开放程度与长江经济带MGIE之间不存在显著的相关关系。一个可能的原因是长江经济带人力成本的逐年增加。2017年，长江经济带人口红利效应已经逐渐消失，城镇就业人员工资总额达到55508.17亿元，比2008年增长了309.94%。相比而言，与长江经济带上游毗邻的老挝、越南、柬埔寨等发展中国家的人力成本比较优势更大,部分长江经济带外商企业开始将投资区域转向东南亚国家,导致提高经济开放程度对提高长江经济带 MGIE 的影响效果并不明显。

三 稳健性检验

第一,环境规制、研发补贴与 MGIE 之间存在的双向因果关系会引起内生性问题,因此,本章使用工具变量法,通过运用工具变量法、构建面板 Ivtobit 模型进行纠正。一般来说,理想的工具变量是从历史或是地理角度选取的,在与内生变量保持直接相关关系的同时,尽量满足外生性要求。遵循这个原则,同时考虑到财政收入与研发补贴相关,却与 MGIE 并不直接相关,而环境规制与空气流通系数之间存在负向关系,自然现象的属性能够满足外生性的要求,本章分别选择财政收入、空气流通系数作为研发补贴和环境规制的工具变量(沈坤荣等,2017;Shi and Xu,2018)。如表 6-5 所示,各个工具变量均通过弱工具变量检验和外生检验,说明工具变量的选取是有效的。研发补贴在 5% 的显著性水平下对 MGIE 存在正向促进作用,并且研发补贴对 MGIE 的提升作用变强了,表明忽略内生性问题会低估研发补贴对 MGIE 的正向影响。

表 6-5 研发补贴、环境规制影响 MGIE 的 Ivtobit 模型回归结果①

变量	模型 6-1	模型 6-2	模型 6-3
SUB	0.540*** (4.43)		0.633** (2.29)
ER		-4.396 (-1.22)	0.052 (0.01)
ER^2		1.521 (1.12)	-0.092 (-0.06)
sca	-0.544*** (-4.08)	0.069 (0.47)	-0.615* (-1.76)
indus	-0.791 (-1.19)	-1.543 (-0.62)	0.462 (0.18)
agg	0.237*** (3.01)	0.193 (1.52)	0.196** (1.98)

① 模型 6-4 未能通过内生性检验,限于文章篇幅,未列出及说明相关结果。

续表

变量	模型6-1	模型6-2	模型6-3
fdi	1.656（0.601）	4.057（0.75）	0.980（0.20）
常数项	-2.128***（3.63）	1.684（0.77）	-2.614（-0.82）
χ^2	59.14***（p=0.0001）	21.35***（p=0.0016）	48.28***（p=0.0000）
Wald 外生检验	33.55***（p=0.0000）	12.04***（p=0.0024）	52.48***（p=0.0024）
AR	138.57***（p=0.0000）	83.05***（p=0.0000）	163.97***（p=0.0024）

注：括号中为t值；*表示$p<0.1$，**表示$p<0.05$，***表示$p<0.01$。

第二，本章通过替换核心解释变量研发补贴的指标，从变量层面对研究结论进行稳健性检验。选用企业政府技术补贴占企业主营业务收入的比重作为研发补贴的替代指标，重新进行面板 Tobit 回归。稳健性检验结果如表6-6所示，研发补贴在5%的显著性水平下，对提高长江经济带 MGIE 具有促进作用。在10%的显著性水平下，环境规制与 MGIE 之间同样保持"U"形关系，研发补贴在环境规制与 MGIE 间的正向调节作用未能通过显著性检验。总的来说，估计结果基本与表6-4保持一致，本章的研究结论是稳健可靠的。

表6-6　研发补贴、环境规制对 MGIE 的影响效应结果（变量层面）

变量	模型6-1	模型6-2	模型6-3	模型6-4
SUB	0.062**（2.12）		0.042（1.59）	0.034（1.07）
ER		-0.888*（-1.71）	-0.729*（-1.82）	-1.557**（-2.51）
ER^2		0.424**（2.04）	0.351**（2.17）	0.346**（2.20）
SUB×ER				0.074（1.13）
sca	-0.177（-1.46）	-0.273**（2.25）	-0.267***（-2.87）	-0.340***（-2.78）
indus	-0.905（-0.97）	-4.396***（-4.11）	-3.320**（-2.53）	-3.342**（-2.53）
agg	0.353**（1.96）	0.639***（5.00）	0.517***（3.79）	0.501***（3.69）
fdi	-1.136（-0.26）	3.459（0.55）	1.783（0.39）	2.111（0.47）
χ^2	110.86（p=0.0000）	169.51（p=0.0000）	524.57***（p=0.0000）	628.35***（p=0.0000）

注：括号中为t值；*表示$p<0.1$，**表示$p<0.05$，***表示$p<0.01$。

第三，考虑到研发补贴、环境规制可能在较长一段时间内才能对 MGIE 发挥作用，因而分别选取研发补贴、环境规制的滞后一项重新纳入模型，以检验研发补贴、环境规制影响 MGIE 的效应在长期与短期内是否保持一致，具体结果如表 6-7 所示。在 10% 的显著性水平下，研发补贴对 MGIE 存在正向促进作用，研发补贴与环境规制的交叉项系数未通过显著性检验，受所选时限影响环境规制与 MGIE 之间的"U"形关系也未能通过显著性检验。但总体结果基本与表 6-4 保持一致。

表 6-7　　研发补贴、环境规制对 MGIE 的影响效应结果（时限层面）

变量	模型 6-1	模型 6-2	模型 6-3	模型 6-4
$L.SUB$	0.208** (2.12)		0.143* (1.76)	0.167 (1.21)
$L.ER$		0.00004 (0.01)	0.003 (0.78)	00.003 (0.81)
$L.ER^2$		0.0110*** (2.93)	0.096*** (4.25)	0.159 (0.55)
$L.SUB \times L.ER$				-0.016 (0.24)
sca	-0.311 (-2.08)	-0.255 (-1.29)	-0.339** (-2.11)	-0.336** (-1.98)
$indus$	-2.529** (-2.12)	-4.459*** (-3.76)	-3.729*** (-3.14)	-3.730*** (-3.26)
agg	0.370** (2.44)	0.560*** (2.97)	0.474** (2.39)	0.469** (2.35)
fdi	11.385** (-2.19)	13.086 (1.11)	12.796 (1.54)	13.309 (1.43)
χ^2	111.68*** (p=0.0000)	134.75*** (p=0.0000)	448.64*** (p=0.0000)	640.12*** (p=0.0000)

注：括号中为 t 值；* 表示 $p<0.1$，** 表示 $p<0.05$，*** 表示 $p<0.01$。

第四节　本章小结

本章首先利用包含非期望产出的 SBM-DEA 模型测算长江经济带 MGIE，并将研发补贴和环境规制的交互项、环境规制的平方项引入模型，进而运用面板 Tobit 模型检验研发补贴、环境规制影响长江经济带 MGIE 的效应。主要结论包括：第一，研发补贴有利于提高长江经济带 MGIE，研发补贴及其释放的经济信号能够带来其他外部融资机会，能够提高制造业企业绿色技术创新活动的积极性，降低绿色技术研发活动的成本和风险；第二，环境规制与 MGIE 之间呈现出正"U"形关系，当前环境规制已经跨过拐点，处于"U"形曲线的右侧，即环境规制的"创新补偿"效应超过了"遵循成本"效应，环境规制对提高长江经济带 MGIE 存在正向促进作用；第三，研发补贴、环境规制的交互项系数未能通过显著性检验，即研发补贴在环境规制与 MGIE 间的正向调节作用并不显著，研发补贴未能有效刺激环境规制的创新补偿效应的发挥；第四，长江经济带沿线大量垄断企业的空间布局特征和重型化的产业结构不利于提高 MGIE，而企业集聚对提高长江经济带 MGIE 具有显著的正向促进作用，经济开放程度未能通过显著性检验。

本章尚存在一定的改进空间，特别是：第一，由于绿色技术创新、要素流动、环境污染都在空间上表现出明显的相互关联和相互依赖的特征，将空间因素纳入 MGIE 的影响因素的研究是有必要的。事实上，各省份之间在创新方面存在越来越多的联系，创新网络日益密集（Wang et al., 2020）。第二，考虑到变量选取对本章研究结论具有关键的作用，所以即使已在稳健性检验部分对指标进行了若干替换，但仍然可能存在一定缺失。例如，工业治理污染完成投资额、监督检查次数、政府环保支出、排污费/税等都可以作为环境规制的代理指标。因而当选择其他变量进行回归时，结论是否会改变，是需要进一步进行探讨的问题。

本章蕴含的政策启示在于：第一，鉴于研发补贴对长江经济带 MGIE 存在显著的正向促进作用，当前应当继续加大研发补贴，引导制造业企业加大绿色创新投入力度，但需要注意创新补贴方式方法，避免产生"挤出效应"并吸引更多制造业企业加大绿色技术研发。第二，考虑到目前长江经济带严峻的资源环境压力，未来一段时间内仍然需要突出环境规制对提高 MGIE 的重要作用。通过制定市场激励型、命令控制型、社会意愿型的多种环境政策工具体系，引导长江经济带沿线省市发展绿色制造、先进制造和智能制造，进一步降低制造业非期望产出。第三，为发挥研发补贴在环境规制与 MGIE 之间的调节作用，一个可选的路径是加强长江经济带沿线政府部门的廉政建设，减少制造业企业逆向寻求补贴、政府寻租腐败的情况出现，提高研发补贴发放的透明性。加强政府事后监管的力度，将环境质量作为政府绩效考评的一个重要指标，保证研发补贴使用和环境规制执行的有效性。第四，在控制变量方面，为减少长江经济带企业规模和产业结构对 MGIE 的抑制作用，应重点培育科技型中小企业，推进大型国有垄断企业的市场化改革。同时，培育新技术、新产品、新业态、新商业模式，实现产业服务化、高端化、智能化、知识化、低碳化发展，推进长江经济带产业结构的合理化和高端化。

第七章　技术推动、市场拉动与长江经济带制造业绿色创新效率

技术推动和市场拉动被认为是企业绿色创新的两大重要动力（Costantini et al., 2015；Kim and Brown, 2019）。一方面，企业在绿色技术水平上的重大突破能够直接推动绿色创新活动的产生和开展，来自跨国企业的技术竞争同样可以倒逼企业绿色技术创新水平的提高（Bloom et al., 2016），并引起绿色技术创新在企业内部甚至是上下游间的扩散（Navas, 2015）。值得注意的是，跨国公司因为技术优势也可能会对本国企业的市场份额形成挤压（Backer and Sleuwaegen, 2003）。另一方面，需求导向和需求规模被认为是企业进行绿色创新的重要内在激励（杨朝均等，2018），越大的市场需求往往越能帮助企业建立起竞争优势，并引导企业在技术、产品和销售等方面按照特定的市场偏好进行改变和升级（Qi et al., 2013）。但是，也有学者认为市场需求因素会对企业绿色创新能力的提升产生抑制作用（赵文军和于津平，2012；李平和于国才，2009）。为此，本章提出关于技术推动、市场拉动影响制造业绿色创新效率的理论假设，选取2008—2017年面板数据，运用面板Tobit模型，实证检验技术推动、市场拉动影响长江经济带MGIE的效应。

第一节　技术推动和市场拉动影响 MGIE 的研究假设

一　技术推动影响 MGIE 的研究假设

技术推动一方面来自企业自身研发能力的增强，另一方面来自外

部竞争压力的倒逼。就前者而言，自主研发作为企业技术创新的最主要途径之一，与技术创新存在明显的正向促进关系（Hu，2001），也就是说企业自身研发能力的提高直接导致企业生产产品种类数目的增加以及产品质量的升级（文玉春，2017）。在既定的绿色创新投入下，随着制造业企业研发能力的不断提高，能够在绿色创新产出的数量和质量等方面带来一定的提升。

就后者而言，随着进出口贸易的日益发展，长江经济带制造业企业正处在一个竞争日益激烈的大环境之中。跨国公司在全球统一的生产标准和环境标准的规范之下，一般被认为在生产技术和污染处理技术等方面均更有优势（毛其淋和许家云，2015）。因此，在面对来自跨国企业的技术竞争压力时，企业必须抛弃原有的为发展经济而牺牲环境的短视观念，转而积极探索有利于环境保护和节约资源的新技术以作为其取得或保持核心竞争力、提高生产力的重要途径，这样才是企业谋求长期发展的重要途径，才能缓解当前制造业外延式发展模式导致的污染激增、资源浪费等不良局面（金碚，2005）。

总之，技术推动是影响制造业绿色创新效率的重要因素，据此分别提出本章的研究假设 7-1：企业自身研发能力越强，越有利于提高 MGIE，反之则反是；研究假设 7-2：跨国企业技术竞争压力越大，越有利于提高 MGIE，反之则反是。

二 市场拉动影响 MGIE 的研究假设

如前文所述，市场导向对绿色创新非常重要。市场包括国内和国际两个方面。就国内市场而言，市场需求的扩大对制造业新产品研发、生产和销售起到重要的促进激励作用，这也包括对制造业绿色创新产品供给的刺激。特别是，如果这种市场需求是绿色导向的，会更加显著地吸引制造业企业加大绿色技术研发、绿色技术专利成果的应用以及绿色产品设计等。就国际市场而言，出口贸易使企业面临着更为广阔的市场，在获得更多机会的同时也存在更多的竞争。只有通过了国际市场检验，技术创新才能形成商业价值，创新资源投入才是有效的，创新活动才是可持续的。因此，为攫取国外市场，需要制造业企业不断改进产品及各个相关环节以更好地贴合国际市场的需求，在

第七章　技术推动、市场拉动与长江经济带制造业绿色创新效率 | 139

此过程中倒逼企业进行创新。那么，为了更好地适应国际市场需求端的绿色化发展，势必会引起制造业企业在供给端的同步变革。

总之，市场拉动是影响制造业绿色创新效率的重要因素，据此分别提出本章的研究假设 7-3：国内市场需求拉动能力越强，则越有利于提高 MGIE，反之则反是；研究假设 7-4：国际市场需求拉动能力越强，则越有利于提高 MGIE，反之则反是。

本章的研究假设如图 7-1 所示。

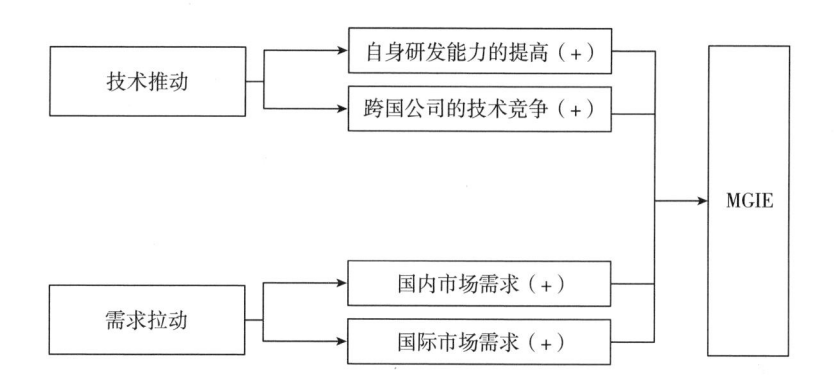

图 7-1　技术推动、需求拉动影响 MGIE 的作用机制

注：+ 表示技术推动、需求拉动与 MGIE 之间存在正向关系。

第二节　研究模型设计

一　模型构建

本章构建面板 Tobit 模型估算技术推动、市场拉动影响 MGIE 的效应。基于 Honoré（1992，2000）的做法，采用面板 Tobit 模型估算技术推动、市场拉动影响 MGIE 的效应。面板 Tobit 模型定义如式（7-1）、式（7-2）所示：

$$MGIE_{it}^* = TE_{it}\gamma + MA_{it}\eta + X_{it}\beta + \alpha_i + \varepsilon_{it} \qquad (7-1)$$

$$MGIE = \max\{0, MGIE^*\} \qquad (7-2)$$

其中，i 表示省市，t 表示年份，$MGIE_{it}$、TE_{it}、MA_{it} 表示第 i 个省市在第 t 年的 MGIE、技术推动、市场拉动，X_{it} 表示控制变量，γ、η、β 表示待估参数，α_i 表示个体固定效应，ε_{it} 表示随机因素。

二 变量选取、数据来源及处理

（一）变量选取

被解释变量为 MGIE。对效率的测评基于 CRS 的假设，选取技术效率作为 MGIE 的代理变量。核心解释变量为技术推动（TE）和市场拉动（MA）。一方面，技术推动包括企业自身研发能力的提高（$MA1$）以及来自跨国企业技术竞争的倒逼（$MA2$）。考虑到数据的代表性和可获得性，选取规模以上工业企业新产品项目数和外商投资企业进出口总额分别作为技术推动的代理变量。另一方面，市场包括国内市场（$TE1$）和国外市场（$TE2$）两个方面，选取规模以上工业企业工业销售产值和规模以上工业企业出口交货值作为市场拉动的代理变量。变量选取的有关信息如表 7-1 所示。控制变量的选择与上一章相同。

表 7-1　　　　　　　变量选取及处理

	指标名称	指标内容	单位
解释变量	企业自身研发能力	规模以上工业企业新产品项目数	项
	跨国企业技术竞争	外商投资企业进出口总额	亿元
	国内市场需求拉动	规模以上工业企业工业销售产值	亿元
	国际市场需求拉动	规模以上工业企业出口交货值	亿元
控制变量	企业规模	大中型企业平均固定资产原值的对数	万元
	产业结构	第二产业增加值占 GDP 的比重	%
	企业集聚	大中型工业企业数量的对数	
	经济开放程度	大中型企业固定资产投资资金来源于外资资金的比重	%

（二）研究区域、数据来源及处理

本章的研究区域和样本期与上一章相同，数据来源于相应年份的

《中国统计年鉴》《中国工业统计年鉴》以及 EPS 数据库。各变量的描述性统计信息如表 7-2 所示。虽然本章各个指标间的最小值与最大值仍存在一定差距，但标准差相对较小，说明个体间的离散程度相对较小，分布较为均匀。

表 7-2　　　　　　　　变量描述性统计

变量	样本数	平均值	标准差	最小值	最大值
企业自身研发能力	110	9.133	1.078	6.662	11.186
跨国企业技术竞争	110	8.128	1.417	5.060	10.594
国内市场需求拉动	110	10.092	0.875	7.996	12.012
国际市场需求拉动	110	7.352	1.599	4.296	10.060
企业规模	110	9.464	0.732	7.873	11.271
产业结构	110	0.462	0.056	0.298	0.554
企业集聚	110	9.385	0.852	7.753	11.090
经济开放程度	110	0.011	0.013	0.000	0.084

第三节　实证结果分析

一　计量结果分析

（一）长江经济带整体层面

本章采用面板 Tobit 模型，设定左截断数值为 0，估计结果如表 7-3 所示。在 1% 的显著性水平下，模型的 χ^2（ChiSq）检验结果通过显著性检验，表明模型设定较为合理。同时，Hausman-Test 结果表明相较于面板 Tobit 随机效应，面板 Tobit 固定效应更为合适，因此本章主要就面板 Tobit 固定效应模型的结果展开分析[①]。

---

① 限于文章篇幅，本章省略了对一般面板效应和面板 Tobit 随机效应的分析。

表7–3　　　　　　　　技术推动、市场需求拉动影响
MGIE 的面板 Tobit 回归结果

变量	长江经济带	中下游	上游
TE1	0.319** (2.54)	0.354*** (2.88)	0.132 (0.91)
TE2	0.280*** (3.38)	-0.278 (-1.24)	0.414*** (5.76)
MA1	0.878*** (4.30)	0.934*** (7.34)	1.129*** (8.85)
MA2	-0.290*** (-2.96)	0.309 (1.43)	-0.486*** (-4.00)
sca	-1.057*** (-5.34)	-0.993*** (-3.86)	-1.171*** (-3.73)
indus	-2.969*** (-2.82)	-4.174*** (-10.16)	-3.659** (-2.21)
agg	0.071 (0.24)	0.287 (0.92)	0.466 (1.38)
fdi	-3.751 (-0.83)	9.334 (0.84)	26.153 (0.97)
ChiSq	750.78 (p=0.0000)	302.12 (p=0.0000)	349.93 (p=0.0000)

注：括号中为 t 值；*表示 $p<0.1$，**表示 $p<0.05$，***表示 $p<0.01$。

由表7–3可知，第一，源于企业自身研发能力提高的技术推动在5%的水平上显著，且其系数为正，这表明从整体层面上看，企业自身研发能力的提高可以有效促进长江经济带 MGIE 的改善，验证了本章研究假设7–1的有效性。纵观整个考察期，2017年长江经济带规模以上工业企业的新产品项目数相比2009年增长了100.04%。这反映了长江经济带企业自身研发能力在考察期得到了较大提升，其有效推动单位创新产出的投入减少或单位创新投入的产出增加，反映在具体结果上则表现为，长江经济带规模以上工业企业的新产品销售收入和有效发明专利在同一时期分别增长了219.03%和609.80%。

第二，由跨国企业技术竞争引起的技术推动在1%的水平上高度显著，且其系数为正，这表明从整体层面上看，跨国企业技术竞争对长江经济带 MGIE 的提高有明显的促进作用，验证了本章研究假设7–2的有效性。该假设的成立可能与这一时期长江经济带全方位、多层次、宽领域对外开放格局的不断深化有关。随着跨国企业大量涌入长江经济带，一方面会带来技术上的溢出效应，并在企业管理及运营等方面为国内企业树立标杆，产生良好的示范带动效用；另一方面国内企业也会面临高压力和强竞争，进而引发应激反应、鲶鱼效应，倒

逼国内企业优化资源配置，加大科技创新力度，以提高其竞争力。此外，该效应要弱于企业自身研发能力提高所带来的技术推动效应，表明在开放经济条件下仍需以提高国内企业自身研发能力为重。

第三，国内市场需求拉动在1%的水平上高度显著，且其系数为正，这表明国内市场需求拉动对长江经济带MGIE的改善有明显推动作用，验证了本章研究假设7-3的有效性。该假设的成立可能与这一时期长江经济带向消费拉动型经济增长格局的逐渐演变有关。受2008年爆发的全球金融危机影响，长江经济带进出口贸易大幅萎缩，转而向消费型经济转型，其国内市场也因此得以快速发展。与此同时，长江经济带顺应国家创新驱动发展战略，将科技创新放在核心位置，以市场为导向推动企业科技成果的转化，进而促进其MGIE的提升。与其他核心解释变量的效应相比，国内市场需求拉动的正向驱动效应是最大的，这也进一步验证了长江经济带对国内市场的优先发展和积极开拓。

第四，国际市场需求拉动在1%的水平上高度显著，且其系数为负，这表明国际市场需求拉动对长江经济带MGIE的改善存在明显抑制作用，与本章研究假设7-4相悖。究其原因，这可能与这一时期长江经济带不合理的对外贸易结构有关。在考察期内，尽管长江经济带的对外出口规模屡创新高，但出口的产品结构仍面临着技术含量低、附加值低、环保性差等问题，劳动密集型产品占据核心地位，而高技术产品却严重依赖国外企业，且服务贸易发展仍处在低位，这些都极大地限制了国际市场不断开拓带来的正向效应。未来随着长江经济带对外贸易结构的优化和调整，这一局面将有望改变。

(二) 区域层面

进一步地，考虑到长江经济带中下游和上游省市在资源禀赋、经济发展水平、对外贸易情况、产业结构特征等方面存在不同，本章将11个省市划分为中下游、上游两大区域，进而考察企业技术推动和需求拉动影响MGIE的效应在两大区域间表现出的差异性。结果如表7-3所示。

第一，对长江中下游而言，源于企业自身研发能力提高的技术推动在1%的水平上显著正相关，而对长江上游而言，该变量未能通过显著性检验，这表明从区域层面看，企业自身研发能力的提高只对长江经济带中下游 MGIE 的改善有促进作用。该现象的发生可能与长江经济带中下游企业自主研发能力较强而上游企业较低的格局有关。长江经济带中下游地区创新资源丰富，在信息技术、智能制造、生物医药以及新材料等方面发展优势明显，而上游地区对资源密集型产业依赖较重，自主创新能力不足。这种长江经济带企业自主研发能力倚重中下游地区的局面也解释了企业自身研发能力提高对中下游地区的作用效果要大于整个经济带的事实。未来随着长江经济带产业的加速转移和协调发展，这种局面将有望得到缓解。

第二，对长江上游而言，由跨国企业技术竞争引起的技术推动在1%的水平上显著正相关，而对长江中下游而言，该变量未能通过显著性检验，这表明从区域层面看，由跨国企业技术竞争引起的技术推动只对长江上游 MGIE 的提高有推动作用。该现象的发生与长江经济带上游地区企业竞争能力与跨国企业差距较大，而中下游地区差距较小的格局有关。长江经济带中下游地区汇聚了大量的中高端企业，也是最早引入外资的地区，与跨国企业的技术差距较小，而上游地区企业以资源密集型、劳动密集型为主，外资进入较慢，与跨国企业的技术差距较大，这也就造成了跨国企业所带来的技术溢出效应和倒逼效应在上游地区得到更大的发挥，并要强于整个经济带平均水平。

第三，无论对长江经济带中下游而言，还是对长江经济带上游而言，国内市场需求拉动在1%的水平上均显著正相关，这表明从区域层面上看，国内市场需求拉动对长江经济带上游及中下游 MGIE 的改善均具有明显推动作用。以市场需求为导向拉动技术创新的机制对长江经济带上游和中下游均适用，为此应加强对消费者的合理引导，积极扩大对国内企业高新技术产品、生态环保产品的有效需求规模，以最大限度发挥该变量对 MGIE 的正向促进作用。此外，国内市场需求拉动在长江经济带上游发挥的效果要好于在中下游发挥的效果，这可能是由于上游绿色创新市场开拓较慢，所具备的后发优势更为强劲。进一步，该变量在整个经济带发挥的效果最差，这说明其可能面临着规模效应瓶颈问题。

第四，对长江经济带上游而言，国际市场需求在1%的水平上显著负相关，而对长江中下游而言，该变量并未通过显著性检验，这表明从区域层面看，国际市场需求只对长江经济带上游MGIE的改善有抑制作用。该现象的发生可能与长江经济带上游对外贸易结构相比中下游对外贸易结构更为不合理的格局有关。受产业分布格局的影响，长江经济带中下游对外出口的产品技术层次、附加值、环保性等整体上要优于上游，上游要做好承接中下游中高端产业的工作，加速脱离产业链的低端。此外，尽管国际市场需求对长江经济带中下游MGIE的改善没有通过显著性检验，但其系数显示为正，这也在一定程度上佐证了未来随着对外贸易结构的持续优化和改善，长江经济带企业有望享受国际市场开拓所带来的红利。

二 稳健性检验

（一）内生性问题

当其他能够影响MGIE的遗漏变量被纳入随机误差项后，可能会与其他解释变量存在相关性，内生性问题由此产生。由于前期的MGIE可能会对当期的绿色创新活动产生影响，因此，本章将滞后一阶的MGIE作为解释变量，构建动态面板模型以减小内生性的影响。参考Arellano和Bond（1991）、Arellano和Bover（1995）的研究，本章采用系统GMM使用动态面板模型估计长江经济带整体层面上的技术推动、需求拉动影响MGIE的效应，记为模型7-1。

与面板Tobit结果相比，系统GMM法估计的系数和显著性水平发生了一定程度的变化，说明内生性问题确实对模型估计结果造成了一定影响。根据表7-4，由回归方程的AR（1）检验、AR（2）检验结果，可认定回归模型的残差序列项存在一阶自相关而不存在二阶自相关，Hansen检验的p值表明不能拒绝过度识别有效的原假设，同时大部分变量也在给定的显著性水平下通过了检验，表明动态面板设定较为理想。如表7-4所示，在10%、5%、10%的显著性水平下，企业自身技术发展、跨国公司技术竞争、国内市场拉动都能对提高MGIE发挥正向作用，在10%的显著性水平下，国际市场拉动对提高

MGIE 存在负向抑制作用。估计结果与表 7-3 基本保持一致。

(二) 变量层面

本章首先通过替换核心解释变量国际市场的指标,对本章结论进行稳健性检验。选用工业出口交货值与工业销售产值的比值代替工业出口交货值作为国际市场拉动力量的替代指标,重新进行面板 Tobit 回归,记为模型 7-2。稳健性检验结果如表 7-4 所示,在 5% 的显著性水平下,跨国公司技术竞争对提高长江经济带 MGIE 具有促进作用,企业自身技术发展、国内市场需求拉动对提高长江经济带 MGIE 有正向促进作用,国际市场需求拉动对提高长江经济带 MGIE 的负向抑制作用未能通过显著性检验。总的来说,估计结果基本与表 7-3 中长江经济带整体的结果一致,本章的研究结论是稳健可靠的。

表 7-4 技术推动、市场需求拉动影响长江经济带 MGIE 的稳健性回归估计结果

变量	模型 7-1	模型 7-2
$L.\ eff$	0.159 (1.83)	
$TE1$	0.372*** (4.51)	0.119 (1.00)
$TE2$	0.230** (2.28)	0.371** (2.07)
$MA1$	0.772*** (3.81)	0.309 (1.00)
$MA2$	-0.342*** (-3.42)	-0.042 (-1.67)
sca	-0.859*** (-5.53)	-0.678** (-2.42)
$indus$	-1.563* (-1.98)	-1.571 (-1.04)
agg	-0.055 (-0.62)	0.447** (2.03)
fdi	2.271 (1.27)	0.531 (0.07)
AR (1) -p	0.058	
AR (2) -p	0.591	
Hansen -p	0.401	

注:括号中为 t 值;* 表示 p<0.1,** 表示 p<0.05,*** 表示 p<0.01。

第四节　本章小结

技术推动和市场拉动被认为是绿色创新活动的两大重要动力，技术推动和市场拉动因素均会影响长江经济带 MGIE 的效应。本章基于包含非期望产出的 SBM–DEA 模型测算得出的长江经济带 MGIE，运用面板 Tobit 模型从长江经济带整体以及地区分异角度检验技术推动、市场拉动因素影响 MGIE 的效应。主要结论包括：第一，从长江经济带整体来看，企业自身研发能力的增强以及外部竞争的倒逼均是技术推动的重要方面，企业自身研发能力和来自跨国企业的技术竞争均对提高长江经济带 MGIE 存在正向促进作用；随着绿色导向需求的日益增长，来自国内市场的需求拉动对提高长江经济带 MGIE 存在正向促进作用，但是价值链"低端锁定"效应导致来自国际市场的需求拉动并没有对长江经济带 MGIE 产生正向促进作用。第二，从分区域角度看，长江经济带各地区的技术推动和市场拉动影响 MGIE 的效应存在异质性。具体表现在：中下游地区的企业自身研发能力、来自国内市场的需求拉动对提高长江经济带中下游的 MGIE 存在正向促进作用，跨国企业的技术竞争、来自国际市场的需求拉动均未能通过显著性检验；上游地区的跨国企业的技术竞争、来自国内市场的需求拉动对提高长江经济带上游的 MGIE 存在正向促进作用，来自国际市场的需求拉动对提高长江经济带上游的 MGIE 存在负向抑制作用，而企业自身研发能力未能通过显著性检验。与此同时，本章尚存在一定的改进空间，特别是，技术创新作为技术和市场交互作用下的产物，技术的推动和市场需求的扩大为技术创新的最终实现提供了来自供给和需求两端的重要支撑。也就是说，单独分析其中的任何一项均会导致技术创新缺少动力，本章缺少对技术推动和市场拉动的交互效应的考量。

第八章　提升长江经济带制造业绿色创新效率的实现路径及建议

结合制造业绿色创新效率的内涵以及长江经济带制造业绿色创新的现实基础，提升长江经济带制造业绿色创新效率需要从三个维度入手，一是从投入角度提升绿色创新投入水平，加大绿色技术研发人员和资金投入，同时减少单位增加值能耗和物耗；二是从产出角度增加创新和经济收益等期望产出，减少单位增加值污染物排放等非期望产出；三是从促进绿色创新投入产出转化角度，完善技术推进机制、市场拉动机制和制度驱动机制。

第一节　优化制造业绿色创新投入结构

一　鼓励制造业企业加大研发投入

制造业企业的研发投入包括资金投入、人员投入和设备投入，当前的重点是激励长江经济带制造业企业加大研发资金投入。从目前来看，政府部门采取的激励手段主要有补贴、税收优惠和股权投资三种①。

首先，补贴方式有前补贴和后补贴两种形式，前补贴是指由企业直接向政府部门按照研发资金投入计划申请相应的补贴，补贴资金的

---

① 需要说明的是，制造业企业的研发投入并非越多越好，一方面，研发资金与研发人员、研发设备需要匹配才能避免资金浪费；另一方面，研发资金投入的方向、使用的方式方法、研发资金管理制度等都会影响研发投入的最终效果。由于研究主题和篇幅，本部分并未展开论述。

获得发生在企业研发资金投入行为之前。以企业为主体向政府部门申报的各类技术研发项目是前补贴的主要形式。后补贴是指企业先进行研发资金投入，然后根据研发资金投入占企业年销售收入的比例等标准，申请政府的资金补贴，补贴资金的获得发生在企业研发资金投入行为之后。目前，很多地方政府都设立了专门的研发投入补贴专项资金，并主要采取后补贴的方式，主要鼓励企业加大研发资金投入的数量和规模，或引导企业研发试制填补国内空白的重大新技术和新产品。

其次，税收优惠主要是对企业研发资金投入进行一定的税收减免，目前采用的主要政策工具是研发费用加计扣除。按照现行政策规定，它是指"企业为了开发新技术、新产品、新工艺的研发费用，未形成无形资产计入当期损益的，在按照规定据实扣除的基础上，按照研发费用的50%加计扣除；形成无形资产的，按照无形资产成本的150%摊销。对于科技型中小企业而言，自2017年1月1日至2019年12月31日，研发费用加计扣除比例由50%提高到75%"[①]。1996—2002年，该政策最初仅限于国有、集体工业企业；2003年开始，政策享受主体逐步扩大，2004年和2006年，财政部、国家税务总局先后联合印发了《关于扩大企业技术开发费加计扣除政策适用范围的通知》（财税〔2003〕244号）和《财政部国家税务总局关于企业技术创新有关企业所得税优惠政策的通知》（财税〔2006〕88号），明确了"财务核算制度健全、实行查账征税的内外资企业、科研机构、大专院校等"都可享受该政策优惠；2008—2012年，该政策进一步系统化和体系化，并被以法律的形式予以明确；自2013年至今，研发费用加计扣除范围逐渐扩大且核算申报流程不断简化，《关于提高科技型中小企业研究开发费用税前加计扣除比例的通知》（财税〔2017〕34号）《关于提高科技型中小企业研究开发费用税前加计扣除比例有关问题的公告》（国家税务总局公告2017年第18号）《国家税务总局关于研发费用税前加计扣除归集范围有关问题的公告》

---

① http://www.chinatax.gov.cn/n810219/n810744/n3213637/index.html.

(国家税务总局公告 2017 年第 40 号）等政策文件先后下发，政策优化的重点主要集中在提高科技型中小企业研发费用加计扣除比例、明确研发费用归集范围、简化研发费用在税务处理中的核算及备案管理等方面①。

最后，股权投资方式主要是通过政府主导的股权投资基金，同时吸引民间投资和社会资本投入企业研发活动，重点对研发成果产业化进行资金支持。从现阶段看，该方式对企业加大研发资金前期投入的引导性作用还有待进一步检验，政策工具创新还有较大空间。此外，还可以引导企业建立研发准备金制度，鼓励企业对项目技术研发费用进行单独明细核算，对实施研发资金投入管理制度创新的企业进行奖励。

除了长江经济带沿线 11 个省市采取的鼓励制造业企业加大研发资金投入的政策举措，笔者认为从政策效果和区域差异的角度出发，以下几个问题需要进一步思考：一是政府部门的研发资金补贴行为是否会对制造业企业的研发投入产生"挤出效应"？或者说，"挤出效应"是否会超过"激励效应"？二是长江经济带沿线各省市经济发展水平具有显著的异质性，制造业企业竞争力差异也较为明显，政府部门能够给予企业的补贴资金数量和规模既是有限的也是有差异的，经济相对发达地区的研发资金补贴政策是否会导致相对欠发达地区制造业特别是优质制造业企业的跨区域转移，进而进一步加剧长江经济带各省市之间发展的不平衡、不协调？三是现有的政策工具的执行标准是否考虑了区域差异性？例如，研发费用加计扣除政策在不同地区的企业所享受的扣除比例、归集范围和扣除方式几乎是相同的，长江经济带经济相对落后地区并没有获得相对的政策优势。

围绕上述问题，鼓励长江经济带制造业加大研发资金投入至少可以在三个方面进行有益的探索：一是重视研发补贴政策的短期效果和长期效果的差异，适时对政府研发补贴政策和税收减免政策的实际实施效果进行评估，对补贴投入或税收优惠的方式进行及时必要的改革

---

① http://www.chinatax.gov.cn/n810219/n810744/n3213637/index.html.

创新。需要强调的是，长江经济带各省市资源禀赋、经济条件等均有差异，应对不同省市进行区别性的政策实施评价，而不能仅做长江经济带的整体性政策实施效果评估；二是可以考虑从国家层面设立长江经济带制造业企业研发补贴专项资金，重点对长江经济带重点产业重大领域的产业关键共性技术研发资金投入进行补贴，沿线各省市的制造业企业均可以申请，同时对长江经济带上游地区的制造业企业予以适当的倾斜；三是探索在长江经济带沿线各省市实行差异化的研发补贴加计扣除政策，制定不同的政策实施标准。同时，鼓励和支持沿线各省市的国家自主创新示范区结合自身制造业企业发展基础和财政税收状况等，大胆地进行政策工具创新，鼓励先行先试。

二 提高制造业企业能源利用效率

制造业绿色创新的能源投入并不是越多越好。一方面，能源特别是化石能源是不可再生资源，不可能无限开采，并且在其开发利用过程中也会造成环境污染和生态破坏；另一方面，经济学基本理论告诉我们，随着能源投入的不断增加，制造业产出在开始阶段会随之增加，但当能源投入达到一定规模阈值，能源投入带来的边际产出会开始减少，制造业总产出也会减少，也就是说能源投入与制造业产出之间存在"倒U"形关系。对于长江经济带制造业而言，应从能耗总量控制和能耗强度下降两个维度出发，降低单位工业增加值能耗，提高单位能耗工业增加值。

一是要优化产业结构。首先，控制高耗能行业过快增长，通过用地指标限制、信贷资金压缩、园区准入制度等手段防止高耗能行业重复低水平建设，同时加快发展节能环保产业，提升节能环保技术研发能力和服务水平，在长江经济带沿线有条件的城市培育一批节能环保装备先进制造业集群和再制造产业集聚区。其次，加快淘汰落后产能，对单位能耗高、环境污染高、综合效益低的"两高一低"制造业企业实行严格的"关、停、并、转"，为能耗低、产品附加值高、环境友好型企业腾出土地和环境容量空间。最后，加快发展高技术产业和战略新兴产业，大力培育新经济，提高产品附加值，充分利用长江经济带的空间张力和产业关联构建完善产业价值链，推进长江经济带制造业融入并迈向全球价值链的中高端。

二是强化制造业企业节能技术改造。首先，找准制造业重点行业重点领域的节能重点，研究解决影响长江经济带制造业行业节能降耗的共性问题。其次，鼓励企业通过采取先进生产工艺技术、提高能源管理水平、开展能源审计、制订节能规划等方式，提高能源利用水平和效率。完善合同能源管理市场化运行机制，支持企业购买节能服务公司的优质节能产品和服务。最后，提高产业园区能源管理运行能力，支持有条件的地区建设分布式能源集群。

三是提高产业园区循环经济水平。首先，实施长江经济带产业园区循环化改造推进计划，按照可借鉴、可复制、可推广的基本要求，选择一批产业基础好、特色鲜明、示范价值高的园区，分阶段、分步骤开展试点示范。其次，明确要求长江经济带沿线各省市全部产业园区在制订新一轮产业发展规划或城市总体规划时，严格进行战略规划环评，并将园区循环经济体系建设情况作为重要的考察内容，要求各产业园区编制循环经济发展规划，强化各产业园区产业循环链条的延链、补链和强链。最后，强化长江经济带产业园区公共设施条件平台建设，重点建设园区环境保护监控平台、资源综合利用信息平台、废弃物交换平台、循环经济技术研发平台等，将循环经济公共平台建设情况作为重要的考核指标，提高园区循环经济的运营管理能力。

四是推广节能降耗技术和产品。一方面，鼓励长江经济带高校院所加大节能降耗技术研发，支持以企业为主体建立节能降耗技术创新联盟、新型研发平台或机构，引导长江经济带现有的制造业创新中心围绕节能降耗研发一批节能新技术、新工艺、新产品、新设备和新材料。另一方面，加快节能降耗技术宣传和推广，组织实施一批"互联网+智慧能源"等重大节能产业化示范项目，在试点基础上积极推广应用，组织制造业企业定期参加节能宣传活动，开展重点行业节能技术产品推广活动，提高企业节能意识。

五是建设长江经济带智慧化能源利用在线监测平台。一方面推进重点用能制造业企业建设企业层面的能源管控中心，同时推动产业园区建设虚拟能源管控中心，引导更多的企业和园区接入长江经济带能耗在线监测平台，并以此为基础实时采集重点用能企业和园区的能耗数据，同时管理和分析历史监测数据。另一方面，设立长江经济带智慧化能源利用监测专项资金，整合长江经济带沿线各省市现有的能源利用监测平台资源，健全各省市能源利用信息之间的发布和联动机制，推进数据共享，提高数据挖掘质量。同时，可以考虑进一步整合沿线各省市的碳排放权交易、用能权交易等平台资源，实现平台资源的互联互通。

第二节　提高制造业绿色创新产出质量

提高制造业绿色创新产出质量的关键路径包括两个方面：一是做加法，通过发展智能制造和服务型制造，增加创新效益、经济效益等期望产出；二是做减法，通过发展绿色和可持续制造，减少环境污染等非期望产出。

一　增加绿色创新期望产出

（一）大力发展智能制造

推进智能制造加快发展是增加绿色创新期望产出的重要路径。智能制造是未来制造业发展的核心内容，正确运用智能制造技术，准确把握智能制造发展方向和态势，是长江经济带制造业高质量发展的关键，也是增加制造业绿色创新期望产出的重要路径。2016年，工业和信息化部、财政部联合下发了《智能制造发展规划（2016—2020年）》（工信部联规〔2016〕349号），从加快智能制造装备发展、加强关键共性技术创新、建设智能制造标准体系等10个方面提出了加快发展智能制造的重点任务，为长江经济带发展智能制造指明了目标方向。结合长江经济带制造业和智能制造发展的现实基础，同时参照现有地方政府采用的主要做法，大力发展智能制造的关键和重点包括：

1. 加强智能制造基础保障

加快智能制造装备的创新发展和产业化，提高制造业各领域生产系统和过程的网络化、智能化水平，提升高端智能装备自主研制水平；加快工业信息基础设施建设，加大工业互联网、物联网、光纤宽带、4G、5G、IPv6 等的建设投入，推动企业内外部网络建设，重点建设一批跨行业、跨领域的工业互联网平台，支持制造业企业"上云上平台"；鼓励行业龙头企业联合高校院所，围绕长江经济带智能制造的重点领域，建设一批跨区域、跨领域、面向行业的"企业＋联盟"的智能制造创新中心；鼓励行业龙头企业积极参与制定智能制造领域的国际、国家或行业标准。

2. 开展智能制造试点示范

一方面，推进智能车间、智能制造示范工厂建设。支持制造业企业对生产车间进行智能制造相关技术改造，引导企业采用高端数控机床、增材制造设备等关键生产设备，鼓励企业参与重大智能制造工程项目建设。参照智能装备广泛应用、车间设备互联互通、生产过程实时调度、物料配送实现自动、产品信息可追溯等相关智能车间建设标准，以及离散型、流程型、网络协同型、大规模个性化定制型或远程运维服务型智能制造模式创新的智能工厂选拔认定标准，分阶段、分步骤建设和认定一批重点制造业企业智能车间和智能工厂，总结推广典型经验。另一方面，创建和认定一批智能制造示范区。在沿线各省市选择一批智能制造产业链条完善、模式具有创新性且可推广的县（市、区），创建一批智能制造示范（园）区，积极申报国家智能制造示范区。

3. 提升智能制造服务能力

推进智能制造服务平台建设，以政府购买服务的方式鼓励制造业企业与平台开展深度合作；重点培育一批从事智能制造软、硬件装备和系统的设计、生产、安装、调试业务的智能制造系统解决方案供应商，成立长江经济带智能制造系统解决方案供应商联盟；加快培育一批智能制造专业服务人才（团队），鼓励长江经济带沿线高水平大学和职业技术学院开设数控和智能制造相关专业，完善智能制造专业人才培养方案，强化与企业的人才培养合作，为智能制造产业发展提供高端技术人才、技能型人才和熟练工人。

需要强调的是，考虑到长江经济带不同省市制造业以及不同类别制造业发展不平衡、不充分的现实情况，不能采取"一刀切"的措施全盘推进制造业智能化。需要考虑制造业不同行业、不同企业发展所处的不同阶段，统筹协调工业1.0至工业4.0，推进沿线各省市智能制造区域协同发展。

(二) 加快发展服务型制造

简单地理解，服务型制造就是在产品生产过程中，通过提供增值性服务或专门解决方案等以提高产业附加值，使制造业与服务业有机融合，使企业获得竞争新优势的一种新型制造模式。具体来讲，服务型制造主要有外协加工、OEM、ODM、设备成套与工程总包、售后服务、个性化定制等典型模式[1]。发展服务型制造能够使企业从产品前端走向产品整个生命周期，通过产需互动和价值增值，增加有效供给，有利于重塑制造业价值链，是破解当前长江经济带制造业产品附加值低和资源环境瓶颈的重要路径。为形成制造业与服务业相互融合的良好格局，需要重点抓好以下环节[2]。

1. 全面提升工业设计能力

培育一批专门从事工业设计服务的专业机构，推进现有事业单位性质的工业设计研究院走向市场，鼓励工业设计服务机构探索新型服务模式，针对关键领域开展工业设计攻关，引导工业企业与工业设计企业开展多种形式的市场化对接和战略性合作；加强重点领域、重点行业的工业设计公共服务平台建设，提升现有平台服务功能，完善工业设计服务产业链，对平台向行业开放共享检测、研发及生产设备、服务资源等给予补贴或奖励；探索创建和认定一批工业设计示范区。

2. 鼓励开展定制化和总集成总承包服务

一方面，定制化服务是以满足客户个性化需求为目标的服务模

---

[1] 参见黄培《服务型制造的12大典型模式和5种创新方式!》，http://www.sohu.com/a/251249479_728387，2018年8月31日。
[2] 具体参见《发展服务型制造专项行动指南》（工信部联产业〔2016〕231号文）；《浙江省服务型制造工程实施意见》（浙转升办〔2016〕47号）；《云南省发展服务型制造实施方案（2017—2020）》（云工信产业〔2017〕511号）等。

式，定制化生产是服务型制造的一种模式。重点是鼓励制造业企业把用户体验作为企业发展战略的核心要素，通过打造客户体验中心、在线设计中心等方式，畅通客户体验渠道，对客户体验数据进行深度挖掘，增强定制服务能力。另一方面，引导企业以价值链延伸与再造为重点，不断增强咨询设计、项目承接等系统集成能力，适时转变为系统方案提供商，面向重大工程和重点项目，开展总集成总承包服务，为制造业提供研发设计、节能环保、供应链管理、运行维护、检验检测、智能制造等方面的系统解决方案。

3. 鼓励实施产品全生命周期管理

产品全生命周期管理（Product Life–Cycle Management，PLM）是对产品从需求、设计、生产到最终报废回收处置的信息进行全程管理的方式，PLM重视产品全生命周期中的资源，关注各种因素对产品综合竞争力产生的可能影响。制造业进行产品全生命周期管理的重点在于：提高制造业企业管理层对产品全生命周期管理价值的认识；推进信息化与工业化深度融合，支持企业完善信息技术管理系统，构建适合产品全生命周期管理的组织管理架构、生产经营环境，建立并完善企业内控体系；支持制造业企业整合产业链上下游的生产和服务资源等。

二　减少绿色创新非期望产出

发展绿色和可持续制造是减少绿色创新非期望产出的重要路径。绿色制造是在产品设计、生产过程和系统运行过程中通过采用可持续方法以减少环境影响的制造模式（Deif，2011）。绿色制造范式包含了一组以资源节约和环境友好为导向而整合的技术、原则和战略。发展绿色制造和可持续制造不仅有利于减少污染物的排放，也有利于减少制造业的资源能源消耗，促进生态效率目标的实现，最大化资源利用效率。绿色制造系统要求在投入阶段输入更少的原材料（特别是不可再生资源能源），减少不必要的产出或将一些具有再利用价值的产出进行再回收（Deif，2011）。绿色制造由技术推动和市场需求共同驱动，包括绿色技术的研发与应用以及全球环境风险导致的客户需求的改变等都在助推绿色制造的进程，而成本利润、企业愿景、环境规制、利益相关者、绿色创新、供应链需求、顾客需求、雇佣者的需求、市场趋势、外部竞争、创新等都会影响绿色制造意愿、能力和水平（Govindan et al.，2015）。前文已经对制造业节能降耗进行了论述，本部分重点讨论如何通过发展绿色制造减少长江经济带制造业的污染物排放和对生态环境的破坏。

总体来看，可以从以下几点着手：一是提升制造业清洁生产水平。鼓励制造业企业按照国家鼓励发展的清洁生产技术、工艺、设备和产品目录开展自愿性清洁生产审核。按照污染防治攻坚战的相关要求，持续深入推进强制性清洁生产审核，推动企业减少有毒有害原料，削减污染物排放。在长江经济带沿线园区开展重点园区清洁生产审核，提高园区清洁生产覆盖率。二是推进工业"三废"综合利用。以提高"三废"综合利用水平为目标，加大工业"三废"综合利用技术、工艺、装备的研发或推广应用；完善长江经济带固体资源再利用产业链条，培育一批固体废弃物综合利用示范企业，打造一批固体废弃物再利用示范基地；完善企业之间、园区之间的绿色协同体系；培育发展再制造产业，最大限度地挖掘废弃资源中的潜在价值，加强再制造产业公共平台和示范企业、园区建设，建立完善规范有序的逆向物流体系。三是完善绿色制造体系。全面提升绿色设计和产品开发能力；结合行业发展实际，建设一批用地集约化、生产洁净化、废弃物资源化、能源低碳化的绿色工厂和园区，探索成立长江经济带绿色工厂推进联盟；以产业集聚、生态化链接和公共服务基础设施建设为重点，完善园区绿色供应链，创建一批绿色示范园区；依托制造业龙头企业综合运用大数据、云计算、物联网等新一代信息技术，打造上下游协同的绿色供应链。

第三节　增强制造业企业绿色创新意愿和能力

一　提高制造业企业绿色创新意愿

（一）推动企业更好履行社会责任

保护生态环境是企业履行社会责任的重要体现，企业履行社会责任应坚持以可持续发展为导向。实施以绿色为导向的创新是企业履行社会责任的重要内容。一是提高企业对绿色创新的认识。以往我们对企业履行社会责任的期望或要求主要集中在诚信经营、保障人权、环境保护、科学发展、发展科技等方面，环境保护和科技创新是两个非常重要但相对独立的单元。结合绿色创新的理论内涵和发展目标，应当加强对"只有绿色导向的创新才是可持续的、对社会负责任的创新"的认识，以此来规范企业创新行为，引导企业加大绿色技术研发和成果应用，持续提升企业责任竞争力。二是提升企业绿色创新履责绩效。首先，完善生产者责任延伸制度，督促企业更加重视对员工、社会、供应商、政府等利益相关方的履责，以企业绿色创新带动利益相关方绿色创新，形成绿色创新的利益共同体。完善企业社会责任信息披露及相应的审核和监督验证制度，进一步明确企业环境信息披露的范围、形式和内容，在长江经济带率先要求企业披露的信息增加以下内容：绿色技术研发和专利应用情况；绿色产品设计和生产情况；通过技术创新、组织创新或管理创新，减少资源能源消耗和环境污染情况等。其次，充分发挥长江经济带重点行业龙头企业在社会责任方面的引领和示范带动效用，组织开展企业绿色创新社会责任履责示范推广。最后，结合行业特色，充分发挥行业协会或商会的作用，组织开展形式多样的绿色创新社会责任跨界学习与交流，提升行业整体履责水平。

（二）强化知识产权运用与保护

与一般的技术创新相比，绿色技术创新更加需要建立完善知识产权保护体系。在现有的知识产权保护框架下，应健全绿色技术知识产权保护制度，进一步加快建设长江经济带一体化知识产权保护公共服务体系，在沿江重要节点城市建立若干知识产权运营中心和产业专利联盟。将"互联网＋"作为深化知识产权保护方式改革的重要手段，全面梳理长江经济带绿色技术知识产权资源，组织开发绿色技术知识产权保护数据库和信息化系统。完善跨区域知识产权联合办案协作、联合执法和结果互认机制，推进建立绿色技术知识产权审查"快速通道"，推动长江经济带成为具有全球竞争力的绿色技术知识产权密集型流域经济带。

(三) 实施组合式环境规制政策工具

综合运用命令控制型、市场激励型和社会意愿型环境规制政策，同时注意环境规制政策与科技创新政策的协同，完善绿色技术研发和应用的政策环境。充分认识绿色技术所具有的研发和环保"双重"正外部性，加快构建市场导向的绿色技术创新政策体系，综合运用研发费用加计扣除、固定资产加速折旧等科技创新政策和绿色价格、绿色采购、绿色产品认证、绿色信贷、绿色保险等市场化环境保护政策，激发企业研发应用绿色技术、采购绿色产品的积极性。特别是，要建立和完善绿色技术标准体系，在生态环境污染防治、资源节约和循环利用、城市绿色发展、新能源、能耗和污染物协同控制技术等重点领域制定一批绿色技术标准[①]。

(四) 以绿色消费倒逼企业绿色创新

通过鼓励消费者的绿色消费行为倒逼企业实施绿色生产是推进长江经济带制造业绿色创新的可行路径。

一是加强生态教育。一方面，建立从小学、中学到大学的生态教育体系，组织师资力量撰写适合不同阶段、不同层次学生的生态教育教材，引导教师在日常的教学过程中向学生灌输生态理念，将生态教育课作为必修课纳入各专业培养方案，鼓励高校开设生态教育、绿色创新相关的通识选修课，组织开展以绿色创新为主题的第二课堂社会实践。另一方面，加强对社会公众的生态教育。把绿色消费作为企业职工继续教育、公务员培训的重要内容，组织开展各类节水、节电、节能、节材主题宣传活动，要求各类媒体积极宣传绿色消费的重要意义和方式方法，同时加强舆论监督；组织开展以长江经济带生态优先、绿色发展为主体的生态教育体验活动，倡导节能减排、低碳生活的社会新风尚，建立一批生态企业、生态学校、生态酒店。

二是完善绿色消费引导和激励机制。继续推广资源节约环境友好

---

① 参见《国家发展改革委 科技部关于构建市场导向的绿色技术创新体系的指导意见》(发改环资〔2019〕689号)。

型产品，健全消费者购买绿色产品的补贴激励机制；鼓励商超和电商平台开设专门的绿色产品销售区域，扩大绿色消费市场；完善绿色产品采购制度，政府部门以及重大基础设施建设项目优先采购绿色产品，扩大绿色采购规模；综合运用各类经济政策手段推进绿色消费，对企业研发生产绿色产品给予税收优惠，调整消费税范围、环节和税率结构，将高能耗、高污染产品纳入消费税征收范围。

二 提升制造业企业绿色创新能力

（一）发挥企业绿色创新主体作用

增强长江经济带企业绿色创新能力，构建市场导向的绿色技术创新体系，加快推进沿江工业企业绿色转型升级是实现长江经济带制造业高质量发展的基础。

一是要构建以龙头企业为核心的流域绿色创新网络。依托长江经济带科教资源优势，积极引导各类创新创业要素向企业集聚，培育一批创新能力强、成长性好的高技术企业、"隐性冠军"企业和"独角兽"企业。鼓励龙头企业建立新型研发机构，完善知识网络，促进绿色知识和技术的创造、扩散和应用，支持龙头企业研发高技术绿色产品、提高产品附加值，推动绿色新技术、新产业、新模式、新业态衍生发展。

二是要推动跨区域、跨机构的绿色创新产学研深度合作。发挥上海张江、武汉东湖和合芜蚌等国家自主创新示范区和国家高新区的示范带动作用，加强节能减排和生态环境保护领域的共性技术研发和重大科技项目联合攻关，重点支持由骨干企业牵头、高校院所参与的绿色创新重大科技成果产业化应用项目。

三是推进"产学研金介用"深度融合。支持企业联合高校院所和社会中介服务机构打造制造业绿色技术创新联盟，完善国有企业和民营企业科技人员职称评聘机制，推进高校院所改革职称评聘体系，建立企业和高校院所职称互认机制，推动企业和高校院所科技人员的双向流动，联合开展绿色技术攻关，培育一批绿色技术创新创业领域的产业教授。

第八章　提升长江经济带制造业绿色创新效率的实现路径及建议

（二）完善制造业绿色创新载体平台

首先，建立完善绿色技术转移服务体系。充分发挥上海绿色技术银行对长江经济带绿色技术转移和成果转化的引领带动作用，在长江上、中、下游地区部署一批区域性的绿色技术转移和成果转化平台，鼓励现有平台独立开设绿色技术成果转移转化服务模块，同时加强绿色技术交易中介机构的培育和建设。建设一批面向绿色技术创新共性关键技术的基础研发平台，加快构建基于"互联网+"的"双创"支撑平台，鼓励企业、高校和科研院所建立专门化的绿色技术创新众创空间、科技企业孵化器和加速器，推进众创、众包、众扶、众筹健康发展，打造一批与风险投资机构建立紧密联系的专业化众创空间和创新型孵化器，推进制造业创新中心建设，完善制造业绿色技术创新体系。完善绿色技术创新成果转化机制。充分发挥长江经济带沿线各省市政府主导的政府引导基金作用，积极引导社会资金投资绿色技术创新项目，推进一批重点绿色技术创新成果支持转化应用。

其次，统筹建设生态环境和资源能源领域的科技创新平台，重点构建清洁生产服务平台、海水淡化利用和城市中水利用等工业水循环利用平台、煤炭和工业余热高效清洁利用平台、磷石膏和冶炼渣等固体资源综合利用交易（服务）平台、绿色设计平台和逆向物流信息平台等，系统推进长江经济带污染源头控制、过程削减、末端治理、资源能源高效利用等技术集成创新和实施，加强生态资源环境领域先进适用技术成果转化推广和产业化。

最后，强化跨区域的科技资源和产业转移信息资源开放共享和高效利用。整合长江经济带现有各类科技资源开放共享服务平台，搭建多级联动的科技资源开放共享服务网络管理平台，聚集培育一批科研仪器共享服务的专业化机构，通过发放科技创新券等方式鼓励中小企业使用各类创新平台的开放科技资源。

（三）强化制造业绿色创新人才保障

人才分布不均衡是长江经济带区域发展不协调的主要特征之一，人才流动壁垒导致人才培养和交互合作虚多实少，无法充分发挥人才的溢出效应。为培育绿色技术创新领域的专业人才，一方面要发挥高校院所在人才培养方面的核心作用。鼓励和支持沿线高校院所以长江经济带制造业绿色技术创新需求为中心，主动对接主导产业和重点企业，着力提高生态环境保护和资源能源集约节约利用等领域的技术咨询和服务能力。另一方面要促进人才资源共享。大力发展专业性、行业性人才市场，推进人才标准统一和评价结果互认，健全人才流动市场机制。建立长江经济带绿色技术创新创业领军人才和高技能人才数据库，搭建高端人才信息共享平台，实现人才供求、薪酬、培训等各类信息资源的互联互通。强化柔性引才理念，鼓励沿线重要节点城市建立人才或创新驿站，支持两院院士及其团队通过绿色技术成果转化、项目合作、人才培养等方式开展跨区域智力服务。

第四节　本章小结

提升长江经济带制造业绿色创新效率是一项系统工程，要从投入、产出以及投入产出过程等维度入手。具体而言，就是要以发展可持续制造、绿色制造、智能制造、先进制造为目标，以"绿色＋创新"为共同抓手，全方位提升长江经济带制造业绿色创新能力和水平。一是优化制造业绿色创新投入结构，重点鼓励制造业企业加大研发投入，提高制造业企业能源利用效率；二是提高制造业绿色创新产出质量，重点是在增加绿色创新期望产出的同时减少非期望产出；三是增强制造业企业绿色创新的意愿和能力。

附　　表

附表1　2008—2017年长江经济带制造业绿色创新综合效率（EBM–DEA方法）

地区	2008年	2009年	2010年	2011年	2012年	2013年	2014年	2015年	2016年	2017年	均值
重庆	1.0246	1.0463	1.0551	1.0486	0.6998	0.7183	1.0059	1.0216	1.0190	0.7086	0.9217
四川	1.0143	0.8448	0.8081	1.0462	1.0059	0.7933	1.0121	1.0024	0.7337	0.7540	0.8935
贵州	0.2977	0.4333	0.5523	0.5549	0.5883	1.0105	0.6326	1.0005	0.5824	0.5785	0.5888
云南	1.0075	0.5867	0.6239	0.5708	0.5942	0.6209	0.5766	0.6024	0.5456	0.4680	0.6079
上游	0.7472	0.6885	0.7362	0.7678	0.7043	0.7733	0.7806	0.8864	0.6981	0.6167	0.7368
江西	0.1678	0.2740	0.3352	0.3779	0.4695	0.5533	0.5388	0.6266	0.7062	0.6910	0.4362
湖北	0.5265	0.5604	0.5516	0.5477	0.5712	0.6451	0.6493	0.7547	0.7433	0.7426	0.6235
湖南	1.1031	1.0759	1.0367	0.8730	1.0070	1.0088	1.0022	1.0158	1.0078	0.8342	0.9932
中游	0.4602	0.5487	0.5766	0.5653	0.6464	0.7114	0.7051	0.7832	0.8088	0.7536	0.6464
上海	1.2099	1.1364	1.1355	1.1273	1.1082	1.0899	1.0911	1.0556	1.0355	1.0448	1.1023
江苏	1.0467	1.0974	1.1315	1.158	1.2338	1.2219	1.2410	1.2469	1.2685	1.2774	1.1899
浙江	1.0135	1.0211	1.0211	1.0229	1.0073	1.0349	1.0343	1.0417	1.0382	1.0325	1.0267
安徽	0.4926	0.6300	0.6573	0.6769	0.7555	1.0105	1.0280	1.0515	1.0614	1.0561	0.8140
下游	0.8917	0.9464	0.9636	0.9750	1.0100	1.0863	1.0954	1.0958	1.0969	1.0983	1.0232
整体	0.6982	0.7266	0.7596	0.7704	0.7844	0.8553	0.8588	0.9256	0.8565	0.8035	0.8012

附表2 2008—2017年长江经济带制造业绿色创新效率（SFA方法）

省市	年份	专利（第一阶段）			新产品销售收入（第二阶段）		
		RTE	PTE	OTE	RTE	PTE	OTE
安徽	2008	0.9954522	0.9085175	0.9043857	0.6729995	1.0000000	0.6729995
贵州	2008	0.9954282	0.8701275	0.8661494	0.5331391	1.0000000	0.5331391
湖北	2008	0.9954793	0.7602045	0.7567679	0.8254431	1.0000000	0.8254431
湖南	2008	0.9955303	0.8467409	0.8429562	0.8723443	1.0000000	0.8723443
江苏	2008	0.9953562	0.8668667	0.8628411	0.7746805	1.0000000	0.7746806
江西	2008	0.9953128	0.7212949	0.7179140	0.5639398	1.0000000	0.5639398
上海	2008	0.9954203	0.8921361	0.8880504	0.9133481	1.0000000	0.9133481
四川	2008	0.9953092	0.8621657	0.8581215	0.9487926	1.0000000	0.9487926
云南	2008	0.9955429	0.9094916	0.9054378	0.9199160	1.0000000	0.9199160
浙江	2008	0.9954241	0.8762719	0.8722621	0.7570754	1.0000000	0.7570754
重庆	2008	0.9954600	0.7718904	0.7683861	0.9020586	0.9999999	0.9020585
安徽	2009	0.9954018	0.9067081	0.9025389	0.8686372	1.0000000	0.8686372
贵州	2009	0.9954015	0.8765688	0.8725379	0.8920194	1.0000000	0.8920195
湖北	2009	0.9954384	0.7382443	0.7348768	0.8744747	0.9999999	0.8744746
湖南	2009	0.9954676	0.8467447	0.8429070	0.8947209	1.0000000	0.8947209
江苏	2009	0.9953841	0.8470334	0.8431236	0.8312343	1.0000000	0.8312343
江西	2009	0.9953546	0.7250235	0.7216555	0.7311633	1.0000000	0.7311633
上海	2009	0.9954124	0.8706282	0.8666341	0.8842330	1.0000000	0.8842330
四川	2009	0.9953952	0.8723231	0.8683062	0.9391762	1.0000000	0.9391762
云南	2009	0.9954479	0.9021346	0.8980280	0.9313436	1.0000000	0.9313436
浙江	2009	0.9954270	0.8623066	0.8583633	0.8286198	1.0000000	0.8286198
重庆	2009	0.9954214	0.7970616	0.7934121	0.9286022	1.0000000	0.9286022
安徽	2010	0.9953736	0.9179466	0.9136997	0.8976789	1.0000000	0.8976989
贵州	2010	0.9953898	0.8779006	0.8738533	0.9486273	0.9999999	0.9486272

续表

省市	年份	专利（第一阶段）			新产品销售收入（第二阶段）		
		RTE	PTE	OTE	RTE	PTE	OTE
湖北	2010	0.9954051	0.7760951	0.7725291	0.8617561	1.0000000	0.8617561
湖南	2010	0.9954256	0.8616998	0.8577580	0.8738541	1.0000000	0.8738541
江苏	2010	0.9953844	0.8607917	0.8568186	0.8668824	1.0000000	0.8668824
江西	2010	0.9953739	0.7687204	0.7651641	0.7964176	1.0000000	0.7964177
上海	2010	0.9953988	0.8820809	0.8780223	0.8897940	1.0000000	0.8897940
四川	2010	0.9954195	0.8910847	0.8870031	0.9211401	1.0000000	0.9211401
云南	2010	0.9954185	0.9007891	0.8966621	0.9073320	0.9999999	0.9073319
浙江	2010	0.9954229	0.8736843	0.8696854	0.8359054	1.0000000	0.8359054
重庆	2010	0.9954078	0.8082381	0.8045265	0.9379321	1.0000000	0.9379321
安徽	2011	0.9953653	0.9283471	0.9240445	0.8981620	0.9999999	0.8981619
贵州	2011	0.9953800	0.8877772	0.8836756	0.9583972	1.0000000	0.9583972
湖北	2011	0.9953909	0.8047068	0.8009979	0.8414489	1.0000000	0.8414490
湖南	2011	0.9954044	0.8761951	0.8721685	0.8691513	1.0000000	0.8691513
江苏	2011	0.9953844	0.8682194	0.8642121	0.8763525	1.0000000	0.8763525
江西	2011	0.9953844	0.7960139	0.7923399	0.8298734	1.0000000	0.8298734
上海	2011	0.9953872	0.8875794	0.8834851	0.8954569	1.0000000	0.8954569
四川	2011	0.9954388	0.9046221	0.9004959	0.9166416	1.0000000	0.9166416
云南	2011	0.9953883	0.9163619	0.9121359	0.8407296	0.9999999	0.8407295
浙江	2011	0.9954244	0.8708213	0.8668367	0.8527920	1.0000000	0.8527920
重庆	2011	0.9954069	0.7894184	0.7857925	0.9476601	1.0000000	0.9476601
安徽	2012	0.9953970	0.9236744	0.9194228	0.8597724	1.0000000	0.8597724
贵州	2012	0.9954022	0.8603582	0.8564024	0.9277536	1.0000000	0.9277536
湖北	2012	0.9953893	0.7944403	0.7907774	0.8620244	1.0000000	0.8620244
湖南	2012	0.9953875	0.8708336	0.8668169	0.8730671	1.0000000	0.8730671
江苏	2012	0.9954169	0.8624972	0.8585442	0.8743645	1.0000000	0.8743645
江西	2012	0.9953919	0.8064870	0.8027707	0.9038142	1.0000000	0.9038142
上海	2012	0.9954065	0.8822926	0.8782398	0.8655360	1.0000000	0.8655360
四川	2012	0.9954169	0.8819831	0.8779409	0.8346097	1.0000000	0.8346097
云南	2012	0.9953866	0.8935437	0.8894214	0.8588361	1.0000000	0.8588361

续表

省市	年份	专利（第一阶段）			新产品销售收入（第二阶段）		
		RTE	PTE	OTE	RTE	PTE	OTE
浙江	2012	0.9954103	0.8640831	0.8601172	0.8324947	1.0000000	0.8324947
重庆	2012	0.9954145	0.7836237	0.7800304	0.8629922	1.0000000	0.8629922
安徽	2013	0.9954168	0.9273808	0.9231304	0.8449977	1.0000000	0.8449977
贵州	2013	0.9954392	0.8917477	0.8876806	0.8179474	0.9999999	0.8179473
湖北	2013	0.9953877	0.8355204	0.8316667	0.8584191	1.0000000	0.8584191
湖南	2013	0.9953856	0.8922883	0.8881710	0.8678860	1.0000000	0.8678861
江苏	2013	0.9954256	0.8703422	0.8663609	0.8551189	1.0000000	0.8551189
江西	2013	0.9954282	0.8159430	0.8122127	0.9095685	1.0000000	0.9095685
上海	2013	0.9954181	0.8802075	0.8761744	0.8413350	1.0000000	0.8413351
四川	2013	0.9954239	0.8965727	0.8924699	0.8054180	1.0000000	0.8054180
云南	2013	0.9953913	0.9026650	0.8985049	0.8154462	1.0000000	0.8154463
浙江	2013	0.9954032	0.8629061	0.8589395	0.8869208	1.0000000	0.8869209
重庆	2013	0.9954205	0.8374300	0.8335950	0.7875449	1.0000000	0.7875449
安徽	2014	0.9954511	0.9316206	0.9273827	0.8570709	1.0000000	0.8570709
贵州	2014	0.9954605	0.8897367	0.8856977	0.8406093	1.0000000	0.8406093
湖北	2014	0.9954028	0.8367289	0.8328822	0.8606915	1.0000000	0.8606915
湖南	2014	0.9953986	0.8941962	0.8900816	0.8664123	1.0000000	0.8664123
江苏	2014	0.9954349	0.8772680	0.8732632	0.8683655	1.0000000	0.8683655
江西	2014	0.9954371	0.8303948	0.8266058	0.9008032	1.0000000	0.9008032
上海	2014	0.9954328	0.8794497	0.8754330	0.8512287	1.0000000	0.8512287
四川	2014	0.9954593	0.9222614	0.9180737	0.7227737	0.9999999	0.7227737
云南	2014	0.9954090	0.8661966	0.8622198	0.8888373	1.0000000	0.8888373
浙江	2014	0.9954105	0.8657458	0.8617724	0.8851358	1.0000000	0.8851358
重庆	2014	0.9954263	0.8416007	0.8377514	0.8185824	1.0000000	0.8185824
安徽	2015	0.9954588	0.9319605	0.9277282	0.8693781	1.0000000	0.8693781
贵州	2015	0.9954646	0.9033684	0.8992712	0.7841324	1.0000000	0.7841324
湖北	2015	0.9954110	0.8422430	0.8383780	0.8731384	1.0000000	0.8731384
湖南	2015	0.9954123	0.8956188	0.8915100	0.8775557	1.0000000	0.8775557
江苏	2015	0.9954439	0.8746780	0.8706928	0.8510886	1.0000000	0.8510886

续表

省市	年份	专利（第一阶段）			新产品销售收入（第二阶段）		
		RTE	PTE	OTE	RTE	PTE	OTE
江西	2015	0.9954503	0.8359301	0.8321269	0.9043244	1.0000000	0.9043244
上海	2015	0.9954384	0.8711465	0.8671727	0.8044930	1.0000000	0.8044930
四川	2015	0.9954507	0.9010913	0.8969920	0.8190719	1.0000000	0.8190719
云南	2015	0.9954381	0.8755810	0.8715866	0.7719595	1.0000000	0.7719595
浙江	2015	0.9954117	0.8526814	0.8487691	0.8987683	0.9999999	0.8987682
重庆	2015	0.9953978	0.8575699	0.8536232	0.8515573	1.0000000	0.8515573
安徽	2016	0.9954760	0.9330307	0.9288096	0.9044958	1.0000000	0.9044958
贵州	2016	0.9954609	0.9114760	0.9073387	0.8759104	0.9999999	0.8759103
湖北	2016	0.9954374	0.8422083	0.8383657	0.8883609	1.0000000	0.8883609
湖南	2016	0.9954125	0.8966926	0.8925790	0.8869273	1.0000000	0.8869274
江苏	2016	0.9954601	0.8696390	0.8656909	0.8857615	0.9999999	0.8857614
江西	2016	0.9954625	0.8445913	0.8407590	0.9406884	1.0000000	0.9406884
上海	2016	0.9954546	0.8644685	0.8605391	0.8686357	1.0000000	0.8686357
四川	2016	0.9954593	0.9002730	0.8961852	0.7855710	1.0000000	0.7855710
云南	2016	0.9954337	0.8697757	0.8658041	0.8242569	0.9999999	0.8242568
浙江	2016	0.9954181	0.8462123	0.8423350	0.9138051	1.0000000	0.9138051
重庆	2016	0.9953987	0.8696184	0.8656170	0.8310598	1.0000000	0.8310598
安徽	2017	0.9954677	0.9334358	0.9292052	0.9212913	1.0000000	0.9212913
贵州	2017	0.9954657	0.9171515	0.9129929	0.8084467	1.0000000	0.8084468
湖北	2017	0.9954358	0.8472764	0.8434092	0.9122024	1.0000000	0.9122024
湖南	2017	0.9954084	0.8954365	0.8913251	0.8655695	1.0000000	0.8655695
江苏	2017	0.9954714	0.8678019	0.8638719	0.8896618	1.0000000	0.8896618
江西	2017	0.9954847	0.8490115	0.8451779	0.9338061	1.0000000	0.9338061
上海	2017	0.9954487	0.8609955	0.8570768	0.9092869	1.0000000	0.9092869
四川	2017	0.9954773	0.8976099	0.8935502	0.8023212	1.0000000	0.8023212
云南	2017	0.9954238	0.8585171	0.8545884	0.8462688	1.0000000	0.8462688
浙江	2017	0.9954362	0.8394913	0.8356600	0.9066365	1.0000000	0.9066365
重庆	2017	0.9954183	0.8768320	0.8728146	0.7591137	1.0000000	0.7591137

参考文献

白俊红、江可申、李婧：《应用随机前沿模型评测中国区域研发创新效率》，《管理世界》2009年第10期。

白俊红、江可申、李婧：《中国区域创新系统创新效率综合评价及分析》，《管理评论》2009年第9期。

白俊红、蒋伏心：《考虑环境因素的区域创新效率研究——基于三阶段DEA方法》，《财贸经济》2011年第10期。

毕克新、王禹涵、杨朝均：《创新资源投入对绿色创新系统绿色创新能力的影响——基于制造业FDI流入视角的实证研究》，《中国软科学》2014年第3期。

毕克新、杨朝均、黄平：《中国绿色工艺创新绩效的地区差异及影响因素研究》，《中国工业经济》2013年第10期。

毕克新、杨朝均、隋俊：《跨国公司技术转移对绿色创新绩效影响效果评价——基于制造业绿色创新系统的实证研究》，《中国软科学》2015年第11期。

曹颢、尤建新、卢锐等：《我国科技金融发展指数实证研究》，《中国管理科学》2011年第3期。

曹霞、于娟：《绿色低碳视角下中国区域创新效率研究》，《中国人口·资源与环境》2015年第5期。

陈剑：《低碳供应链管理研究》，《系统管理学报》2012年第6期。

陈敏、李建民：《金融中介对我国区域科技创新效率的影响研究——基于随机前沿的距离函数模型》，《中国科技论坛》2012年第11期。

陈巍巍、张雷、马铁虎、刘秋鏐：《关于三阶段 DEA 模型的几点研究》，《系统工程》2014 年第 9 期。

陈修颖：《长江经济带空间结构演化及重组》，《地理学报》2007 年第 12 期。

陈真玲：《生态效率、城镇化与空间溢出——基于空间面板杜宾模型的研究》，《管理评论》2016 年第 11 期。

程永宏：《碳排放政策下供应链定价与产品碳足迹决策及协调研究》，博士学位论文，重庆大学，2015 年。

戴鸿轶、柳卸林：《对环境创新研究的一些评论》，《科学学研究》2009 年第 11 期。

戴文文、高建福：《中国上市银行效率的实证研究——基于 DEA 三阶段模型分析》，《价值工程》2009 年第 10 期。

戴志敏、郑万腾、杨斌斌：《科技金融效率多尺度视角下的区域差异分析》，《科学学研究》2017 年第 9 期。

单豪杰：《中国资本存量 K 的再估算：1952—2006 年》，《数量经济技术经济研究》2008 年第 10 期。

德国联邦环境部：《绿色技术德国制造 2018：德国环境技术图集》，www.bmu.de/fileadmin/Daten_BMU/Pools/Broschueren/greentech_2018_en_bf.pdf。

方永丽：《中国环境规制对生态效率的影响研究》，博士学位论文，中南财经政法大学，2018 年。

房汉廷：《关于科技金融理论、实践与政策的思考》，《中国科技论坛》2010 年第 11 期。

冯志军：《中国工业企业绿色创新效率研究》，《中国科技论坛》2013 年第 2 期。

付保宗：《长江经济带产业绿色发展形势与对策》，《宏观经济管理》2017 年第 1 期。

付保宗：《加快构建长江经济带现代化产业体系》，《宏观经济管理》2019 年第 5 期。

付帼、卢小丽、武春友：《中国省域绿色创新空间格局演化研究》,《中国软科学》2016 年第 7 期。

付允、马永欢、刘怡君等:《低碳经济的发展模式研究》,《中国人口·资源与环境》2008 年第 3 期。

龚静、尹忠明:《铁路建设对我国"一带一路"战略的贸易效应研究——基于运输时间和运输距离视角的异质性随机前沿模型分析》,《国际贸易问题》2016 年第 2 期。

龚新蜀、李梦洁、张洪振:《OFDI 是否提升了中国的工业绿色创新效率——基于集聚经济效应的实证研究》,《国际贸易问题》2017 年第 11 期。

韩晶:《中国区域绿色创新效率研究》,《财经问题研究》2012 年第 11 期。

韩晶、宋涛、陈超凡等:《基于绿色增长的中国区域创新效率研究》,《经济社会体制比较》2013 年第 3 期。

韩孺眉、刘艳春:《我国工业企业绿色技术创新效率评价研究》,《技术经济与管理研究》2017 年第 5 期。

何枫、祝丽云、马栋栋等:《中国钢铁企业绿色技术效率研究》,《中国工业经济》2015 年第 7 期。

何小钢:《绿色技术创新的最优规制结构研究——基于研发支持与环境规制的双重互动效应》,《经济管理》2014 年第 11 期。

何宜庆、陈林心、周小刚:《长江经济带生态效率提升的空间计量分析——基于金融集聚和产业结构优化的视角》,《生态经济》2016 年第 1 期。

衡孝庆、邹成效:《绿色技术三问》,《自然辩证法研究》2011 年第 6 期。

侯建、宋洪峰、李丽:《非研发投入、知识积累与中国制造业绿色创新增长》,《系统管理学报》2019 年第 1 期。

胡春立、赵建军:《绿色技术发展的理性审视》,《自然辩证法研究》2017 年第 5 期。

华振:《中国绿色创新绩效研究——与东北三省的比较分析》,《技术经济》2011 年第 7 期。

黄薇：《环境、风险与企业技术效率：基于改进型三阶段DEA模型》，《系统工程理论与实践》2012年第1期。

蒋媛媛、樊豪斌、黄敏：《长江经济带制造业创新中心布局与建设研究》，《上海经济》2018年第1期。

金碚：《资源与环境约束下的中国工业发展》，《中国工业经济》2005年第4期。

靖学青：《长江经济带城镇化水平综合测度及对废水排放的影响》，《学习与实践》2018年第5期。

孔晓妮、邓峰：《中国各省区绿色创新效率评价及其提升路径研究——基于影响因素的分析》，《新疆大学学报》（哲学·人文社会科学版）2015年第4期。

李斌、彭星、欧阳铭珂：《环境规制、绿色全要素生产率与中国工业发展方式转变——基于36个工业行业数据的实证研究》，《中国工业经济》2013年第4期。

李春艳、文传浩：《长江经济带合作共赢的理论与实践探索——"长江经济带高峰论坛"学术研讨会观点综述》，《中国工业经济》2015年第2期。

李昊、赵道致：《碳排放权交易机制对供应链影响的仿真研究》，《科学学与科学技术管理》2012年第11期。

李华旭、孔凡斌、陈胜东：《长江经济带沿江地区绿色发展水平评价及其影响因素分析——基于沿江11省（市）2010—2014年的相关统计数据》，《湖北社会科学》2017年第8期。

李健：《基于低碳的制造业绿色创新体系绩效测度与评价研究》，硕士学位论文，哈尔滨理工大学，2012年。

李婧、管莉花：《区域创新效率的空间集聚及其地区差异——来自中国的实证》，《管理评论》2014年第8期。

李凯杰：《环境创新提高了环境生产率吗？》，《中南财经政法大学学报》2018年第4期。

李廉水、巩在武、余菜花：《中国制造业发展研究报告（2015）》，北京大学出版社2016年版。

李玲、陶锋：《中国制造业最优环境规制强度的选择——基于绿色全要素生产率的视角》，《中国工业经济》2012 年第 5 期。

李平：《环境技术效率、绿色生产率与可持续发展：长三角与珠三角城市群的比较》，《数量经济技术经济研究》2017 年第 11 期。

李平、于国才：《有效需求、技术状态与研发投入》，《经济评论》2009 年第 1 期。

李锐、鞠晓峰：《产业创新系统的自组织进化机制及动力模型》，《中国软科学（增）》2009 年第 9 期。

李胜兰、初善冰、申晨：《地方政府竞争、环境规制与区域生态效率》，《世界经济》2014 年第 4 期。

李婉红：《中国省域工业绿色技术创新产出的时空演化及影响因素：基于 30 个省域数据的实证研究》，《管理工程学报》2017 年第 2 期。

李习保：《中国区域创新能力变迁的实证分析：基于创新系统的观点》，《管理世界》2007 年第 12 期。

李小帆、邓宏兵：《长江经济带新型城镇化协调性的空间差异与时空演化》，《长江流域资源与环境》2016 年第 5 期。

李晓阳、赵宏磊、林恬竹：《中国工业的绿色创新效率》，《首都经济贸易大学学报》2018 年第 3 期。

李雪灵、姚一玮、王利军：《新企业创业导向与创新绩效关系研究：积极型市场导向的中介作用》，《中国工业经济》2010 年第 6 期。

李艳军、华民：《中国城市经济的绿色效率及其影响因素研究》，《城市与环境研究》2014 年第 2 期。

李中娟：《传统制造企业绿色创新的驱动因素及绩效影响研究》，硕士学位论文，安徽工业大学，2018 年。

廖中举、黄超：《生态创新的最新研究进展与述评》，《应用生态学报》2017 年第 12 期。

刘树成：《民间投资增速严重下滑与宏观经济波动》，《中国工业经济》2016 年第 11 期。

刘伟：《考虑环境因素的高新技术产业技术创新效率分析——基

于 2000—2007 年和 2008—2014 年两个时段的比较》,《科研管理》2016 年第 11 期。

刘伟、李星星:《中国高新技术产业技术创新效率的区域差异分析——基于三阶段 DEA 模型与 Bootstrap 方法》,《财经问题研究》2013 年第 8 期。

刘章生、宋德勇、弓媛媛等:《中国制造业绿色技术创新能力的行业差异与影响因素分析》,《情报杂志》2017 年第 1 期。

柳卸林、孙海鹰、马雪梅:《基于创新生态观的科技管理模式》,《科学学与科学技术管理》2015 年第 1 期。

卢丽文、宋德勇、黄璨:《长江经济带城市绿色全要素生产率测度——以长江经济带的 108 个城市为例》,《城市问题》2017 年第 1 期。

陆大道:《建设经济带是经济发展布局的最佳选择——长江经济带经济发展的巨大潜力》,《地理科学》2014 年第 7 期。

陆玉麒、董平:《新时期推进长江经济带发展的三大新思路》,《地理研究》2017 年第 4 期。

陆远权、张德钢:《我国区域金融效率测度及效率差异研究》,《经济地理》2012 年第 1 期。

罗登跃:《三阶段 DEA 模型管理无效率估计注记》,《统计研究》2012 年第 4 期。

罗良文、梁圣蓉:《中国区域工业企业绿色技术创新效率及因素分解》,《中国人口·资源与环境》2016 年第 9 期。

罗天龙、蔡文学:《价格补贴对双渠道低碳运输供应链的协调研究》,《中国人口·资源与环境》2016 年第 S1 期。

罗艳、陈平:《环境规制对中国工业绿色创新效率改善的门槛效应研究》,《东北大学学报》(社会科学版) 2018 年第 2 期。

罗颖、罗传建、彭甲超:《基于三阶段 DEA 的长江经济带创新效率测算及其时空分异特征》,《管理学报》2019 年第 9 期。

毛其淋、许家云:《跨国公司进入与中国本土企业成本加成——基于水平溢出与产业关联的实证研究》,《管理世界》2016 年第 9 期。

牛彤、彭树远、牛冲槐等：《基于 SBM–DEA 四阶段方法的山西省工业企业绿色创新效率研究》，《科技管理研究》2015 年第 10 期。

庞瑞芝、王亮：《服务业发展是绿色的吗？——基于服务业环境全要素效率分析》，《产业经济研究》2016 年第 4 期。

彭甲超、许荣荣、付丽娜等：《长江经济带制造业绿色创新效率的演变规律》，《中国环境科学》2019 年第 11 期。

彭雪蓉、黄学：《企业生态创新影响因素研究前沿探析与未来研究热点展望》，《外国经济与管理》2013 年第 9 期。

彭雪蓉、魏江：《生态创新、资源获取与组织绩效》，《自然辩证法研究》2014 年第 5 期。

齐绍洲、林屾、崔静波：《环境权益交易市场能否诱发绿色创新？》，《经济研究》2018 年第 12 期。

钱丽、王文平、肖仁桥：《共享投入关联视角下中国区域工业企业绿色创新效率差异研究》，《中国人口·资源与环境》2018 年第 5 期。

钱丽、肖仁桥、陈忠卫：《我国工业企业绿色技术创新效率及其区域差异研究——基于共同前沿理论和 DEA 模型》，《经济理论与经济管理》2015 年第 1 期。

任胜钢、袁宝龙：《长江经济带产业绿色发展的动力找寻》，《改革》2016 年第 7 期。

任耀、牛冲槐、牛彤等：《绿色创新效率的理论模型与实证研究》，《管理世界》2014 年第 7 期。

沈坤荣、金刚、方娴：《环境规制引起了污染就近转移吗？》，《经济研究》2017 年第 5 期。

沈玉芳：《长江经济带投资、发展与合作》，华东师范大学出版社 2003 年版。

石清华：《长江经济带制造业产业同质化及其布局优化》，《商业经济研究》2016 年第 1 期。

史修松、赵曙东、吴福象：《中国区域创新效率及其空间差异研究》，《数量经济技术经济研究》2009 年第 3 期。

宋马林、王舒鸿：《环境规制、技术进步与经济增长》，《经济研究》2013 年第 3 期。

孙瑾、刘文革、周钰迪：《中国对外开放、产业结构与绿色经济增长——基于省际面板数据的实证检验》，《管理世界》2014 年第 6 期。

孙尚清：《关于建设长江经济带的若干基本构思》，《管理世界》1994 年第 1 期。

孙晓华、郭旭、王昀：《政府补贴、所有权性质与企业研发决策》，《管理科学学报》2017 年第 6 期。

汤维祺、吴力波、钱浩祺：《从"污染天堂"到绿色增长——区域间高耗能产业转移的调控机制研究》，《经济研究》2016 年第 6 期。

汪克亮、刘悦、史利娟等：《长江经济带工业绿色水资源效率的时空分异与影响因素——基于 EBM – Tobit 模型的两阶段分析》，《资源科学》2017 年第 8 期。

汪克亮、孟祥瑞、杨宝臣、程云鹤：《基于环境压力的长江经济带工业生态效率研究》，《资源科学》2015 年第 7 期。

汪克亮、史利娟、刘蕾、杜宇、孟祥瑞、杨宝臣：《长江经济带大气环境效率的时空异质性与驱动因素研究》，《长江流域资源与环境》2018 年第 3 期。

汪秀婷、杜海波：《系统视角下战略性新兴产业创新系统架构与培育路径研究》，《科学管理研究》2012 年第 1 期。

汪再奇、许耀东、易明：《制造业绿色创新的多重动力机制》，《中国社会科学报》2019 年 7 月 24 日第 4 版。

王兵、吴延瑞、颜鹏飞：《中国区域环境效率与环境全要素生产率增长》，《经济研究》2010 年第 5 期。

王道平、张博卿、王路：《考虑随机回收量的闭环供应链碳减排与定价策略研究》，《软科学》2017 年第 8 期。

王锋、冯根福：《中国经济低碳发展的影响因素及其对碳减排的作用》，《中国经济问题》2011 年第 3 期。

王锋正、郭晓川：《环境规制强度对资源型产业绿色技术创新的影响——基于 2003—2011 年面板数据的实证检验》,《中国人口·资源与环境》2015 年第 S1 期。

王惠、苗壮、王树乔:《空间溢出、产业集聚效应与工业绿色创新效率》,《中国科技论坛》2015 年第 12 期。

王磊、翟博文:《长江经济带交通基础设施对经济增长的影响》,《长江流域资源与环境》2018 年第 1 期。

王梦蕾:《董事会成员海外背景及其异质性与企业绿色创新关系研究》,硕士学位论文,中国科学技术大学,2019 年。

王少平、李子奈:《结构突变与人民币汇率的经验分析》,《世界经济》2003 年第 8 期。

王霞、徐晓东:《竞争异质性、管理者道德认知与企业的生态创新研究》,《上海财经大学学报》2016 年第 8 期。

王志平、陶长琪、沈鹏熠:《基于生态足迹的区域绿色技术效率及其影响因素研究》,《中国人口·资源与环境》2014 年第 1 期。

文玉春:《我国产业创新的模式与路径选择研究》,《经济问题》2017 年第 1 期。

吴超、杨树旺、唐鹏程等:《中国重污染行业绿色创新效率提升模式构建》,《中国人口·资源与环境》2018 年第 5 期。

吴传清、董旭:《环境约束下长江经济带全要素能源效率的时空分异研究——基于超效率 DEA 模型和 ML 指数法》,《长江流域资源与环境》2015 年第 10 期。

吴传清、董旭:《环境约束下长江经济带全要素能源效率研究》,《中国软科学》2016 年第 3 期。

吴传清、黄磊:《长江经济带绿色发展的难点与推进路径研究》,《南开学报》(哲学社会科学版)2017 年第 3 期。

吴传清、申雨琦、陈文艳:《长江经济带制造业集聚与环境效率关系的实证研究》,《长江大学学报》(社会科学版)2017 年第 40 期。

吴传清、孙智君、黄磊:《长江经济带产业发展报告》,社会科学文献出版社 2017 年版。

吴晓波、杨发明:《绿色技术的创新与扩散》,《科研管理》1996

年第 1 期。

肖仁桥、宋莹、钱丽：《企业绿色创新产出及其空间溢出效应研究》，《财贸研究》2019 年第 4 期。

肖文、林高榜：《政府支持、研发管理与技术创新效率——基于中国工业行业的实证分析》，《管理世界》2014 年第 4 期。

谢洪明：《社会资本对组织创新的影响：中国珠三角地区企业的实证研究及其启示》，《科学学研究》2006 年第 1 期。

谢鑫鹏、赵道致：《低碳供应链企业减排合作策略研究》，《管理科学》2013 年第 3 期。

邢娜：《湖北绿色创新效率的时空分异特征及提升模式研究》，华中科技大学，硕士学位论文，2018 年。

徐保昌、谢建国：《排污征费如何影响企业生产率：来自中国制造业企业的证据》，《世界经济》2016 年第 8 期。

徐建华：《计量地理学》，高等教育出版社 2012 年版。

徐烁然、易明：《构建市场导向的绿色技术创新体系》，《山西政协报》2018 年 8 月 10 日第 4 版。

薛漫天：《长江经济带制造业布局的重点方向及推进策略》，《经济纵横》2016 年第 6 期。

薛晔、蔺琦珠、高晓艳：《中国科技金融发展效率测算及影响因素分析》，《科技进步与对策》2017 年第 7 期。

颜莉：《我国区域创新效率评价指标体系实证研究》，《管理世界》2012 年第 5 期。

杨斌：《2000—2006 年中国区域生态效率研究——基于 DEA 方法的实证分析》，《经济地理》2009 年第 7 期。

杨朝均、毕克新、呼若青：《开放经济下工业企业绿色创新动力传导机制》，《系统工程》2018 年第 9 期。

杨桂山、徐昔保、李平星：《长江经济带绿色生态廊道建设研究》，《地理科学进展》2015 年第 11 期。

杨燕、尹守军、Myrdal C. G.：《企业生态创新动态过程研究：以丹麦格兰富为例》，《研究与发展管理》2013 年第 1 期。

姚西龙、牛冲槐、刘佳：《创新驱动、绿色发展与我国工业经济的转型效率研究》，《中国科技论坛》2015年第1期。

叶莉、王亚丽、孟祥生：《中国科技金融创新支持效率研究——基于企业层面的理论分析与实证检验》，《南开经济研究》2015年第6期。

易明：《长江经济带高质量绿色创新的效率变革》，中国社会科学出版社2019年版。

易明、程晓曼：《长江经济带城市绿色创新效率时空分异及其影响因素》，《城市问题》2018年第8期。

易明、程晓曼：《碳价格政策视角下企业绿色创新决策研究》，《软科学》2018年第7期。

易明、彭甲超、吴超：《基于SFA方法的中国高新技术产业创新效率研究》，《科研管理》2019年第11期。

游达明、黄曦子：《长江经济带省际工业生态技术创新效率评价》，《经济地理》2016年第9期。

余泳泽、刘大勇：《创新价值链视角下的我国区域创新效率提升路径研究》，《科研管理》2014年第5期。

余泳泽、刘大勇：《我国区域创新效率的空间外溢效应与价值链外溢效应——创新价值链视角下的多维空间面板模型研究》，《管理世界》2013年第7期。

曾冰：《我国省际绿色创新效率的影响因素及空间溢出效应》，《当代经济管理》2018年第12期。

曾刚：《长江经济带协同发展的基础与谋略》，经济科学出版社2014年版。

张成、陆旸、郭路等：《环境规制强度和生产技术进步》，《经济研究》2011年第2期。

张钢、张小军：《绿色创新研究的几个基本问题》，《中国科技论坛》2013年第4期。

张汉江、张佳雨、赖明勇：《低碳背景下政府行为及供应链合作研发博弈分析》，《中国管理科学》2015年第10期。

张江雪、蔡宁、杨陈：《环境规制对中国工业绿色增长指数的影响》，《中国人口·资源与环境》2015 年第 1 期。

张江雪、朱磊：《基于绿色增长的我国各地区工业企业技术创新效率研究》，《数量经济技术经济研究》2012 年第 2 期。

张军、章元：《对中国资本存量 K 的再估计》，《经济研究》2003 年第 7 期。

张逸昕、林秀梅：《中国省际绿色创新效率与系统协调度双演化研究》，《当代经济研究》2015 年第 3 期。

章思诗、李姚矿：《基于 DEA-Tobit 模型的科技金融效率影响因素研究》，《科技管理研究》2017 年第 6 期。

赵爱武、杜建国、关洪军：《消费者异质需求下企业环境创新行为演化模拟与分析》，《中国管理科学》2018 年第 6 期。

赵道致、吕金鑫：《考虑碳排放权限制与交易的供应链整体低碳化策略》，《工业工程与管理》2012 年第 5 期。

赵桂芹、吴洪：《中国保险业 SBM 效率实证分析——基于修正的三阶段 DEA 模型》，《金融经济学研究》2010 年第 6 期。

赵文军、于津平：《贸易开放、FDI 与中国工业经济增长方式——基于 30 个工业行业数据的实证研究》，《经济研究》2012 年第 8 期。

赵增耀、章小波、沈能：《区域协同创新效率的多维溢出效应》，《中国工业经济》2015 年第 1 期。

周冯琦、陈宁：《优化长江经济带化学工业布局的建议》，《环境保护》2016 年第 15 期。

周海华、王双龙：《正式与非正式的环境规制对企业绿色创新的影响机制研究》，《软科学》2016 年第 8 期。

周黎安：《中国地方官员的晋升锦标赛模式研究》，《经济研究》2007 年第 7 期。

周艳菊、黄雨晴、陈晓红等：《促进低碳产品需求的供应链减排成本分担模型》，《中国管理科学》2015 年第 7 期。

朱道才、任以胜、徐慧敏、陆林：《长江经济带空间溢出效应时空分异》,《经济地理》2016 年第 6 期。

朱有为、徐康宁:《中国高技术产业研发效率的实证研究》,《中国工业经济》2006 年第 11 期。

诸大建:《绿色的创新》,同济大学出版社 2008 年版。

邹琳、曾刚、曹贤忠、陈思雨:《长江经济带的经济联系网络空间特征分析》,《经济地理》2015 年第 6 期。

邹琳、曾刚、朱贻文、马双、曹贤忠:《长江经济带装备工业知识空间网络特征及优化路径》,《经济地理》2019 年第 11 期。

Agasisti, T., Gralka, S., "The Transient and Persistent Efficiency of Italian and German Universities: A Stochastic Frontier Analysis", *Applied Economics*, 2019, 51 (46): 5012 – 5030.

Albort - Morant, G., Leal - Millán, A., Cepeda - Carrión, G., "The Antecedents of Green Innovation Performance: A Model of Learning and Capabilities", *Journal of Business Research*, 2016, 69 (11): 4912 – 4917.

Alvarez, A., Amsler, C., Orea, L., et al., "Interpreting and Testing the Scaling Property in Models Where Inefficiency Depends on Firm Characteristics", *Journal of Productivity Analysis*, 2006, 25 (3): 201 – 212.

Ambec, S., Lanoie, P., "Does It Pay to Be Green? A Systematic Overview", *Academy of Management*, 2008, 22: 45 – 62.

Amore, M., Bennedsen, M., "Corporate Governance and Green Innovation", *Journal of Environmental Economy and Management*, 2016, 75: 54 – 72.

Andersen, P., Petersen, N. C., "A Procedure for Ranking Efficient Units in Data Envelopment Analysis", *Management Science*, 1993, (39): 1261 – 1264.

Andonova, L., "Openness and the Environment in Central and Eastern Europe: Can Trade and Foreign Investment Stimulate Better Environmental Management in Enterprises?", *The Journal of Environment Development*,

2003, 12 (2): 177 - 204.

André, F. J., González, P., Porteiro, N., "Strategic Quality Competition and the Porter Hypothesis", *Journal of Environmental Economics and Management*, 2009, 57 (2): 182 - 194.

Ang, B. W., F. L. Liu, "A New Energy Decomposition Method: Perfect in Decomposition and Consistent in Aggregation", *Energy*, 2001, 26 (6): 537 - 548.

Antonio, L., et al., "Green Innovation, Indeed a Cornerstone in Linking Market Requests and Business Performance: Evidence from the Spanish Automotive Components Industry", *Technological Forecasting & Social Change*, 2017, 7 (21): 1 - 9.

Arabi, B., Susila, M., Ali, E., et al., "Power Industry Restructuring and Eco - Efficiency Changes: A New Slacks - Based Model in Malmquist - Luenberger Index Measurement", *Energy Policy*, 2014, 68 (2): 132 - 145.

Arellaon, M., Bond, S., "Initial Conditions and Moment Restrictions in Dynamic Panel Data Model", *Journal of Econometrics*, 1998, (8): 115 - 143.

Arelleon, M., Bover, O., "Another Look at the Instrumental Variable Estimation of Error - Components Model", *Journal of Econometrics*, 1995, (68): 29 - 52.

Arouri, M. E. H., Caporale, G. M., Rault, C., et al., "Environmental Regulation and Competitiveness: Evidence from Romania", *Ecological Economics*, 2012, (81): 130 - 139.

Arqué - Castells, P., "How Venture Capitalists Spur Invention in Spain: Evidence from Patent Trajectories", *Research Policy*, 2012, 41 (5): 897 - 912.

Azad, M. A., T. Ancev, "Measuring Environmental Efficiency of Agricultural Water Use: A Luenberger Environmental Indicator", *Journal of Environmental Management*, 2014, (145): 314 - 320.

Backer, K., Sleuwaegen, L., "Does Foreign Direct Investment

Crowd out Domestic Entrepreneurship?", *Review of Industrial Organization*, 2003, 22: 67 – 84.

Banker, R. D., Charnes, A., Cooper, W. W., "Some Models for Estimating Technical and Scale Inefficiencies in Data Envelopment Analysis", *Management Science*, 1984, 30 (9): 1078 – 1092.

Battese, G. E., Coelli, T. J., "Frontier Production Functions, Technical Efficiency and Panel Data: With Application to Paddy Farmers in India", *Journal of Productivity Analysis*, 1992, 3 (1 – 2): 153 – 169.

Baumol, W. J., "Productivity Growth, Convergence, and Welfare: What the Long – Run Data Show", *American Economic Review*, 1986, 76 (5): 1072 – 1085.

Baumol, W., *The Free – Market Innovation Machine—Analyzing the Growth Miracle of Capitalism*, Princeton University Press, New Jersey, 2002.

Berg, S. A., Jansen, E. S., "Malmquist Indices of Productivity Growth during the Deregulation of Norwegian Banking 1980 – 89", *Scandinavian Journal of Economics*, 1992, (94): 211 – 228.

Bernauer, T., Engels, S., Kammerer, D., "Explaining Green Innovation", CIS Working Paper, 2016.

Bi, G. B., Song, W., Zhou, P., et al., "Does Environmental Regulation Affect Energy Efficiency in China's Thermal Power Generation? Empirical Evidence from a Slacks – Based DEA Model", *Energy Policy*, 2014, 66: 537 – 546.

Bilsel, M., Davutyan, N., "Hospital Efficiency with Risk Adjusted Mortality as Undesirable Output: The Turkish Case", *Annals of Operations Research*, 2014, 221 (1): 73 – 88.

Bloom, N., Draca, M., Reenen, J., "Trade Induced Technical Change? The Impact of Chinese Imports on Innovation, IT and Productivity", *The Review of Economic Studies*, 2016, 83 (1): 87 – 117.

Blundell, R., Bond, S., "Initial Conditions and Moment Restrictions in

Dynamic Panel Data Model", *Journal of Econometrics*, 1998, (8): 115 – 143.

Brambor, T., Clark, W., Golder, M., "Understanding Interaction Models: Improving Empirical Analyses", *Polite Analysis*, 2006, 14 (1): 63 – 82.

Braun, E., Wield, D., "Regulation as a Means for the Social Control of Technology", *Technology Analysis & Strategic Management*, 1994, 6 (3): 259 – 272.

Bruce, R. D., William, L. W., "Does Environmental Protection Lead to Slower Productivity Growth in the Chemical Industry?", *Environmental & Resource Economics*, 2004, 28 (3): 301 – 324.

Brunnermeier, S. B., Cohen, M. A., "Determinants of Environmental Innovation in US Manufacturing Industries", *Journal of Environmental Economics & Management*, 2003, 45 (2): 278 – 293.

Buchanan, J. M., Vanberg, V. J., "The Market as a Creative Process", *Economics & Philosophy*, 1991, 7 (2): 167 – 186.

Cachon, Gérard P., A. Gürhan Kök, "Competing Manufacturers in a Retail Supply Chain: On Contractual Form and Coordination", *Management Science*, 2010, 56 (3): 571 – 589.

Campiglio, E., "Beyond Carbon Pricing: The Role of Banking and Monetary Policy in Financing the Transition to a Low – Carbon Economy", *Ecological Economics*, 2016, 121: 220 – 230.

Carlino, Gerald A., Leonard O. Mills, "Are U. S. Regional Incomes Converging? A Time Series Analysis", *Journal of Monetary Economics*, 1993, 32 (2): 335 – 346.

Carlino, G., Chatterjee, S., Hunt, R., et al., "Urban Density and the Rate of Invention", *Journal of Urban Economics*, 2007, 61 (3): 389 – 419.

Carrión – Flores, C. E., Innes, R., "Environmental Innovation and Environmental Performance", *Journal of Environmental Economics & Management*, 2010, 59 (1): 27 – 42.

Caudill, S. B., Ford, J. M., Gropper, D. M., "Frontier Estimation and Firm – Specific Inefficiency Measures in the Presence of Heteroscedasticity", *Journal of Business & Economic Statistics*, 1995, 13 (1): 105 – 111.

Caudill, S. B., Ford, J. M., "Biases in Frontier Estimation Due to Heteroscedasticity", *Economics Letters*, 1993, 41 (1): 17 – 20.

Charnes, A., Cooper, W. W., Rhodes, E., "Measuring the Efficiency of Decision Making Units", *European Journal of Operational Research*, 1978, 2 (6): 429 – 444.

Chen, L. T., Zhang, Q., Sun, J. S., "Mechanism of Enterprise Green Innovation Process under Institutional Void and Fragility: A Multi – Case Study", *Journal of Advanced Management Science*, 2017, 5 (4): 306 – 312.

Chen, Y. S., Lai, S. B., Wen, C. T., "The Influence of Green Innovation Performance on Corporate Advantage in Taiwan", *Journal of Business Ethics*, 2006, 67 (4): 331 – 339.

Cheng, C. C. J., Yang, C. L., Sheu, C., "The Link between Eco – Innovation and Business Performance: A Taiwanese Industry Context", *Journal of Cleaner Production*, 2014, 64 (2): 81 – 90.

Choi, Y., Zhang, N., Chen, S. C., et al., "Quantitative Ecological Risk Analysis by Evaluating China's Eco – Efficiency and Its Determinants", *Human and Ecological Risk Assessment: An International Journal*, 2013, 19 (5): 1324 – 1337.

Christainsen, B., Haveman, H., "Contribution of Environmental Regulations to the Slowdown in Productivity Growth", *Journal of Environmental Economics & Management*, 1981, 8 (4): 381 – 390.

Chung, Y. H., Färe, R., Grosskopf, S., "Productivity and Undesirable Outputs: A Directional Distance Function Approach", *Microeconomics*, 1997, 51 (3): 229 – 240.

Coelli, T., Lauwers, L., Huylenbroeck, G. V., "Environmental Efficiency Measurement and the Materials Balance Condition", *Journal of Pro-*

ductivity Analysis, 2007, 28 (1/2): 3-12.

Colombo, M., Croce, A., Guerini, M., "The Effect of Public Subsidies on Firms' Investment - Cash Flow Sensitivity: Transient Or Persistent?", *Research Policy*, 2013, 42 (9): 1605-1623.

Cooper, W. W., Park, K. S., Pastor, J. T., "RAM: A Range Adjusted Measure of Inefficiency for Use with Additive Models, and Relations to Other Models and Measures in DEA", *Journal of Productivity Analysis*, 1999, 11 (1): 5-42.

Costantini, V., Crespi, F., Martini, C., Pennacchio, L., "Demand - Pull and Technology - Push Public Support for Eco - Innovation: The Case of the Biofuels Sector", *Research Policy*, 2015, 44 (3): 577-595.

Costantini, V., Mazzanti, M., "On the Green and Innovative Side of Trade Competitiveness? The Impact of Environmental Policies and Innovation on EU Exports", *Research Policy*, 2012, 41 (1): 132-153.

Dean, T. J., Brown, R. L., "Pollution Regulation as a Barrier to New Firm Entry: Initial Evidence and Implications for Future Research", *Academy of Management Journal*, 1995, 38 (1): 288-303.

Deif, A. M., "A System Model for Green Manufacturing", *Journal of Cleaner Production*, 2011, 19: 1553-1559.

Demirel, P., Kesidou, E., "Stimulating Different Types of Eco - Innovation in the UK: Government Policies and Firm Motivations", *Ecological Economics*, 2011, 70 (8): 1546-1557.

Deng, J., Zhang, N., Ahmad, F., et al., "Local Government Competition, Environmental Regulation Intensity and Regional Innovation Performance: An Empirical Investigation of Chinese Provinces", *International Journal of Environmental Resource and Public Health*, 2019, 16: 2130.

Dettori, B., Marrocu, E., Paci, R., "Total Factor Productivity, Intangible Assets and Spatial Dependence in the European Regions", *Regional Studies*, 2012, 46 (10): 1401-1416.

Driessen, P. H., Hillebrand, B., Kok, R. A. W., et al., "Green

New Product Development: The Pivotal Role of Product Greenness", *IEEE Transactions on Engineering Management*, 2013, 60 (2): 315 – 326.

Du, S., Hu, L., Wang, L., "Low – Carbon Supply Policies and Supply Chain Performance with Carbon Concerned Demand", *Annals of Operations Research*, 2015, 232: 1 – 22.

Du, S., Tang, W., Zhao, J. et al., "Sell to Whom? Firm's Green Production in Competition Facing Market Segmentation", *Annals of Operations Research*, 2018, 270 (1 – 2): 125 – 154.

Eiadat, Y., Kelly, A., Roche, F., et al., "Green and Competitive? An Empirical Test of the Mediating Role of Environmental Innovation Strategy", *Journal of World Business*, 2008, 43 (2): 131 – 145.

EIO, Europe in Transition: Paving the Way to a Green Economy through Eco – Innovation, European Commission: Paris, France, 2012.

Emrouznejad, A., Parker, B. R., Tavares, G., "Evaluation of Research in Efficiency and Productivity: A Survey and Analysis of the First 30 Years of Scholarly Literature in DEA", *Socio – Economic Planning Sciences*, 2008, 42 (3): 151 – 157.

Fadi, S., Bing, G., Joaquin, O., "Multi – Level Awareness of Energy Used in Production Processes", *Journal of Cleaner Production*, 2017, 7 (25): 70 – 85.

Faere, R., Grosskopf, S., Lovell, C. A. K., et al., "Multilateral Productivity Comparisons When Some Outputs Are Undesirable: A Nonparametric Approach", *Review of Economics & Statistics*, 1989, 71 (1): 90 – 98.

Fan, Y., Bai, B., Qiao, Q., et al., "Study on Eco – Efficiency of Industrial Parks in China Based on Data Envelopment Analysis", *Journal of Environmental Management*, 2017, 192 (5): 107 – 115.

Farrell, M. J., "The Measurement of Productive Efficiency", *Journal of the Royal Statistical Society*, 1957, 120 (3): 253 – 290.

Feichtinger, G., Lambertini, L., Leitmann, G., et al., "R&D for

Green Technologies in a Dynamic Oligopoly: Schumpeter, Arrow and Inverted – U's", *European Journal of Operational Research*, 2016, 249 (3): 1131 – 1138.

Ferguson, M. E., Toktay, L. B., "The Effect of Competition on Recovery Strategies", *Production and Operations Management*, 2006, 15 (3): 351 – 368.

Ferreira, J. J., Fernandes, C., Ratten, V., "Environmental – Related Patent Technology Transfer Effectiveness: A Comparison between Portugal and Australia Using OECD Data", *World Journal of Entrepreneurship, Management and Sustainable Development*, 2018, 14 (3): 206 – 221.

Foxon, T. J., "A Coevolutionary Framework for Analyzing a Transition to a Sustainable Low Carbon Economy", *Journal of Economics*, 2011, 70 (12): 2258 – 2267.

Foxon, T., Andersen, M., "The Greening of Innovation Systems for Eco – Innovation: Towards an Evolutionary Climate Mitigation Policy", Paper Presented at 2009 DRUID Conference, Copenhagen Business School, 2009.

Frame, W. S., White, L. J., "Technological Change, Financial Innovation, and Diffusion in Banking", *Social Science Electronic Publishing*, 2009, (10): 32 – 39.

Fried, H. O., Lovell, C. A. K., Schmidt, S. S. et al., "Accounting for Environmental Effects and Statistical Noise in Data Envelopment Analysis", *Journal of Productivity Analysis*, 2002, 17 (1): 157 – 174.

Fried, H. O., Schmidt, S. S., Yaisawarng, S., "Incorporating the Operating Environment into a Nonparametric Measure of Technical Efficiency", *Journal of Productivity Analysis*, 1999, 12 (3): 249 – 267.

Fritsch, M., Viktor, S., "Determinants of the Efficiency of Regional Innovation Systems", *Regional Studies*, 2011, 45 (7): 905 – 918.

Fujii, H., Managi, S., "Determinants of Eco – Efficiency in the Chinese Industrial Sector", *Journal of Environmental Sciences*, 2013, 25

(12): S20 – S26.

Färe, R., Shawna, G., Carl, A., Pasurka, Jr., "Environmental Production Functions and Environmental Directional Distance Functions", *Energy*, 2007, 32 (7): 1055 – 1066.

Färe, R., Shawna, G., Daniel, T., "An Activity Analysis Model of the Environmental Performance of Firms—Application to Fossil – Fuel – Fired Electric Utilities", *Ecological Economics*, 1996, 18 (2): 161 – 175.

Färe, R., Shawna, G., "Directional Distance Functions and Slacks – Based Measures of Efficiency", *European Journal of Operational Research*, 2010, 200 (1): 320 – 322.

Färe, R., "Directional Distance Functions and Slacks – Based Measures of Efficiency", *European Journal of Operational Research*, 2010, 200 (1): 320 – 322.

Galeotti, M., Salini, S., Verdolini, E., "Measuring Environmental Policy Stringency: Approaches, Validity, and Impact on Environmental Innovation and Energy Efficiency", *Energy Policy*, 2020, 136, https://doi.org/10.1016/j.enpol.2019.111052.

Gallagher, K. S., Grübler, A., Kuhl, L., et al., "The Energy Technology Innovation System", *Annual Review of Environment and Resources*, 2012, 37: 137 – 162.

Gang, L., "Evaluating the Regional Green Innovation Efficiency in China: A DEA – Malmquist Productivity Index Approach", *Applied Mechanics & Materials*, 2015, 733: 355 – 362.

Gereffi, G., "International Trade and Industrial Upgrading in the Apparel Commodity Chain", *Journal of International Economics*, 1999, 48 (1): 37 – 70.

Giannetti, C., "Relationship Lending and Firm Innovativeness", *Journal of Empirical Finance*, 2012, 19 (5): 762 – 781.

Godoy – Durán, á., Galdeano – Gómez, E., Pérez – Mesa, J. C., et al., "Assessing Eco – Efficiency and the Determinants of Horticultural Family-Farming in Southeast Spain", *Journal of Environmental Management*, 2017, 204 (12): 594-604.

Govindan, K., Diabat, A., Shankar, K. M., "Analyzing the Drivers of Green Manufacturing with Fuzzy Approach", *Journal of Cleaner Production*, 2015, 96: 182-193.

Gray, W. B., "The Cost of Regulation: OSHA, EPA and the Productivity Slowdown", *American Economic Review*, 1987, 77 (5): 998-1006.

Gray, W., Shadbegian, R., "Plant Vintage, Technology, and Environmental Regulation", *Journal of Environmental Economics and Management*, 2003, 46 (3): 384-402.

Greene, W., "Reconsidering Heterogeneity in Panel Data Estimators of the Stochastic Frontier Model", *Journal of Econometrics*, 2005, 126 (2): 269-303.

Greenstone, M., "The Impact of Environmental Regulations on Industrial Activity: Evidence from the 1970&1977 Clean Air Act Amendments and the Census of Manufactures", NBER Working Paper, 2001.

Griliches, Z., "Issues in Assessing the Contribution of Research and Development to Productivity Growth", *Bell Journal of Economics*, 1979, 10 (1): 92-116.

Grossman, G. M., Krueger, A. B., "Economic Growth and the Environment", *The Quarterly Journal of Economics*, 1995, 110 (2): 353-377.

Guan, J., Chen, K., "Modeling the Relative Efficiency of National Innovation Systems", *Research Policy*, 2012, 41 (1): 102-115.

Han, M., Nijhuis, S., "Delta Urbanism: Planning and Design in Urbanized Deltas—Comparing the Dutch Delta with the Mississippi River Delta", *Journal of Urbanism International Research on Placemaking & Urban Sustainability*, 2013, 6 (2): 160-191.

Honoré, B., Kyriazidou, E., Powell, J., "Estimation of Tobit-Type

Models with Individual Specific Effects", *Econometric Reviews*, 2000, 19 (3): 341 – 366.

Honoré, B. , "Trimmed LAD and Least Squares Estimation of Truncated and Censored Regression Models with Fixed Effects", *Econometrica*, 1992, 60: 533 – 565.

Horbach, J. , Rammer, C. , Rennings, K. , "Determinants of Eco – Innovations by Type of Environmental Impact: The Role of Regulatory Push – Pull, Technology Push and Market Pull", *Ecological Economics*, 2012, 78: 112 – 122.

Horbach, J. , "Determinants of Environmental Innovation—New Evidence from German Panel Data Sources", *Research Policy*, 2008, 37 (1): 163 – 173.

Hsu, P. , X. Tian, Y. Xu, "Financial Development and Innovation Cross – Country Evidence", *Journal of Financial Economics*, 2014, 112 (1): 46 – 52.

Hu, A. , "Ownership, Government R&D, Private R&D, and Productivity in Chinese Industry", *Journal of Comparative Economics*, 2001, 29 (1): 136 – 157.

Hu, S. , Liu, S. , "Do the Coupling Effects of Environmental Regulation and R&D Subsidies Work in the Development of Green Innovation? Empirical Evidence from China", *Clean Technologies and Environmental Policy*, 2019, 21 (9): 1739 – 1749.

Hua, Guowei, Cheng, T. C. E. , Wang, S. , "Managing Carbon Footprints in Inventory Management", *International Journal of Production Economics*, 2011, 132 (2): 178 – 185.

Huang, C. , Jacob, J. , "Determinants of Quadic Patenting: Marketing Access, Imitative Threat, Competition and Strength of Intellectual Property Rights", *The RAND of Economics*, 2001, 32 (1): 101 – 128.

Huang, J. , Li, Y. , "Green Innovation and Performance: The View of Organizational Capability and Social Reciprocity", *Journal of Business*

Ethics, 2015, 145 (2): 1-16.

Huang, J., Yang, X., Cheng, G., et al., "A Comprehensive Eco-Efficiency Model and Dynamics of Regional Eco-Efficiency in China", *Journal of Cleaner Production*, 2014, 67 (3): 228-238.

Huang, Xiaodan, Hu, Dasha, Zhou, Zhixiang, "Measuring Efficiency in Chinese Commercial Banks Using a DEA Model with Undesirable Output", *International Journal of Information & Decision Sciences*, 2013, 5 (2): 140-153.

Huang, Y., Ding, H., Kao, M., "Salient Stakeholder Voices: Family Business and Green Innovation Adoption", *Journal of Management & Organization*, 2009, 15 (3): 309-326.

Hud, M., Hussinger, K., "The Impact of R&D Subsidies during the Crisis", *Research Policy*, 2015, 44 (10): 1844-1855.

Jaffe, A. B., Newell, R. G., Stavins, R. N., "Environmental Policy and Technological Change", *Environ Resour Econ*, 2002, 22 (1-2): 41-69.

Jaffe, A. B., Palmer, K., "Environmental Regulation and Innovation: A Panel Data Study", *Review of Economics & Statistics*, 1997, 79 (4): 610-619.

Jaffe, A. B., "Real Effects of Academic Research", *American Economic Review*, 1989, 79 (5): 957-970.

Jahanshahloo, G. R., Lotfi, F. H., Shoja, N., et al., "Undesirable Inputs and Outputs in DEA Models", *Applied Mathematics & Computation*, 2005, 169 (2): 917-925.

Jiang, Q., Yang, S., Tang, P., et al., "Promoting the Polluters? The Competing Objectives of Energy Efficiency, Pollutant Emissions, and Economic Performance in Chinese Municipalities", *Energy Research & Social Science*, 2020, 61, https://doi.org/10.1016/j.erss.2019.101365.

Jo, J., et al., "Eco-Innovation for Sustainability: Evidence from 49 Countries in Asia and Europe", *Sustainability*, 2015, (7): 16820-

16835.

Kammerer, D. , "The Effects of Customer Benefit and Regulation on Environment Product Innovation: Empirical Evidence from Appliance Manufactures in Germany", *Ecological Economics*, 2009, 68 (8/9): 2285 – 2295.

Kang, B. , Bekkers, R. , "Just – in – Time Patents and the Development of Standards", *Research Policy*, 2015, 44: 1948 – 1961.

Kemp, R. , Arundel, A. , *Survey Indicators for Environmental Innovation*, IDEA Report, STEP Group, Oslo, 1998.

Kemp, R. , Norman, M. E. , "Environmental Policy and Technical Change: A Comparison of the Technological Impact of Policy Instruments", *Environmental Conservation*, 1998, 25 (1): 83.

Kemp, R. , Pearson, P. , *Final Report MEI Project about Measuring Eco – Innovation*, Measuring Eco – Innovation Project (MEI), 2007, 1 – 120.

Kemp, R. , "Technology and Environmental Policy—Innovation Effects of Past Policies and Suggestions for Improvement", *Innovation and the Environment*, 2000, 1: 35 – 61.

Keohane, N. O. , "Cap – and – Trade, Rehabilitated: Using Tradable Permits to Control U. S. Greenhouse Gases", *Review of Environmental Economics and Policy*, 2009, 3 (1): 42 – 62.

Kern, F. , "Engaging with the Politics, Agency and Structures in the Technological Innovation Systems Approach", *Environmental Innovation and Societal Transitions*, 2015, 16: 67 – 69.

Keuschning, C. , "Venture Capital Backed Growth", *Journal of Economic Growth*, 2004, 9 (2): 239 – 261.

Khoshroo, A. , Mulwa, R. , Emrouznejad, A. , et al. , "A Non – Parametric Data Envelopment Analysis Approach for Improving Energy Efficiency of Grape Production", *Energy*, 2013, 63 (1): 189 – 194.

Kim, S. , Lee, H. , Kim, J. , "Divergent Effects of External Financing on Technology Innovation Activity", *Technological Forecasting & Social Change*, 2016, (106): 22 – 30.

Kim, Y. J., Brown, M. A., "The Impact of Domestic Energy – Efficiency Policies on Foreign Innovation: The Case of Lighting Technologies", *Energy Policy*, 2019, 128: 539 – 552.

Kim, Y., Brown, M., "The Impact of Domestic Energy – Efficiency Policies on Foreign Innovation: The Case of Lighting Technologies", *Energy Policy*, 2019, 128: 539 – 552.

Kleer, R., "Government R&D Subsidies as a Signal for Private Investors", *Research Policy*, 2010, 39 (10): 1361 – 1374.

Klemann, H. A. M., Schenk, J., "Competition in the Rhine Delta: Waterways, Railways and Ports, 1870 – 1913", *Economic History Review*, 2013, 66 (3): 826 – 847.

Kodde, D. A., Palm, F. C., "Wald Criteria for Jointly Testing Equality and Inequality Restrictions", *Econometrica: Journal of the Econometric Society*, 1986, 54 (5): 1243 – 1248.

Kohli, A. K., Jaworski, B. J., "Market Orientation: The Construct, Research Propositions, and Managerial Implications", *Journal of Marketing*, 1990, 54 (2): 1 – 18.

Korhonen, J., Snäkin, J. P., "Quantifying the Relationship of Resilience and Eco – Efficiency in Complex Adaptive Energy Systems", *Ecological Economics*, 2015, 120 (12): 83 – 92.

Korhonen, P. J., Luptacik, M., "Eco – Efficiency Analysis of Power Plants: An Extension of Data Envelopment Analysis", *European Journal of Operational Research*, 2004, 154 (2): 437 – 446.

Kumbhakar, S. C., Heshmati, A., "Efficiency Measurement in Swedish Dairy Farms: An Application of Rotating Panel Data, 1976 – 88", *American Journal of Agricultural Economics*, 1995, 77 (3): 660 – 674.

Kumbhakar, S. C., Lien, G., Hardaker, J. B., "Technical Efficiency in Competing Panel Data Models: A Study of Norwegian Grain Farming", *Journal of Productivity Analysis*, 2014, 41 (2): 321 – 337.

Kumbhakar, S. C., Wang, D., "Economic Reforms, Efficiency and Productivity in Chinese Banking", *Journal of Regulatory Economics*, 2007, 32 (2): 105 – 129.

Kumbhakar, S. C., "Production Frontiers, Panel Data, and Time – Varying Technical Inefficiency", *Journal of Econometrics*, 1990, 46 (1 – 2): 201 – 211.

Kuosmanen, T., "Stochastic Semi – Nonparametric Frontier Estimation of Electricity Distribution Networks: Application of the Stoned Method in the Finnish Regulatory Model", *Energy Economics*, 2012, 34 (6): 2189 – 2199.

Lanoie, P., Patry, M., Lajeunesser, R., "Environmental Regulation and Productivity: New Findings on the Porter Hypothesis", Cirano Working Paper, 2001.

Laroche, M., Bergeron, J., Barbaro – Forleo, G., "Targeting Consumers Who Are Willing to Pay More for Environmentally Friendly Products", *Journal of Consumer Marketing*, 2001, 18 (6): 503 – 520.

Leal – Rodríguez, A. L., Ariza – Montes, A. J., Morales – Fernández, E., et al., "Green Innovation, Indeed a Cornerstone in Linking Market Requests and Business Performance: Evidence from the Spanish Automotive Components Industry", *Technological Forecasting and Social Change*, 2018, 129: 185 – 193.

Leibenstein, H., "Allocative Efficiency Vs. 'X – Efficiency'", *American Economic Review*, 1966, 56 (3): 392 – 415.

Lewis, H. F., Sexton, T. R., "Network DEA: Efficiency Analysis of Organizations with Complex Internal Structure", *Computers Operations Research*, 2004, (31): 1365 – 1410.

Li, Z., Ouyang, X., Du, K., et al., "Does Government Transparency Contribute to Improved Eco – Efficiency Performance? An Empirical Study of 262 Cities in China", *Energy Policy*, 2017, 110 (11): 79 – 89.

Liao, Z. , "Environmental Policy Instruments, Environmental Innovation and the Reputation of Enterprises", *Journal of Cleaner Production*, 2018, 171: 1111 – 1117.

Liu, G. , "Evaluating the Regional Green Innovation Efficiency in China: A DEA – Malmquist Productivity Index Approach", *Applied Mechanics and Materials*, 2015, (733): 355 – 362.

Liu, J. , Zhang, J. , Fu, Z. , "Tourism Eco – Efficiency of Chinese Coastal Cities—Analysis Based on the DEA – Tobit Model", *Ocean & Coastal Management*, 2017, 148 (11): 164 – 170.

Liu, T. , Li, J. , Chen, J. , et al. , "Urban Ecological Efficiency and Its Influencing Factors—A Case Study in Henan Province, China", *Sustainability*, 2019, 11: 5048.

Liu, X. , Fan, Y. , Li, C. , "Carbon Pricing for Low Carbon Technology Diffusion: A Survey Analysis of China's Cement Industry", *Energy*, 2016, 106: 73 – 86.

Long, X. , Sun, M. , Cheng, F. , et al. , "Convergence Analysis of Eco – Efficiency of China's Cement Manufacturers through Unit Root Test of Panel Data", *Energy*, 2017, 134 (9): 709 – 717.

Lozano, S. , Gutiérrez, E. , Moreno, P. , "Network DEA Approach to Airports Performance Assessment Considering Undesirable Outputs", *Applied Mathematical Modelling*, 2013, 37 (4): 1665 – 1676.

Lund, H. , Hvelplund, F. , "The Economic Crisis and Sustainable Development: The Design of Job Creation Strategies by Use of Concrete Institutional Economics", *Energy*, 2012, 43 (1): 192 – 200.

Macaneiro, M. B. , Cunha, S. K. D. , "Contextual Factors as Drivers of Eco – Innovation Strategies", in Susana Garrido Azevedo, Marcus Brandenburg, Helena Carvalho, Virgílio Cruz – Machado eds. , *Eco – Innovation and the Development of Business Models*, Springer International Publishing, 2014.

Manevska – Tasevska, G. , Hansson, H. , Labajova, K. , "Impact of

Management Practices on Persistent and Residual Technical Efficiency—A Study of Swedish Pig Farming", *Managerial and Decision Economics*, 2017, 38 (6): 890 – 905.

Marchi, D. V., "Environmental Innovation and R&D Cooperation: Empirical Evidence from Spanish Manufacturing Firms", *Research Policy*, 2012, 41: 614 – 623.

Marin, G., "Do Eco – Innovations Harm Productivity Growth through Crowding Out? Results of an Extended CDM Model for Italy", Working Paper, 2012.

Maulina, S., Sulaiman, N. M. N., Mahmood, N. Z., "Enhancement of Eco – Efficiency through Life Cycle Assessment in Crumb Rubber Processing", *Procedia – Social and Behavioral Sciences*, 2015, 195 (7): 2475 – 2484.

Metcalf, E. G., "Designing a Carbon Tax to Reduce U. S. Greenhouse Gas Emissions", *Review of Environmental Economics and Policy*, 2009, 3 (1): 63 – 83.

Ministry of Economy, Trade and Industry Japan, *The Key to Innovation Creation and the Promotion of Eco – Innovation*, The Industrial Science Technology Policy Committee of the Industrial Structure Council, METI, Tokyo, 2007.

Mohr, R. D., "Technical Change, External Economies, and the Porter Hypothesis", *Journal of Environmental Economics and Management*, 2002, 43 (1): 158 – 168.

Moschetti, M. P., Luco, N., Frankel, A. D., et al., "Integrate Urban – Scale Seismic Hazard Analyses with the U. S. National Seismic Hazard Model", *Seismological Research Letters*, 2018, 89 (3): 967 – 970.

Munisamy, S., Behrouz, A., "Eco – Efficiency Change in Power Plants: Using a Slacks – Based Measure for the Meta – Frontier Malmquist – Luenberger Productivity Index", *Journal of Cleaner Production*, 2015, 105: 218 – 232.

Murty, S. , Russell, R. R. , Levkoff, S. B. , "On Modeling Pollution - Generating Technologies", *Journal of Environmental Economics & Management*, 2012, 64 (1): 117 - 135.

Myers, S. , Marquis, D. G. , *Successful Industrial Innovations: A Study of Factors Underlying Innovation in Selected Firms*, Alexandria: National Science Foundation, 1969.

Narver, J. C. , Slater, S. F. , "The Effect of a Market Orientation on Business Profitability", *Journal of Marketing*, 1990, 54 (4): 20 - 35.

Navas, A. , "Trade Liberalisation and Innovation under Sector Heterogeneity", *Regional Science and Urban Economics*, 2015, 50 (1): 42 - 62.

OECD, *Sustainable Manufacturing and Eco - Innovation: Framework, Measurement and Industry and Policy Practices Synthesis Report*, 2009, www. Oecd. Org/Sti/Innovation/Sustainablemanufacturing.

Orea, L. , Kumbhakar, S. C. , "Efficiency Measurement Using a Latent Class Stochastic Frontier Model", *Empirical Economics*, 2004, 29 (1): 169 - 183.

Peng, H. , Zhang, J. , Lu, L. , et al. , "Eco - Efficiency and Its Determinants at a Tourism Destination: A Case Study of Huangshan National Park, China", *Tourism Management*, 2017, 60 (6): 201 - 211.

Peng, J. , Xiao, J. , Wen, L. , et al. , "Energy Industry Investment Influences Total Factor Productivity of Energy Exploitation: A Biased Technical Change Analysis", *Journal of Cleaner Production*, 2019, 237, https: //Doi. Org/10. 1016/J. Jclepro. 2019. 117847.

Peng, J. , Xiao, J. , Zhang, L. , et al. , "The Impact of China's 'Atmosphere Ten Articles' Policy on Total Factor Productivity of Energy Exploitation: Empirical Evidence Using Synthetic Control Methods", *Resources Policy*, 2020, 65, https: //Doi. Org/10. 1016/J. Resourpol. 2019. 101544.

Peng, Z. , Poh, K. L. , Ang, B. W. , "A Non - Radial DEA Approach to Measuring Environmental Performance", *European Journal of Operational Research*, 2007, 178 (1): 1 - 9.

Pethig, R., "Non – Linear Production, Abatement, Pollution and Materials Balance Reconsidered", *Journal of Environmental Economics & Management*, 2006, 51 (2): 185 – 204.

Popp, D. C., "Induced Innovation and Energy Prices", *American Economic Review*, 2002, 92: 160 – 180.

Popp, D., "Uncertain R&D and the Porter Hypothesis", *Contributions in Economic Analysis & Policy*, 2005, 4 (1), https://Doi.Org/10.2202/1538 – 0645.1423.

Porter, M., Linde, C., "Toward a New Conception of the Environment Competitiveness Relationship", *The Journal of Economic Perspectives*, 1995, 9 (4): 97 – 118.

Pujari, D., "Eco – Innovation and New Product Development: Understanding the Influences on Market Performance", *Technovation*, 2006, 26: 76 – 85.

Qi, G., Zeng, S., Tam, C., et al., "Stakeholders' Influences on Corporate Green Innovation Strategy: A Case Study of Manufacturing Firms in China", *Corporate Social Responsibility and Environmental Management*, 2013, 20 (1): 1 – 14.

Qi, G. Y., Shen, L. Y., Zeng, S. X., et al., "The Drivers for Contractors' Green Innovation: An Industry Perspective", *Journal of Cleaner Production*, 2010, 18 (14): 1358 – 1365.

Rashidi, K., Shabani, A., Saen, R. F., "Using Data Envelopment Analysis for Estimating Energy Saving and Undesirable Output Abatement: A Case Study in the Organization for Economic Co – Operation and Development (OECD) Countries", *Journal of Cleaner Production*, 2015, 105 (10): 241 – 252.

Rasi, K., Ester, M. R., "Towrads Green Growth: How Does Green Innovation Affect Employment?", *Research Policy*, 2016, (45): 1218 – 1232.

Rausch, S., Metcalf, G. E., Reilly, J. M., "Distributional Impacts of Carbon Pricing: A General Equilibrium Approach with Micro – Data for

Households", *Energy Economics*, 2011, 33 (6): S20 – S33.

Rehfeld, M. M., Rennings, K., Ziegler, A., "Integrated Product Policy and Environmental Product Innovations: An Empirical Analysis", *Ecological Economics*, 2007, 61: 91 – 100.

Reifschneider, D., Stevenson, R., "Systematic Departures from the Frontier: A Framework for the Analysis of Firm Inefficiency", *International Economic Review*, 1991, 32 (3): 715 – 723.

Reinharda, S., Thijssen, G. J., "Environmental Efficiency with Multiple Environmentally Detrimental Variables; Estimated with SFA and DEA", *European Journal of Operational Research*, 2000, 121 (2): 287 – 303.

Ren, S., Li, X., Yuan, B., et al., "The Effects of Three Types of Environmental Regulation on Eco – Efficiency: A Cross – Region Analysis in China", *Journal of Cleaner Production*, 2018, 173 (2): 245 – 255.

Rennings, K., "Redefining Innovation – Eco – Innovation Research and the Contribution from Ecological Economics", *Ecological Economics*, 2000, 32 (2): 319 – 332.

Rexhäuser, S., Rammer, C., "Environmental Innovations and Firm Profitability: Unmasking the Porter Hypothesis", *Environmental and Resource Economics*, 2014, 57 (1): 145 – 167.

Rio, P., Angel, M., Moran, T., et al., "Analyzing the Determinants of Environment Technology Investment: A Panel – Data Study of Spanish Industrial Sectors", *Journal of Cleaner Productions*, 2011, (19): 1170 – 1179.

Robaina – Alves, M., Moutinho, V., Macedo, P., "A New Frontier Approach to Model the Eco – Efficiency in European Countries", *Journal of Cleaner Production*, 2015, 103 (9): 562 – 573.

Rubashkina, Y., Galeotti, M., Verdolini, E., "Environmental Regulation and Competitiveness: Empirical Evidence on the Porter Hypothesis from European Manufacturing Sectors", *Energy Policy*, 2015, 83 (35): 288 – 300.

Ryuji, M. , Takase, K. , "Green Innovation and Green Growth for Realizing an Affluent Low - Carbon Society", *Low Carbon Economy*, 2015, (6): 87 - 95.

Schaltegger, S. , Sturm, A. , "Ökologische Rationalität: Ansatzpunkte Zur Ausgestaltung Von Ökologieorientierten Managementinstrumenten", *Die Unternehmung*, 1990, 44 (4): 273 - 290.

Scherer, F. , Ross, D. , *Industrial Market Structure and Economic Performance*, Boston: Houghton Mifflin Company, 1990.

Schmidt, P. , Sickles, R. C. , "Production Frontiers and Panel Data", *Journal of Business & Economic Statistics*, 1984, 2 (4): 367 - 374.

Schmookler, J. , "Economic Sources of Inventive Activity", *The Journal of Economic History*, 1962, 22 (1): 1 - 20.

Seiford, L. M. , "Data Envelopment Analysis: The Evolution of the State of the Art (1978 - 1995)", *Journal of Productivity Analysis*, 1996, 7 (2 - 3): 99 - 137.

Seitz, M. , Watzinger, M. , "Contract Enforcement and R&D Investment", *Research Policy*, 2013, 46 (11): 2341 - 2348.

Sexton, T. R. , Lewis, H. F. , "Two Stage DEA: An Application to Major League Baseball", *Journal of Productivity Analysis*, 2003, 19 (2 - 3): 227 - 249.

Shao, S. , Yang, Z. , Yang, L. , et al. , "Can China's Energy Intensity Constraint Policy Promote Total Factor Energy Efficiency? Evidence from the Industrial Sector", *The Energy Journal*, 2019, 40 (4): 101 - 127.

Sharma, S. , Henriques, I. , "Stakeholder Influences on Sustainability Practices in the Canadian Forest Products Industry", *Strategic Management Journal*, 2005, 26 (2): 159 - 180.

Shen, N. , Liao, H. , Deng, R. , "Different Types of Environmental Regulations and the Heterogeneous Influence on the Environmental Total Factor Productivity: Empirical Analysis of China's Industry", *Journal of Cleaner Production*, 2019, 211: 171 - 184.

Shi, X., Xu, Z., "Environmental Regulation and Firm Exports: Evidence from the Eleventh Five - Year Plan in China", *Journal of Environmental Economics and Management*, 2018, 89: 187 - 200.

Simar, L., Wilson, P. W., "Estimation and Inference in Two - Stage, Semi - Parametric Models of Production Processes", *Journal of Econometrics*, 2007, 136 (1): 31 - 64.

Simpson, D., Bradford, R., "Taxing Variable Cost: Environmental Regulation as Industrial Policy", *Journal of Environmental Economics and Management*, 1996, 30 (3): 282 - 300.

Smith, L., Ball, P., "Steps towards Sustainable Manufacturing through Modelling Material, Energy and Waste Flows", *Journal of Production Economics*, 2012, 140: 227 - 238.

Strasburg, V. J., Jahno, V. D., "Application of Eco - Efficiency in the Assessment of Raw Materials Consumed by University Restaurants in Brazil: A Case Study", *Journal of Cleaner Production*, 2017, 161 (9): 178 - 187.

Sueyoshi, T., Goto, M., "DEA Approach for Unified Efficiency Measurement: Assessment of Japanese Fossil Fuel Power Generation", *Energy Economics*, 2011, 33 (2): 292 - 303.

Sueyoshi, T., Goto, M., "Environmental Assessment by DEA Radial Measurement: U. S. Coal - Fired Power Plants in ISO (Independent System Operator) and RTO (Regional Transmission Organization)", *Energy Economics*, 2012, 34 (3): 663 - 676.

Tian, Y., Sun, C., "Comprehensive Carrying Capacity, Economic Growth and the Sustainable Development of Urban Areas: A Case Study of the Yangtze River Economic Belt", *Journal of Cleaner Production*, 2018, (195): 486 - 496.

Tone, K., Tsutsui, M., "An Epsilon - Based Measure of Efficiency in DEA—A Third Pole of Technical Efficiency", *European Journal of Operational Research*, 2010, 207 (3): 1554 - 1563.

Tone, K., Tsutsui, M., "Network DEA: A Slacks – Based Measure Approach", *European Journal of Operational Research*, 2009, 197 (1): 243 – 252.

Tone, K., "A Slacks – Based Measure of Efficiency in Data Envelopment Analysis", *European Journal of Operational Research*, 2001, 130 (3): 498 – 509.

Tone, K., "A Slacks – Based Measure of Super – Efficiency in Data Envelopment Analysis", *European Journal of Operational Research*, 2002, 143 (1): 32 – 41.

Tone, K., "Dealing with Undesirable Outputs in DEA: A Slacks – Based Measure (SBM) Approach", Presentation at NAPW III, Toronto, 2004: 44 – 45.

Triguero, A., Moreno – Mondéjar, L., Davia, M. A., "Drivers of Different Types of Eco – Innovation in European Smes", *Ecological Economics*, 2013, 92 (92): 25 – 33.

Turok, I., "Limits to the Mega – City Region: Conflicting Local and Regional Needs", *Regional Studies*, 2009, 43 (6): 845 – 862.

Van Rooij, B., Fryxell, G., Lo, C., et al., "From Support to Pressure: The Dynamics of Social and Governmental Influences on Environmental Law Enforcement in Guangzhou City, China", *Regulation & Governance*, 2013, (7): 321 – 347.

Vencheh, A. H., Matin, R. K., Kajani, M. T., *Undesirable Factors in Efficiency Measurement*, Elsevier Science Inc., 2005.

Wallsten, S., "The Effects of Government – Industry R&D Programs on Private R&D: The Case of the Small Business Innovation Research Program", *The RAND Journal of Economics*, 2000, 31 (1): 82 – 100.

Wang, C., Nie, P., Peng, D., et al., "Green Insurance Subsidy for Promoting Clean Production Innovation", *Journal of Cleaner Production*, 2017, 148: 111 – 117.

Wang, H., Ho, C., "Estimating Fixed – Effect Panel Stochastic

Frontier Models by Model Transformation", *Journal of Econometrics*, 2010, 157 (2): 286 – 296.

Wang, H., Schmidt, P., "One – Step and Two – Step Estimation of the Effects of Exogenous Variables on Technical Efficiency Levels", *Journal of Productivity Analysis*, 2002, 18 (2): 129 – 144.

Wang, H., Yang, G., Qin, J., "City Centrality, Migrants and Green Innovation Efficiency: Evidence from 106 Cities in the Yangtze River Economic Belt of China", *International Journal of Environmental Resource and Public Health*, 2020, 17: 652.

Wang, W., Jiang, D., Chen, D., et al., "A Material Flow Analysis (MFA) —Based Potential Analysis of Eco – Efficiency Indicators of China's Cement and Cement – Based Materials Industry", *Journal of Cleaner Production*, 2016, 112 (1): 787 – 796.

Wang, Y., Yan, W., Ma, D., et al., "Carbon Emissions and Optimal Scale of China's Manufacturing Agglomeration under Heterogeneous Environmental Regulation", *Journal of Cleaner Production*, 2018, (176): 140 – 150.

Wei, Y. M., Liao, H., Fan, Y., "An Empirical Analysis of Energy Efficiency in China's Iron and Steel Sector", *Energy*, 2007, 32 (12): 2262 – 2270.

Witneben, B. F., "Exxon Is Right: Let Us Re – Examine Our Choice for a Cap – and – Trade System over a Carbon Tax", *Energy Policy*, 2009, 37 (6): 2462 – 2464.

World Business Council for Sustainable Development, *Eco – Efficient Leadership for Improved Economic and Environmental Performance*, Geneva: WBCSD, 1996, https: //Issuu. Com/Dewitasoeharjono/Docs/Eco_Efficient_Leadership_1996.

Worthington, A. C., "Cost Efficiency in Australian Local Government: A Comparative Analysis of Mathematical Programming and Econometrical Approaches", *Financial Accountability & Management*, 2000, 16

(3): 201 – 223.

Wu, A., "The Signal Effect of Government R&D Social Change", *Technological Forecasting and Social Change*, 2017, (117): 339 – 345.

Xavier, Sala – I – Martin, "The Classical Approach to Convergence Analysis", *The Economic Journal*, 1996, 106 (437): 1019 – 1036.

Xia, J., Ortiz, J., Wang, H., "Reverse Technology Spillover Effects of Outward FDI to P. R. China: A Threshold Regression Analysis", *Applied Economics Quarterly*, 2016, 62 (1): 51 – 67.

Xu, X., Yang, G., Tan, Y., et al., "Ecosystem Services Trade – offs and Determinants in China's Yangtze River Economic Belt from 2000 to 2015", *Science of the Total Environment*, 2018, (634): 1601.

Yalabik, B., Fairchild, R. J., "Customer, Regulatory, and Competitive Pressure as Drivers of Environmental Innovation", *International Journal of Production Economics*, 2011, 131 (2): 519 – 527.

Yang, D., Clark, P., "Globalization and Intellectual Property in China", *Technovation*, 2005, 25 (5): 545 – 555.

Yang, L., Tang, K., Wang, Z., et al., "Regional Eco – Efficiency and Pollutants' Marginal Abatement Costs in China: A Parametric Approach", *Journal of Cleaner Production*, 2017, 167 (11): 619 – 629.

Yi, M., Wang, Y., Yan, M., et al., "The Heterogeneous Effects of Different Environmental Policy Instruments on Green Technology Innovation", *International Journal of Environmental Research and Public Health*, 2019, (16): 4660

Yu, C., Shi, L., Wang, Y., et al., "The Eco – Efficiency of Pulp and Paper Industry in China: An Assessment Based on Slacks – Based Measure and Malmquist – Luenberger Index", *Journal of Cleaner Production*, 2016, 127 (7): 511 – 521.

Yu, F., Guo, Y., Le – Nguyen, K., et al., "The Impact of Government Subsidies and Enterprises' R&D Investment: A Panel Data Study from Renewable Energy in China", *Energy Policy*, 2016, 89 (2): 106 – 113.

Zakeri, A. , Dehghanian, F. , Fahimnia, B. , et al. , "Carbon Pricing versus Emissions Trading: A Supply Chain Planning Perspective", *International Journal of Production Economics*, 2015, 164: 197 – 205.

Zhang, J. A. , Walton, S. , "Eco – Innovation and Business Performance: The Moderating Effects of Environmental Orientation and Resource Commitment in Green – Oriented Smes", *R&D Management*, 2017, 47 (5): 26 – 38.

Zhang, J. , Liu, Y. , Chang, Y. , et al. , "Industrial Eco – Efficiency in China: A Provincial Quantification Using Three – Stage Data Envelopment Analysis", *Journal of Cleaner Production*, 2017, 143 (2): 238 – 249.

Zhao, Y. , Feng, T. , Shi, H. , "External Involvement and Green Product Innovation: The Moderating Role of Environmental Uncertainty", *Business Strategy and the Environment*, 2018, 27: 1167 – 1180.

Zhou, G. , Chung, W. , Zhang, X. , "A Study of Carbon Dioxide Emissions Performance of China's Transport Sector", *Energy*, 2013, 50 (1): 302 – 314.

Zhou, P. , Ang, B. W. , Zhou, D. Q. , "Measuring Economy – Wide Energy Efficiency Performance: A Parametric Frontier Approach", *Applied Energy*, 2012, 90 (1): 196 – 200.

Zhou, P. , Wang, B. , Poh, K. , "Slacks – Based Efficiency Measures for Modeling Environmental Performance", *Ecological Economics*, 2006, 60 (1): 111 – 118.

Zhou, Q. , Zhang, X. , Shao, Q. , et al. , "The Non – Linear Effect of Environmental Regulation on Haze Pollution: Empirical Evidence for 277 Chinese Cities during 2002 – 2010", *Journal of Environmental Management*, 2019, 248, https: //Doi. Org/10. 1016/J. Jenvman. 2019. 109274.